Claudia Kleinert
Unschlagbar positiv

CLAUDIA KLEINERT

UNSCHLAGBAR POSITIV
Die Charisma-Formel

Unter Mitarbeit von Antje Bähr

Die Verlagsgruppe Random House weist ausdrücklich darauf hin, dass im Text enthaltene externe Links vom Verlag nur bis zum Zeitpunkt der Buchveröffentlichung eingesehen werden konnten. Auf spätere Veränderungen hat der Verlag keinerlei Einfluss. Eine Haftung des Verlags für externe Links ist stets ausgeschlossen.

Bibliografische Information der Deutschen Bibliothek
Die Deutsche Bibliothek verzeichnet diese Publikation in der Deutschen Nationalbibliografie; detaillierte bibliografische Daten sind im Internet unter http://dnb.ddb.de abrufbar.

Verlagsgruppe Random House FSC® N001967

© 2016 Ariston Verlag in der Verlagsgruppe Random House GmbH,
Neumarkter Straße 28, 81673 München
Alle Rechte vorbehalten

Redaktion: Evelyn Boos-Körner
Illustrationen: Stephan Pick, S. 149-152, Heinz Augé S. 135-143
Umschlaggestaltung: Eisele Grafik-Design, München
unter Verwendung einzelner Fotos von Heinz Augé
Satz: Satzwerk Huber, Germering
Druck und Bindung: GGP Media GmbH, Pößneck
Printed in Germany

ISBN: 978-3-424-20158-1

*Für meine wunderbaren Eltern,
die mir die Anlagen zu einer charismatischen
Persönlichkeit mitgegeben haben.*

*Und für meinen Bruder Stephan,
der mir jeden Tag zeigt, dass Charisma
ganz viel mit einer positiven Einstellung
zum Leben und mit Empathie
zu tun hat.*

Inhalt

Vorwort 9

1 Was ist Charisma eigentlich?.............. 15

2 Brauche ich Charisma überhaupt?.......... 25

3 Was Charisma auszeichnet 39

4 Meine Charisma-Formel.................. 51
  Die vier Elemente der charismatischen
     Kommunikation....................... 52
  Wirkung ist alles 61

5 Ich bin immer Feuer und Flamme.......... 75
  Meine Glut ist Intuition................... 77
  Ich muss immer für etwas brennen:
     innere Überzeugung und Glaubenssätze...... 87
  Mich für andere erwärmen: Emotionen und
     Empathie............................ 96
  Bei mir bleibt die Flamme fest im Blick:
     Fokussierung 106

6 Immer schön auf der Erde bleiben 115
  Vom Flamingo in der Wüste: Erscheinung 117
  Der Griff nach den Sternen: Gestik 125

	Das Spiel mit der Oberfläche: Mimik...........	144
	Statt Kätzchen lieber Löwe: Präsenz............	153
7	Worte, die mehr als heiße Luft sind........	161
	Wie ich dem Gesagten Leben einhauche: Bildhaftigkeit..........................	163
	Nur keine Töne spucken: Aussprache und Betonung.............................	171
	Darum erobere ich Herzen im Sturm: durch Stimme mehr Stimmung..............	179
	Ich liebe die frische Brise: Wortschatz..........	184
8	Warum ich nicht gerne im Trüben fische....	191
	Wenn ich segle, dann auf Kurs: Zielorientierung..	193
	Von der Quelle bis zur Mündung: Strukturiertheit	200
	Mein Tauchgang auf den Grund: Analytik.......	208
	Aus Wasser mache ich H2O: Sachlichkeit	214
9	Ich bleibe immer ich selbst	221
10	Lampenfieber.........................	233
Nachwort...............................		247
Danke..................................		251
Quellenverzeichnis........................		253

Vorwort

In fast jedem Interview werde ich zumindest einmal gefragt, ob mein beruflicher Erfolg nicht auch vor allem meinem Aussehen zu verdanken ist. »Groß, blonde lange Haare, ein hübsches Gesicht…, da gehen doch gleich viel mehr Türen auf, als wenn Sie nicht so attraktiv wären. Das ist doch ein Geschenk, wenn einem so etwas in die Wiege gelegt wird.«

»In die Wiege gelegt«, das hieße ja, ich war schon immer so, wie ich jetzt bin, und grundsätzlich bereits durch mein Aussehen privilegiert. Selbst heute noch muss ich bei einer solchen Frage erst einmal nachdenken, bevor ich mich dazu äußere. Was ist denn attraktiv, also anziehend? Liegt »gut aussehen« nicht ganz erheblich im Auge des Betrachters? Nicht jeder findet den Typ Frau, den ich verkörpere, unbedingt attraktiv. Und: Ist es gutes Aussehen, das Türen öffnet, oder nicht vielmehr das Gesamtpaket an Ausstrahlung und Wirkung?

Sicherlich bin ich aufgrund meiner Erziehung und meiner wunderbaren Eltern ein optimistischer und lebensbejahender Mensch. Oft werde ich auf meine unschlagbar positive Einstellung, selbst in schwierigen Situationen, angesprochen. Das ist sicherlich ein Aspekt, der meine Wirkung auf andere prägt, aber natürlich kommt man mit Optimismus und einem strahlenden Lächeln allein trotzdem nicht allzu weit. Attraktivität genügt höchstens, um den ersten Schritt in Richtung Ausstrahlung und Wirkung zu gehen, für die nächsten Kilometer aber braucht es weitaus mehr. Ich kenne viele schöne Menschen, hübsche Frauen und gut aussehende Männer. Aber die finde ich bei Weitem nicht alle attraktiv, genau genommen sogar nur einen kleinen Prozentsatz davon. Andererseits gibt es eine ganze Reihe von Menschen, die vielleicht auf den ersten Blick nicht unbedingt gut aussehend oder im herkömmlichen Sinn hübsch sind, die ich aber extrem anziehend oder interessant finde. Menschen, die ich bewundere und die eine ganz besondere Wirkung auf mich ausüben, denen ich gerne zuhöre, die mich begeistern und auch mitreißen. Also ist es vielleicht weniger das Aussehen, das beruflichen Erfolg erleichtert, als die Ausstrahlung? Doch was genau ist Ausstrahlung? Ausstrahlung ist das Gesamtpaket aus einem ganzen Bündel von Einzelaspekten: Wie jemand auf mich wirkt, wie er mich durch das, was er sagt und wie er es sagt, anspricht oder auch in seinen Gedanken mitnimmt, mich begeistert, mich interessiert. Wie er oder sie mich in den Bann zieht, ob ich stundenlang zuhören könnte und das Gesagte sogar hängen bleibt.

Als ich anfing zu moderieren, hatte ich sicherlich schon eine ganz gute Ausstrahlung, aber lange noch nicht die Wirkung und das Auftreten, wie ich es heute besitze und mir in Teilen auch hart erarbeitet habe. Ich konnte damals Sätze geradeaus sprechen und sah ganz gut aus, war aber vor der Kamera sehr steif und traute mich kaum, von den Texten, die ich mir damals in den Teleprompter geschrieben hatte, auch nur einen Millimeter abzuweichen. Das führte zu einem starren Blick in die Kamera, einem bemühten Lächeln und reiner Informationsvermittlung ohne allzu viele Emotionen. Damals habe ich für den WDR die Programmvorschauen moderiert, war also die klassische, heute völlig ausgestorbene Ansagerin. Sprechübungen hatte ich hinter mir, Texte konnte ich gut vorlesen, und betont habe ich einwandfrei. Aber dem Ganzen auch eine Ausstrahlung zu geben, die über ein Lächeln hinausging, das fiel mir unheimlich schwer, ohne dass es mir zu dieser Zeit bewusst war. Zur Übung habe ich mich dann vor eine Wand gestellt, auf die ein Zettel mit einem Smiley geklebt war. Diese Übung hatte mir meine Sprechlehrerin als besonders wirkungsvoll empfohlen: dem Smiley auf der Wand, der die tote schwarze Kameralinse darstellt, lustige, traurige, spannende Geschichten zu erzählen und mir dabei vorzustellen, es sei ein wirklicher Mensch. Ich stellte mir dann immer meine Großmutter vor, weil ich sie sehr mochte, bei ihr langsam und deutlich sprechen musste und sie mich immer angelächelt hat, wenn ich ihr etwas erzählt habe. Mit der Zeit merkte ich, dass meine Moderationen mehr Leben bekamen, ich wirklich erzählen und nicht nur vortragen konnte und plötzlich auch mal ganz spontan etwas völlig anderes sagte, als auf meinem Teleprompter stand. Bei Moderationen auf Messen und Veranstaltungen, für die ich damals schon gebucht wurde, fiel mir das freie Sprechen und Spielen mit meinen Texten dagegen überhaupt nicht schwer. Denn da konnte ich Menschen ansehen, bekam über Blicke und Gesten direktes Feedback, Lacher, betroffene Gesichter, ein Schmunzeln je nach Situation. Obwohl ich damals bestimmt noch nicht die Selbstsicherheit hatte, über die ich heute verfüge, schien ich die Menschen davon zu überzeugen, dass ich weiß, wovon ich spreche, und dieses Wissen mit Leidenschaft und Engagement weitergebe. Egal, um welches Thema oder Produkt es ging, ich wollte begeistern. Doch um zu begeistern, reicht gutes Aussehen nicht aus!

Mein größtes Kompliment bekam ich auf einer Veranstaltung, bei der zwei Tage lang von Ingenieuren aus aller Welt eine neue Motorengeneration vorgestellt wurde. Auf Englisch! Ich wusste, dazu brauchte ich Detailwissen, um Diskussionsrunden und Interviews führen zu können. Fünf Tage lang habe ich mich intensiv auf dieses Symposium vorbereitet und mir so viel Hintergrundinformationen über Motoren, deren Funktionsweise, Unterschiede und neueste Entwicklungen wie nur möglich auf Englisch durchgelesen. Meine Moderationsstichpunkte habe ich so lange überarbeitet, bis ich mich perfekt vorbereitet fühlte. Am Ende der Veranstaltung kam eine Ingenieurin aus Indien auf mich zu, beglückwünschte mich zu der tollen Moderation und fragte mich, wo ich Ingenieurwissenschaften studiert hätte. Wow! Drei Tage lang lief ich fünf Zentimeter größer durch die Gegend.

Ist es also nicht das Aussehen, was mich in meinem Beruf so erfolgreich sein lässt, sondern mein Fachwissen? Meine gute Vorbereitung? Nein, das kann es nicht (nur) sein, denn ich erinnere mich gut an meine Zeit an der Uni. Da gab es etliche Professoren, die sicher extrem gut ausgebildet und mit enormen Kenntnissen ausgestattet waren, jedoch mit ihren Vorträgen den Hörsaal zum Einschlafen brachten, obwohl das Thema gar nicht langweilig, sondern im Grunde hochspannend war. Aber die Art, wie sie es vortrugen und uns Studenten näherbringen wollten, war so desinteressiert und emotionslos, dass der Vortrag langweilig rüberkam und sich kaum einer für den Inhalt begeistern konnte. Warum gelingt es manchen Menschen, völlig unabhängig von ihrem Aussehen, ihre Zuhörer mitzureißen, zu begeistern und für ihre Themen zu erwärmen, und anderen überhaupt nicht? Weshalb betreten manche Menschen einen Raum, und die Sonne scheint aufzugehen, während andere gar nicht auffallen und erst nach Stunden ihrer Anwesenheit wahrgenommen werden? Warum gibt es Redner, die erzählen können, was sie wollen, und man hängt an ihren Lippen, und solche, denen man überhaupt nicht zuhört, obwohl sie wirklich wichtige Inhalte zu vermitteln haben?

Aus zwei Gründen beschäftige ich mich intensiv mit den Themen Ausstrahlung und Charisma. Zum einen hinterfrage ich mich immer wieder selbst und arbeite gewissenhaft an meinen Auftritten, zum anderen erhalte ich häufig Anfragen, ob ich nicht andere coachen könne, wie man auf der Büh-ne locker, spontan, mitreißend und witzig wird. Ist besondere Ausstrahlung angeboren? Kann man Charisma lernen? Wenn ja, wie? Und was ist Charisma, diese besondere Wirkung auf andere Menschen, eigentlich genau? Diesen Fragen nachzugehen und vor allem die Erkenntnis, dass man sich Charisma aneignen kann und auch ich das gelernt, verfeinert, verbessert und an meiner Wirkung immer wieder gearbeitet habe, haben mich zum Coaching gebracht. Seit vielen Jahren trainiere ich Führungskräfte, Verkaufsmitarbeiter, ganze Unternehmen, in denen häufig Präsentationen gehalten werden, oder Menschen, die immer mal wieder auf Bühnen auftreten. Dazu gekommen bin ich, weil ich bei Veranstaltungsproben oftmals die Mitwirkenden neben meiner eigenen Moderation auch noch auf ihre Performance vorbereitete. Das ging natürlich nur in sehr eingeschränktem Umfang, da die Zeit meistens begrenzt war und drei bis vier Stunden vor einem Auftritt keine umfangreichen Schulungen möglich und sinnvoll waren. Viele dieser spontan Gecoachten baten mich dann um ein detailliertes und profunderes Einzelcoaching. Hinzu kamen mit den Jahren auch immer mehr Gruppencoachings, weil ich zunehmend weiterempfohlen wurde. Um meine Professionalität im Bereich der Aus- und Weiterbildung zu verbessern, ließ ich mich vor vielen Jahren bei Andreas Bornhäußer als Coach ausbilden. Er hat die S.C.I.L.-Performance-Strategie entwickelt, ein System zur Optimierung der Präsentationsfähigkeiten von Führungskräften und Mitarbeitern aus Vertrieb und Marketing. Was mich an dieser Methode von Anfang an faszinierte, war die Einzigartigkeit, mit der sie die Außenwirkung von Menschen transparent macht. Damit liefert sie konkrete Ansätze für hocheffiziente Trainings. Darauf werde ich im vierten Kapitel detailliert und fundiert eingehen. Sowohl in meinen Coachings als auch in diesem Buch beziehe ich mich immer wieder auf Andreas Bornhäußers Erkenntnisse und seine vier Bereiche der für die Wirkung relevanten Faktoren. Seit meiner Ausbildung im S.C.I.L-Institut beschäftige ich mich intensiv mit der Entwicklung von Bühnenpräsenz, Wirkung und Charisma, was mich unter anderem zu diesem Buch geführt hat. Denn auch ich habe Charisma lernen müssen. Manchmal eher intuitiv, ganz oft allerdings sehr bewusst. Und zwar selten mit der Intention, charismatischer zu werden, sondern mit dem Ziel, erfolgreicher in meinem Beruf zu sein. Um besser begeistern, verkaufen, Inhalte vermitteln und Menschen geistig wie emotional mitnehmen zu können, bei dem, was ich jeden Tag tue: Ideen und Inhalte an Zuschauer und Zuhörer zu bringen.

Eine Anmerkung habe ich noch, bevor es losgeht:

Da ich auf sehr viele Veranstaltungsmoderationen, Coachings und Kommunikationssituationen zurückblicken kann und mich diese Erfahrungen auch zu diesem Buch über Wirkung veranlasst haben, lasse ich in den folgenden Kapiteln immer wieder Beispiele und Praxisfälle aus meinem Berufsalltag einfließen. Keine der hier beschriebenen Personen oder Situationen sind natürlich eins zu eins wiedergegeben, es wird sich also niemand, mit dem ich schon einmal zusammengearbeitet habe, hier wiederfinden. Namen, Unternehmen und Personen sind so verändert, dass Ähnlichkeiten rein zufällig sind. Es handelt sich jeweils um lediglich beispielhafte Situationen, die ich so oder so ähnlich erlebt habe.

1
Was ist Charisma eigentlich?

Marylin Monroe, Lady Di, Mildred Scheel und Steve Jobs hatten es, George Clooney, Melinda Gates, Helene Fischer oder der Dalai Lama haben es, und jeder kennt einen der Öffentlichkeit unbekannten Menschen, der darüber verfügt: Charisma. Denn wenn wir von Menschen sprechen, die eine ganz besondere Ausstrahlung und Wirkung haben, fällt oft der Begriff »Charismatiker«. Menschen, die den Raum erhellen, die es schaffen, uns voll und ganz für sich einzunehmen, solche, die eine so unglaubliche Präsenz ausstrahlen, dass sie allein damit in Erinnerung bleiben. Diese Personen beeindrucken uns während einer Unterhaltung oder eines Vortrags so, dass wir ihnen förmlich an den Lippen hängen. Wir folgen deren Ideen, würden ihnen sofort alles abkaufen, egal, ob es sich um eine Idee oder ein Produkt handelt. Diese Persönlichkeiten erobern unser Herz im Sturm nicht oder nicht nur, weil sie äußerlich attraktiv sind, sondern weil uns diese Menschen ein gutes Gefühl geben und uns mitreißen. Wir vertrauen ihnen, obwohl wir vielleicht gar nicht einmal erklären können, warum die Atmosphäre, die diese Person erzeugt, sich so gut anfühlt. Sie merken, das sind eine ganze Menge Adjektive und Beschreibungen, aber noch keine konkreten Definitionen in zwei, drei Sätzen.

Gibt es die denn überhaupt?

In der Literatur findet man zahlreiche Abhandlungen, Beschreibungen und Definitionen, was Menschen mit Charisma auszeichnet. Beispielsweise, dass Charisma eine Frage des inneren Feuers sei. Das sagt also etwas darüber aus, was ein Charismatiker im Gegensatz zu anderen Menschen besitzt: Feuer. Und was man beim einen spürt, beim anderen nicht.

Für die bezaubernde Sophia Loren ist Charisma »der unsichtbare Teil der Schönheit, ohne den niemand wirklich schön sein kann«.

Andere wiederum sprechen von der nonverbalen Kompetenz, von der Fähigkeit mit dem Körper zu sprechen. »Nur 10 Prozent von dem, was wir sagen, wird über die Sprache vermittelt. Der Rest ist nonverbal: Gesten, Mimik, Körperhaltung«, sagt der Psychotherapeut und Kommunikationsexperte Ulrich Sollmann. Vielleicht meint das auch Sokrates, wenn er sagt: »Rede mit mir, damit ich dich sehen kann.« Kann man jemanden besser »sehen«, wenn man seine Stimme hört? Sind hier Mimik und Gestik beim Sprechen mit einbezogen? Oder ist allein schon die Stimme vielleicht das Geheimnis für eine besondere Ausstrahlung? Könnte sogar sein, denn um sich ihrer Bedeutung klar zu werden, müssen wir nur mal zusammen einen Blick auf das Wort »Person« werfen. Dieser Begriff leitet sich vom lateinischen Verb *personare* ab, was übersetzt durchtönen oder erklingen bedeutet. Die Stimme stellt somit einen wichtigen Ausdruck der Persönlichkeit dar. Aber das ist ja sicher nicht alles, was Charisma ausmacht.

Die Rhetorikerin und Buchautorin Gloria Beck stellt die These auf, dass man einen Menschen charismatisch findet, der anders ist als man selbst, und zwar genauso, wie man selbst gern wäre. Aha. Das würde heißen, dass ich mich selbst nie als charismatisch empfinde und auch niemanden, der so ähnlich ist wie ich selbst.

Der Philosoph Friedrich Nietzsche erklärte: »Ein jeder trägt eine produktive Einzigkeit in sich, als den Kern seines Wesens, und wenn er sich dieser Einzigartigkeit bewusst wird, erscheint um ihn ein fremdartiger Glanz, der des Ungewöhnlichen.« Aber ist ungewöhnlich gleich charismatisch? Und ist jemand, der gewöhnlich, also wie alle anderen ist, damit automatisch nicht charismatisch?

Sie merken schon, es ist alles andere als einfach, eine simple und eindeutige sowie allgemeingültige Definition für Charisma zu finden. So ging es mir auch, als ich mit Freunden und Familie dieses Thema diskutiert habe. Jeder hatte eine andere Definition, wer denn nun warum charismatisch ist oder auch nicht, worin sich Charisma ausdrückt oder woran man es festmachen kann.

Vielleicht funktioniert es, wenn man sich auf den Begriff an sich konzentriert. Das Wort »Charisma« stammt ursprünglich aus dem Griechischen und wurde abgeleitet von Charis, der Göttin der Anmut und der Liebe. Es bedeutet so viel wie »Gnadengabe« oder »etwas von Gott Geschenktes«. Das würde bedeuten, dass Charisma ein Geschenk ist, das man von Natur aus hat oder eben nicht. Eine ziemlich frustrierende Aussicht für all diejenigen unter uns, denen das Gottesgeschenk nicht gleich mit in die Wiege gelegt wurde. Das hieße auch, dass wir das Buch an dieser Stelle zuklappen und uns auf der Tatsache ausruhen könnten, dass wir beim Verteilen der Gottesgeschenke nicht laut genug »hier« geschrien haben und der Zug jetzt eben abgefahren ist. Stopp – warten Sie noch kurz. An dieser Stelle möchte ich heftig protestieren. Vielleicht weiß der eine besser seine natürlichen Fähigkeiten einzusetzen als andere. So wie manche Menschen von Geburt an musikalischer sind oder sportlicher. Deshalb haben aber diejenigen unter uns, die nicht gleich als zweiter Mozart oder als neue Angelique Kerber geboren wurden, keinesfalls die Chance auf ein sportliches oder musikalisches Leben vertan. Genauso verhält es sich mit dem Charisma. Auch wenn die Umstände unseres Aufwachsens und unsere Erfahrungen mit den Eltern, in der Schule, im weiteren Leben und im Umgang mit anderen Menschen bei uns allen unterschiedlich sind: Sämtliche Anlagen zu einem charismatischen Menschen sind uns qua Geburt mitgegeben.

Über Steve Jobs kann man lesen, dass er als ein schüchterner und zurückhaltender Nerd seine Karriere begann, beseelt von seinen Ideen und Produkten. Durch Übung, minutiöse Planung seiner Auftritte und Vorbereitung seiner Verkaufsgespräche entwickelte er sich über die Jahre zu einem mitreißenden und beeindruckenden Geschäftsmann, der es wunderbar verstand zu präsentieren und sich selbst zu inszenieren. Er hat es gelernt, seine Entwicklungspotenziale genutzt und geübt. Für eine solche Entwicklung gibt es viele Beispiele sowohl von Menschen, die erst im hohen Alter diese besondere Ausstrahlung erlangt haben, als auch von anderen, die bereits in früher Jugend vom schüchternen Mauerblümchen zum strahlenden Blumenstrauß geworden sind.

In uns grundsätzlich angelegte Fähigkeiten sind eine Sache – diese auch einzusetzen, weiterzuentwickeln und immer wieder daran zu arbeiten, ist die andere. Wie bereits erwähnt, hatte ich bestimmt schon zu Beginn meiner Moderationstätigkeit ein ganz hübsches Gesicht und eine gewisse Ausstrahlung. Aber es sind Welten, die hinsichtlich meiner Wirkung zwischen damals und heute liegen. Dafür habe ich aber auch einiges tun müssen. Um kompetenter zu wirken, feilte ich an meiner Artikulation und meinem Wortschatz. Ich nahm Sprechunterricht und las viel. Je nach Thema einer Veranstaltung recherchierte ich Begriffe, um mich sachkundig, klar und verständlich in der Sprache meiner Kunden ausdrücken zu können.

Mehr Gelassenheit und Spontaneität habe ich mir dagegen eher unbewusst angeeignet, nicht um meine Wirkung oder Kompetenz zu verbessern, sondern um mit Stress besser umgehen zu können. Gelernt habe ich auch, weniger perfektionistisch an Dinge heranzugehen. Fehler sind keine Schande, sondern lassen mich nahbarer werden. Obwohl ich nie möglichst fehlerfrei moderieren wollte, um unnahbar zu wirken, ist dieser Eindruck wohl das ein oder andere Mal entstanden, ohne dass ich mir dessen bewusst war.

Ich hoffe, aufgrund meiner Erfahrungen und der vieler weiterer Persönlichkeiten, die ihre Wirkung bewusst entwickelt haben, ist die Definition »von Gott gegeben und nicht beeinflussbar« widerlegt.

Was genau diese besondere Wirkung aber ausmacht, ist immer noch nicht klar definiert. Vielleicht kann uns ja der Soziologe Max Weber weiterhelfen. Er unterscheidet nämlich drei Arten von Charisma, zu denen unter anderem die charismatische Herrschaft gehört. Anfang des 20. Jahrhunderts formulierte er eine spezielle Theorie der Herrschaftsausübung, den charismatischen Führungsstil. Er beruht in erster Linie auf den persönlichen Qualitäten des Herrschers und auf dessen Anziehungskraft – seinem Charisma. »Personales Charisma ist die außeralltägliche Erscheinungsform eines Menschen, die diesen Menschen (…) auf außergewöhnliche Art und Weise befähigt, Nachfolge zu produzieren, manchmal wider besseren Wissens der Nachfolgenden.« Übersetzt auf die heutige Zeit bedeutet es, dass Menschen, die über diese besondere Ausstrahlung verfügen, mit den richtigen und entscheidenden Führungsqualitäten aufwarten können. Unabhängig davon, ob es vielleicht zu unserem eigenen Verderben ist, folgen wir ihnen. Selbst unsere jüngste Geschichte scheint das ja zu bestätigen. Aber auch hier wird nur ein kleiner Teil beziehungsweise nur die Auswirkung von Charisma abgebildet. Worauf diese außergewöhnliche (oder wie hier außeralltägliche) Erscheinungsform fußt und auf was sie sich bezieht, bleibt offen. WAS ist denn an dieser Erscheinung so außergewöhnlich?

Im Hinblick auf Politiker stellt sich die Frage: Wer ist uns in besonderer Erinnerung geblieben? Das sind Persönlichkeiten wie Martin Luther King, dessen legendäre Rede »I have a dream« 1963 in Washington als eine der fesselndsten Ansprachen in die Geschichte einging. Oder John F. Kennedy, dessen Auftritt in West-Berlin mit seinem Ausruf »Ich bin ein Berliner« unvergessen bleibt. Aber natürlich auch bei Helmut Schmidt, Willy Brandt, Franklin D. Roosevelt oder Barack Obama findet man das gewisse Etwas, das sie zu mehr als nur irgendeinem beliebigen Politiker macht. Sie alle vereint ihre unglaubliche Präsenz und ihre Aura. Was sie gesagt, wie sie es gesagt haben. Wer Charisma hat, dem hören die Menschen zu und folgen ihm. Ein wenig charismatischer Mensch hingegen wird es schwerer haben, andere mitzureißen und von den eigenen Ideen zu überzeugen.

Der US-Führungsexperte Robert J. House beschäftigte sich intensiv mit der Ausstrahlung von einunddreißig US-amerikanischen Präsidenten und untersuchte den Zusammenhang zwischen ihrer Strahlkraft und ihren messbaren politischen Leistungen. Das Ergebnis war verblüffend: Je charismatischer der Amtsantritt des Präsidenten war, desto größer war später sein Erfolg. Aber auch diese Studie zeigt nur, was Charisma bewirkt, keine Spur von: »Was ist es denn nun, das andere so einnimmt und begeistert. Was macht diese Menschen so charismatisch?«

Da hilft uns der US-Psychologe Ronald Riggio vom Kravis Leadership Institute am Claremont McKenna College. Er hat versucht, mit einem Testbogen die Faktoren für eine charismatische Persönlichkeit herauszufinden. Bei seinen Untersuchungen kam er zu dem Schluss, dass viele komplexe Verhaltensweisen zu Charisma führen. Sein Fazit lautet:

»Menschen mit Charisma sind vor allem brillante Kommunikatoren.« Als einer der wenigen Forscher, die sich diese mystische Qualität eingehend angesehen haben, erklärt er das genauer. Riggio behauptet, dass Charisma aus einer Mischung von Expressivität und Sensibilität, Disziplin, Eloquenz, Weitblick und Selbstvertrauen besteht. Diese Mischung muss aber auch vom Gegenüber so empfunden werden. Denn was nutzt es, wenn man all diese Eigenschaften in sich vereint, sie aber bei demjenigen, mit dem man kommuniziert, gar nicht ankommen? Zur Kommunikation werden ja immer zwei Menschen benötigt: ein Sender und ein Empfänger. Charisma kann also nur in der zwischenmenschlichen Begegnung entstehen. Charisma kann nur entstehen, wenn wir kommunizieren. Entscheidend ist jedoch, wie wir kommunizieren, damit sich Charisma entfaltet. Jetzt fehlt nur noch, dass Sender und Empfänger in der Kommunikation auf einem Kanal funken, das heißt, dass das, was der eine ausstrahlt auch beim anderen die erwünschte Wirkung erzielt.

Die Zeitschrift *Focus* hat tausend deutschen Testpersonen zwanzig Prominente vorgeführt und einschätzen lassen, wen sie für charismatisch halten und wen nicht. Obwohl viele Meinungen übereinstimmten, sorgten einige Ergebnisse auch für Überraschungen. Dies waren beispielsweise der zweite Rang für den ehemaligen südafrikanischen Staatschef Nelson Mandela, die relativ hohen Werte für Bill Clinton, Roman Herzog und Marcel Reich-Ranicki, Steffis Sieg über Boris und der schlechte Wert für Papst Johannes Paul II. Warum sind wir da nicht alle einer Meinung? Müsste ein charismatischer Mensch nicht von jedem auch als solcher empfunden werden? Der Münchner Sozialpsychologe Felix Brodbeck erklärt dieses Phänomen mit der Sender-Empfänger-Hypothese. Charisma wird nur dann als solches empfunden, wenn sich die Vorstellungen, die der »Empfänger«

von Charisma hat, mit dem vom »Sender« angebotenen Charisma weitgehend überschneiden. Es ist keineswegs immer der Fall, dass beide Aspekte deckungsgleich sind. Es gibt allerdings Eigenschaften, die wir alle als besonders angenehm oder beeindruckend in der Wirkung empfinden. So wird in der Kommunikation das Fehlen von Emotionalität, Empathie, deutlicher und klarer Sprache, Mimik, Gestik oder Präsenz eines Menschen als wenig charismatisch bewertet. Das Vorhandensein dieser Eigenschaften steigert dagegen die Wirkung und den nachhaltigen Eindruck einer Person.

Das bestätigten mir auch die zahlreichen und intensiven Gespräche, die ich in Vorbereitung auf dieses Buch geführt habe. Mir sind sehr viele verschiedene Definitionen von Charisma genannt und erklärt worden. Die oben aufgeführten Elemente der Kommunikation wurden dabei immer erwähnt und als wirkungsvoll bestätigt. Aber es gab auch heftige Diskussionen und Diskrepanzen, denn diese ganz gewisse, in alle Richtungen leuchtende Ausstrahlung, die Charisma ausmacht, empfinden nicht alle Menschen gleich. Es gibt sowohl Persönlichkeiten, bei denen sich die Geister scheiden, als auch solche, bei denen sich ganz viele Befragte über die charismatische Erscheinung einig sind.

Vielleicht schaffen es wahre Charismatiker einfach, sich auf die Wellenlänge ihres jeweiligen Gegenübers einzustellen und damit viele unterschiedlich denkende und fühlende Personen gleichermaßen abzuholen. Deshalb gelingt es ihnen, so zu wirken, wie sie es wünschen und beabsichtigen.

Sie sehen: Es gibt viele Ansätze und Versuche der Erklärung und Definition von Charisma, die aber meiner Meinung nach oft nur Teilaspekte abbilden. Für das, was ich Ihnen in den nächsten Kapiteln näherbringen möchte, lege ich daher zunächst dar, wie ich ganz persönlich Charisma definiere und was für mich aufgrund meiner Erfahrungen einen wirklich beeindruckend wirkungsstarken Menschen ausmacht.

Das ist zum einen die außergewöhnliche und im eigenen Sinne des Wortes »bemerkens-werte« Art zu kommunizieren. Aber was macht Kommunikation wert, bemerkt zu werden und als außergewöhnlich zu gelten? Da sind zum einen die Worte, die durch Gestik unterstrichen und mit entsprechender Mimik betont werden. Außerdem sind die Stimme und die Stimmlage entscheidend, ebenso wie die Art und Weise, in der Gesprächspartner oder Publikum gefesselt und abgeholt werden. Dies gelingt mit Bildern, die Tempiwechsel, Fantasie und Struktur in dem, was erzählt wird vereinen. Charismatisch ist also jemand dann, wenn er mit sämtlichen Fähigkeiten und Facetten seiner Persönlichkeit sowie einem umfangreichen Wortschatz und bildhafter Darstellung gezielt und für sich einnehmend kommuniziert. Dann ist es eine Persönlichkeit, die Dinge so vermittelt, dass man sie versteht und sie sich merken kann. Ein solcher Mensch überzeugt durch seine Wirkung, unabhängig davon, ob er blond, schwarzhaarig oder glatzköpfig, dick oder dünn ist. Dieser Vortragende ist präsent und bewegt, ja berührt seine Zuhörer durch das, was er sagt und wie er das sagt. So erreicht er seine Zuhörer dort, wo sie gerade gedanklich beziehungsweise emotional stehen. Er gewinnt das Vertrauen und die Sympathie seiner Zuhörer, auch durch ein Lächeln an den richtigen Stellen und Ernsthaftigkeit, wo nötig. Eine derartige Persönlichkeit steht mit beiden Beinen im Leben und wirkt selbstbewusst, aber nicht arrogant. Ihre Mitmenschen trauen ihr zu, das Richtige am richtigen Ort und zur richtigen Zeit zu tun. Mit dem Begriff »er« möchte ich bitte sowohl männliche als auch weibliche Persönlichkeiten eingeschlossen wissen, denn so ist es gemeint. Wenn ich im Verlauf dieses Buches »er« (statt sie/er, weiblich/männlich) benutze, dann meine ich damit: er, der

Mensch. Und wenn ich lediglich »sie« verwende, dann bezieht sich das jeweils auf sie: die Persönlichkeit.

Eine charismatische Persönlichkeit, wie ich sie definiere, gewinnt im Laufe ihres Lebens immer mehr an Wirkung und Ausstrahlung, insbesondere wenn sie sich regelmäßig hinterfragt und an sich und ihrer Wirkung arbeitet. Ich bin absolut sicher, dass auch aus Ihnen ein Mensch mit einer außergewöhnlichen Wirkung und Ausstrahlung werden kann. Vielleicht sind Sie es schon, aber wissen nur nicht, wie Sie diese Wirkung einsetzen und umsetzen müssen. Ich möchte Ihnen dazu verhelfen, das Maximum aus Ihrer Person herauszuholen und nach außen zu tragen. Dazu braucht es eine ganze Reihe von Schubladen, die Sie gezielt öffnen müssen, damit Sie bei Ihrem jeweiligen Gegenüber Ihre Wirkung bewusst steuern und hervorrufen. Charisma wird ja nur im Kontakt mit anderen Menschen überhaupt bemerkt. Weitere Vorbedingungen für die Entwicklung Ihres Charismas sind: Erstens, sich selbst zu hinterfragen und herauszufinden, wie Sie wirken und warum Sie so wirken. Zweitens, die Elemente, die Ihre Wirkung ausmachen, bewusst einzusetzen und an den Faktoren zu arbeiten, die noch Entwicklungspotenzial bieten oder Defizite aufweisen. In den folgenden Kapitel beschreibe ich für Sie, wie Sie von sich ein Gesamtbild entstehen lassen, das Ihr Umfeld kommentiert mit: »Wow – ist das ein charismatischer Mensch.« Ich zeige Ihnen, welche Schubladen es gibt, was jeweils darin ist, wann Sie welche öffnen müssen und wie das geht. Aber natürlich auch, wie Sie mehr über Ihre Wirkung erfahren und das Fremdbild zum Eigenbild machen. Dass Sie das können, steht jetzt schon fest!

2
Brauche ich Charisma überhaupt?

Wenn Sie wie Robinson Crusoe alleine auf einer einsamen Insel leben, kann ich eindeutig sagen: Charisma ist für Sie völlig unwichtig. Da dies aber bei den wenigsten von Ihnen der Fall sein dürfte, komme ich schnell zur weitaus verbreiteteren Variante: Sie leben, egal ob urban oder ländlich, eingebettet in ein soziales Umfeld, in dem Sie automatisch mit anderen Menschen in Kontakt treten. Laut einer Studie des Max-Planck-Instituts für Bildungsforschung tun Sie dies im Durchschnitt achtmal täglich. Jeder von Ihnen kommuniziert also pro Tag mit acht unterschiedlichen Menschen und hat dabei jeweils die Chance, DEN Eindruck zu hinterlassen, den Sie hinterlassen möchten. Wäre es nicht großartig, wenn nach jeder Begegnung über Ihnen und Ihrem Kommunikationspartner die Sonne ein wenig heller scheinen würde? Und Sie jeweils auch die Wirkung erzielen könnten, die Sie erzielen möchten? Das setzt allerdings voraus, dass Sie überhaupt wissen, was Sie ausstrahlen und wie Sie wirken. Außerdem sollten Sie sich darüber bewusst sein, was Sie bewirken oder hinterlassen wollen.

Sobald Sie mit jemandem kommunizieren, sei es auch nur über einen Blick, eine Geste oder ein Lächeln, steht dahinter immer eine bestimmte Absicht. Der Kollege fragt Sie, ob er für Sie einen Kaffee aus der Küche mitbringen soll, Sie lächeln kopfschüttelnd. Auch ohne ein Wort werden Sie verstanden. Und wahrscheinlich kommt beim Gegenüber an: »Danke, dass du fragst (Lächeln), nein (Kopfschütteln).« Ohne Lächeln würde dieser Austausch genervt, unhöflich oder in Gedanken versunken wirken. Nur Lächeln würde dem anderen keine Antwort auf seine Frage geben. Warum machen wir uns eigentlich viel zu selten Gedanken darüber, was wir mit unserer Kommunikation überhaupt beabsichtigen und wie das, was wir absenden, ankommen könnte?

Wenn ich bei den genannten acht Kontakten pro Tag bleibe, fange ich doch gleich mal mit dem an, der bei vielen von uns der erste des Tages ist. Aufstehen, duschen, anziehen, dem Partner noch schnell einen Kuss geben und los. Der Kuss ist Kommunikation. Das Anlächeln, weil der andere morgens die Zähne nicht auseinander bekommt, ist Kommunikation. Den Partner nicht zu fragen, was denn los ist, obwohl er besorgt vor sich hinstarrend am Küchentisch sitzt, ist ebenfalls Kommunikation. Möglicherweise sind sie sich in diesem Fall gar nicht bewusst, dass Sie als desinteressiert wahrgenommen werden und wenig empathisch wirken. Dabei sind Sie vielleicht nur in Eile und fragen aufgrund ihrer Zeitnot nicht nach, oder Sie interpretieren das besorgte Gesicht Ihres Partners als Müdigkeit.

Da die Zeit für ein ruhiges Frühstück also mal wieder nicht gereicht hat, springen Sie auf dem Weg ins Büro noch schnell beim Bäcker rein, womit Sie auch schon beim zweiten Kontakt wären. Es eilt, die Schlange ist lang, und als Sie endlich an der Reihe sind, bestellen Sie hastig und ungeduldig. Sie wirken gehetzt, jede Faser Ihres Körpers, die Stimme und der Gesichtsausdruck drücken aus: »Schnell her mit dem Brötchen, ich muss weiter.« Die Verkäuferin wird Ihnen das Brötchen kommentarlos in eine Tüte packen, vielleicht noch kurz etwas murmeln und dann den nächsten Kunden bedienen. Bestellen Sie aber mit einem Lächeln, einer offenen Haltung und ein paar freundlichen Worten, wird Ihnen die Mitarbeiterin der Bäckerei genauso höflich entgegentreten, wie Sie es ihr gegenüber getan haben. Ihr Handeln bewirkt etwas auf der Gegenseite, das wiederum bewirkt etwas bei Ihnen. Auch wenn Sie dazu vorher nicht meditieren oder großartig über Ihre Brötchenbestellung nachdenken müssen, gehen Sie nach so einer Begegnung einfach besser gelaunt durch den weiteren Tag. Denn allein durch das, was Sie aussenden, erhalten Sie bei der freundlichen Variante eine viel positivere Resonanz. Der Besuch beim Bäcker ist vielleicht nicht lebensentscheidend, er sorgt aber für einen guten Start in den Tag und für ein angenehmes Gefühl auf beiden Seiten. Vielleicht bewirkt er sogar, dass Ihnen Ihr Lieblingsbrötchen zukünftig direkt ungefragt in die Tüte gelegt oder sogar heimlich reserviert wird.

Danach eilen Sie weiter ins Büro, und Sie erwartet bereits der dritte Kontakt: mit Kollegen und Mitarbeitern. Wenn Sie dort kurz angebunden hereinschneien, sich auf Ihren Stuhl fallen lassen und die kommenden Gespräche mit unter dem Ohr eingeklemmten Telefonhörer führen, dabei Ihr Brötchen kauen und zwischendurch auf das Display Ihres Handys blicken, drücken Sie damit Ablehnung, Stress, Zeitmangel und wenig Interesse an Ihrem Gegenüber aus. So werden Sie weder sich selbst noch den anderen Mitarbeitern ein gutes Gefühl geben.

Damit können Sie vielleicht noch leben, wie aber sieht es aus, wenn wir den möglichen Kontakt Nummer vier betrachten: Es steht ein Meeting an, bei dem Sie als Teamleiter unangenehme Themen ansprechen müssen und höhere Zielvorgaben oder Einsparungsmaßnahmen verkünden sollen. Wenn Sie in diese Besprechung gehen, ohne sich vorher Gedanken darüber gemacht zu haben, was Sie genau sagen möchten und müssen, wie Sie es mitteilen und welche Wirkung Sie anhand welcher Stilmittel oder Elemente auf Ihr

Gegenüber erzielen wollen, besteht die Gefahr, dass Sie gnadenlos scheitern. Sie beschränken sich möglicherweise auf die Fakten und machen Ihre Vorgaben, doch Sie geben Ihrem Team das schlechte Gefühl, unter Druck zu geraten, übertragen Ihre eigene Unzufriedenheit und schüren Angst vor dem Scheitern. Das vermittelt weder ein wie auch immer geartetes Wir-Gefühl, noch zeigt es Empathie und Führungsqualitäten. Auch die wichtigen Botschaften »wir schaffen das« oder »wir gehen das an« bleiben auf der Strecke. Formulieren Sie hingegen klar und deutlich die Fakten und verhalten sich trotzdem verständnisvoll und empathisch, mitreißend und motivierend, so vermitteln Sie Ihren Mit-arbeitern ein positives Gefühl im Sinne von »Gemeinsam schaffen wir alles«, »Ich weiß, wie es geht«, »Lasst es uns anpacken«.

Tauschen wir nun die Rollen in der Sitzung, und Sie sind nicht der Teamleiter, sondern ein Mitarbeiter innerhalb des Teams. Sie sollen aufstehen und vortragen, wie weit Sie mit Ihrem Projekt gekommen sind. Sie erheben sich unsicher und erzählen mit leiser Stimme und hängenden Schultern, dass das Projekt gut vorankommt, Sie aber krankheitsbedingt noch nicht so weit sind, wie Sie sein sollten. Dabei schauen Sie konsequent nach unten auf das Blatt vor Ihrem Platz und spielen nervös mit Ihren Händen. Sie verlieren sich in Nebensächlichkeiten, schweifen immer wieder ab und entschuldigen sich mehrfach für fehlende handfeste Ergebnisse. Wissen Sie, welche Wirkung Sie damit erzielen? Möchten Sie nicht eigentlich Vertrauen und Dynamik vermitteln, dass die Ihnen aufgetragene Aufgabe zur vollsten Zufriedenheit erfüllt wird und Sie trotz kleiner Hindernisse gut in der Sache vorankommen? Oder zeigen, dass Sie aus Grund A, B, C noch nicht so weit sind, wie Sie es gerne wären und sein sollten, aber die richtigen Weichen gestellt haben, um das Projekt pünktlich abzuschließen? Hätten Sie sich all das vor der Teambesprechung überlegt und geplant, was Sie kommunizieren wollen und wie Sie wahrgenommen werden möchten, hätten Sie durch wenig Anstrengung einen ganz anderen Eindruck hinterlassen können.

Das erinnert mich an eine Veranstaltung, bei der ich mit einer Geschäftsbereichsleiterin vorab besprochen habe, was sie in ihrer Begrüßung an die Mitarbeiter weitergeben möchte. Laut ihrer Aussage war das letzte Jahr gut, es hätte aber noch ein wenig besser sein können. Sie wollte das Team loben und auf das neue Geschäftsjahr einstimmen. Mir gegenüber sprach sie frei, sie war locker und dynamisch. Ich wusste, dass sie noch nicht so lange im Unternehmen war und es eigentlich auch unangenehm fand, vor vielen Menschen zu sprechen. Es war zu spüren, dass sie das Thema noch nicht so richtig zu formulieren wusste, aber dennoch hatte ich das Gefühl, einer charismatischen und sehr fähigen Führungskraft gegenüberzusitzen, dynamisch und voller Sympathie für ihre Mitarbeiter. Sowohl die Körpersprache als auch ihre Mimik waren offen und ihre Worte unterstreichend. Minuten später auf der Bühne bestand sie dennoch darauf, hinter einem Podest, über das ihr Oberkörper nur knapp reichte, einen geschriebenen Text als Begrüßung vorzutragen. Ihre Worte waren zwar klar, und was sie sagte, hatte Hand und Fuß, ihr Gesichtsausdruck aber war extrem konzentriert und daher ohne wahrnehmbare Mimik. Sie klebte an Text und Podest. Ihr Blick war mehr nach unten gerichtet als dem Publikum zugewandt. Der kleinste Versprecher, der beim Ablesen immer mal wieder passieren kann, schien ihr sehr unangenehm zu sein. Ihr Gesichtsausdruck und die ganze Körperhaltung drückten Konzentration, jedoch auch Distanz aus. Diese Distanz galt wohl eher dem Text als dem Publikum, aber das war für die Zuhörer nicht spürbar. Ich saß in der ersten Reihe und hielt entsetzt den Atem an. Es gelang ihr höchstens 30 Prozent von dem rüberzubringen, was sie beabsichtigt hatte. Der Inhalt kam nämlich bei den Zuhörern an: »Gut gemacht, hätte besser sein können, volle Kraft voraus.« Da sie ja wusste, was sie sagen wollte, wäre es viel besser gewesen, einfach nur ein paar Stichworte auf eine Karte zu schrei-ben. Dann wäre ihr die freie Rede viel leichter gefallen. Das Rednerpult fesselte sie an ein fix installiertes Mikrofon, weshalb ein Headset für ihre Flexibilität und ihren Bewegungsfreiraum deutlich von Vorteil gewesen wäre. In der Mitte der Bühne positioniert, frei sprechend und damit näher beim Publikum stehend, hätte sich ihre Distanz zu den Zuhörern automatisch verringert, und die Ausgangssituation wäre eine ganz andere gewesen. Sie hätte ihren Vortrag, so wie in unserem Vorgespräch geübt, mit entsprechender Mimik, Gestik und Körperhaltung unterstreichen und mit bewussten Pausen, einer guten Betonung und der richtigen Lautstärke Akzente setzen können. Es wäre kein bisschen aufgefallen, ob sie den ein oder anderen Punkt weggelassen oder gerade noch während des Vortrags hinzugefügt hätte. Durch ihre Körperhaltung wäre deutlich stärker das Gefühl transportiert worden: »Wir sind ein tolles und erfolgreiches Team, und wir schaffen, was wir uns vornehmen.« Doch so fiel das Feedback der Mitarbeiter, mit denen ich mich bei dem danach stattfindenden Empfang unterhielt, negativ aus. Sie hielten die Rednerin für eine wirklich fähige Frau, die aber unnahbar und emotionslos sei. Diese hatte also ihre Chance zu wirken zumindest in dieser Veranstaltung verspielt, und jetzt war es zu spät, den Eindruck wieder geradezurücken.

Leider könnte ich an dieser Stelle sicherlich zehn weitere Beispiele von Führungspersönlichkeiten nennen, bei denen es sich ähnlich verhält. Nicht, weil sie grundsätzlich nicht gut wirken können oder kein Charisma haben, sondern weil sie nicht in der Lage sind, ihre Wirkung einzuschätzen.

Vielleicht machen sie sich sogar noch nicht einmal Gedanken darüber, wie sie ankommen und welchen Eindruck sie hinterlassen. In all den Jahren habe ich viele Veranstaltungen, Galas, Firmenjubiläen, Kick-off-Meetings, Diskussionsrunden und Präsentationen erleben dürfen und auch müssen, die so ernüchternd und einschläfernd waren, dass ich am liebsten schreiend aus den Vorträgen gelaufen wäre. Da waren oft Unmengen an Folien, die unter dem Aspekt »betreutes Lesen« an die Wand geworfen wurden. Meist reichte die Zeit gar nicht aus, um alles, was da stand, zu lesen, geschweige denn zu verstehen oder geistig zu verarbeiten. Der Hinweis des Vortragenden, man solle nicht lesen, sondern zuhören, er werde das ja alles erklären, ließ dann jedes Mal die Frage aufkommen, warum um Gottes willen derjenige das dann alles auf die Folie schreibt. Viele Vortragende haben zudem noch das Gefühl, sie könnten mit einer besonders hastigen Aussprache die Zeit nach vorne drehen, ihren Auftritt so schneller hinter sich bringen und die Informationen rascher loswerden.

Einmal begegnete mir ein Redner, dessen Beitrag der vorletzte von zehn Präsentationen und einer Diskussionsrunde war. Er hatte für seine fünfundzwanzig Minuten-Rede dreißig Folien vorbereitet, die meisten davon auch noch eng beschriftet. Auf meinen Hinweis, dass ihm für jede Folie maximal fünfzig Sekunden blieben, antwortete er, er werde eben ein wenig schneller reden. Auf meinen Einwurf, dass ihm dann keiner mehr würde folgen können, und auf die Frage, was er mit seinem Vortrag eigentlich beabsichtige, folgte die prompte Antwort, er müsse nur seine Inhalte an den Mann bringen. Da hatte ich also einen Sender, der bloß senden wollte und dem es völlig egal war, ob das Publikum mitgeht, ob die Information ankommt und was das beim Empfänger auslöst. In der Realität waren die Reaktionen auf seinen Vortrag Entsetzen, Langeweile und geistiges Abschalten. Mir wäre es fürchterlich peinlich, wenn im Publikum bei einem meiner Vorträge viermal gegähnt werden würde. Doch viele Menschen vergessen, dass ein Vortrag eine Form von Kommunikation ist. Und selbst wenn nur Inhalte weitergegeben werden sollen, muss der Zuhörer mit einbezogen und durch Fragen involviert werden. Eigentlich sollte jede Präsentation sowohl Informationen vermitteln als auch Spannung erzeugen und im besten Fall sogar mitreißen. Wäre sich jeder, der präsentiert, dessen bewusst und würde seine Vorträge dementsprechend halten, bliebe uns viel vertane Lebenszeit erspart.

Die Mittagspause ist unser fünfter exemplarischer Kontakt. Der neue Abteilungsleiter, der seine Mitarbeiter noch nicht so gut kennt, sitzt zurückgelehnt und breitbeinig am Tisch in der Kantine. Die Arme weit geöffnet, klopft er seinem Nebenmann immer wieder gönnerhaft auf die Schulter und erzählt lautstark von seinem letzten Urlaub. Er schwärmt von den tollen Stränden Korsikas, den exklusiven Restaurants, den schicken Miezen am Strand und dem superteuren Wein am Abend. Obwohl fast alle Kollegen, die mit am Tisch sitzen, auch gerade aus dem Urlaub kommen, stellt er nicht einmal die Frage, wer wo im Urlaub war, wer welche Regionen warum mag, was die Einzelnen gerne in ihrer Freizeit tun und welche Erlebnisse für sie in schöner Erinnerung geblieben sind. Welchen Eindruck hinterlässt der neue Chef bei seinen Kollegen? Und ist er sich dessen überhaupt bewusst? Will er das wirklich?

Egal, mit wem Sie kommunizieren und wie bedeutsam die Kommunikation ist, Sie wirken immer. Irgendwie. Und letztendlich müssen Sie immer verkaufen. Sei es eine Idee, ein Produkt, eine gute oder eine schlechte Nachricht oder eben sich selbst. Daher ist es wichtig, dass Sie sich darüber Gedanken machen, wie das, was Sie abschicken, verbal und nonverbal beim anderen ankommt.

Dies gilt auch für unseren Kontakt Nummer sechs, den Sie nach dem Essen in der Mittagspause haben. Sie schauen noch schnell in einem Autohaus vorbei, weil schon lange ein neuer Wagen fällig ist. Sie wollen sich eigentlich nur kurz umsehen. Wie muss ein Verkäufer agieren, damit Sie sich nicht bloß erkundigen, sondern auch kaufen? Als ich mir vor einiger Zeit ein neues Auto zulegen wollte, schaute ich in einer fremden Stadt in einem Autohaus vorbei, um mich zwischen zwei Terminen ein wenig inspirieren zu lassen. Nichts erinnerte an diesem Tag an die Claudia Kleinert aus dem Fernsehen, wenn sie perfekt gestylt und zurechtgemacht ist. Und obwohl mich keiner erkannte, wurde ich wie eine Königin behandelt. Als ich auf den Berater warten musste, wurde mir mehrmals Kaffee von unterschiedlichen Mitarbeitern angeboten und immer wieder ein freundliches Lächeln zugeworfen. Ich hatte das Gefühl, sehr willkommen zu sein. Der Mitarbeiter des Autohauses erschien nach kurzer Zeit gut gelaunt und setzte sich neben mich statt mir gegenüber. Er versuchte herauszufinden, wofür ich das Auto benötige, welche Lebensbereiche es abdecken soll und was ich mir von einem neuen Wagen erwarte. Er wirkte nicht wie ein Verkäufer, sondern wie ein guter Freund, der mich verstehen will und mir hilft, das Richtige für mich zu finden. Als ich ging, hatte ich mir ein Auto ausgesucht und sogar den Vertrag unterschrieben. Dieser Verkäufer hatte offensichtlich alles richtig gemacht. Und war nachher völlig baff, dass ich ja DIE Claudia Kleinert bin.

Einer Studie der European School of Business zufolge sind Spitzenleute gar nicht darauf angewiesen, sofort und um jeden Preis Umsatz zu machen. Gefragt sind vielmehr zwischenmenschliche Fähigkeiten. 328 Verkäufer aus verschiedenen Bereichen wurden befragt, um dem Erfolgsrezept eines guten Verkäufers auf die Spur zu kommen. Was dabei herauskam, war erstaunlich: nicht der Wille, besonders viel zu verkaufen, ist das Geheimnis, sondern die Ehrlichkeit und Offenheit dem potenziellen Käufer gegenüber. Sie kennen sicher den Moment, in dem Sie aus einer Umkleidekabine treten und sich kritisch im Spiegel beäugen. Sie sehen aus wie eine Presswurst, die Verkäuferin aber eilt begeistert herbei und beteuert, wie perfekt Ihnen das Kleidungsstück steht. Sie strahlt damit die verzweifelte Absicht aus, um jeden Preis etwas loszuwerden. Würde sie stattdessen einfach ehrlich sagen, dass das Kleid oder der Anzug nicht perfekt sitzt, hätte sie von Anfang an das Vertrauen des Kunden gewonnen. Das Eis wäre gebrochen und einer guten Beratung mit lukrativem Abschluss stünde nichts mehr im Wege. Sicher wäre ein solch ehrlich beratener Kunde auch viel offener für Alternativvorschläge der Verkäuferin und würde wiederkommen.

Der siebte zwischenmenschliche Kontakt findet nachmittags bei einem Feedback-Gespräch mit dem Chef statt. Sie sind Sachbearbeiter, und das letzte Jahr ist zahlenmäßig super gelaufen, durch die schwere Krankheit Ihres Vaters waren Sie aber zeitweise nicht immer ganz bei der Sache. Statt mit hängenden Schultern und mit Ihrem ganzen Körper Schuldbewusstsein auszustrahlen, gehen Sie erhobenen Hauptes und mit geraden Schultern ins Gespräch hinein. Sie lächeln Ihren Chef an und sagen ihm, wie sehr Sie sich darüber freuen, mit ihm seine Bewertung durchsprechen zu können. Sie empfinden das auch wirklich so, denn Sie sind gespannt darauf, Feedback zu bekommen. Sie sind sich bewusst, dass Sie gute Leistung erbracht haben, es aber aufgrund äußerer Umstände ebenfalls Zeiten gab, in denen Sie Ihrem Job nicht die Energie und Aufmerksamkeit zukommen lassen konnten, die das Unternehmen eigentlich von Ihnen erwartet hätte. Und Sie sind dankbar, dass man Sie in dieser für Sie schweren Zeit unterstützt und entlastet hat. Sie arbeiten selbstbewusst auf Ihre Wirkung hin und müssen weder als Bittsteller noch als Großkotz auftreten (was beides auch eine Möglichkeit wäre, in ein solches Gespräch zu gehen). Stattdessen präsentieren Sie sich als fähiger, kompetenter und ehrgeiziger Mitarbeiter, der selbst unter schwierigen Umständen sein Bestes gibt, hundertprozentig loyal ist und seinen Job gut macht.

Abends kommen Sie erschöpft nach Hause, und dort wartet bereits der achte Kontakt des Tages auf Sie. Ihr Partner oder Ihre Partnerin hat gekocht, und noch bevor Sie überhaupt am Tisch sitzen, fangen Sie schon an zu schimpfen. Sie lassen Ihren Frust über den anstrengenden Tag und den arroganten Geschäftsführer ab, außerdem kritisieren Sie das wenige Salz am Essen. Als Ihr Partner irgendwann zum Handy greift, um E-Mails zu beantworten, herrschen Sie ihn wütend an, er würde ja nie zuhören und es interessiere ihn gar nicht, was Sie gerade bewegt. Sie wünschen sich Interesse, Nachfrage, Verständnis oder Trost, lassen aber überhaupt keinen Raum für Kommunikation. Eigentlich möchten Sie empfangen, doch Sie senden ausschließlich. Statt nur von sich zu erzählen, könnten Sie Ihr Gegenüber ja an Ihren Problemen teilhaben lassen, zum Beispiel mit Fragen wie: »Was hätte ich machen sollen?« »Wie hättest du reagiert?« »Kannst du die Situation verstehen?« Tief im Inneren möchten Sie wirken wie jemand, der Unterstützung, Anregung und Verständnis erwartet und erhofft, haben aber die Wirkung eines Dampfkessels, der erst einmal Luft ablassen muss. Ihnen wird die Diskrepanz, wie Sie wirken wollen und was Sie in Wirklichkeit ausstrahlen, gar nicht bewusst.

Laut einer Befragung gehen die meisten Paare davon aus, dass ihre Kommunikation wunderbar funktioniert und im Gegensatz zu Gesprächen mit Fremden bloße Andeutungen ausreichen, um zu verstehen, was der andere meint. Genau dieses Phänomen haben Forscher untersucht, indem sie Paare Rücken an Rücken setzten und sie Sätze verwenden ließen, die typisch für normale Alltagsgespräche sind. Eine Frau sagte in diesem Zusammenhang: »Ganz schön heiß hier drin«, und hoffte, dass ihr Mann daraufhin die Klimaanlage hochdrehen würde. Er wiederum glaubte, es sei eine anzügliche Bemerkung, die sie beide betraf. Die Studie widerlegte eindeutig, dass Paare besser kommunizieren als Fremde. Die Forscher des Experiments sehen in der Paarkommunikation zwei Schwierigkeiten: Oft ist man im Alltag in Eile oder mit den Gedanken woanders, zudem nimmt man meist nicht mehr die Perspektive des anderen ein. Das ist besonders dann der Fall, wenn man davon ausgeht, dass man sich sowieso versteht, weil man sich schon länger kennt.

Ich erinnere mich an die Zeit, als ich während meines Studiums als Messehostess arbeitete, um mein Budget aufzubessern. Meine Aufgaben waren Übersetzungen, Standführungen, Catering, Bedienung und das Besetzen der Info-Theke an den jeweiligen Ständen der Unternehmen. Bei einer auf Messepersonal spezialisierten Agentur erhielten wir vor dem ersten Einsatz ein Coaching von zwei Tagen Dieses sollte uns für den Umgang mit schwierigen Besuchern und Kunden, für die ein Ausstellungsbesuch oft stressig und hektisch ist, wappnen. An ein Beispiel für Kommunikation, das in dem Coaching gegeben wurde, erinnere ich mich noch besonders gut: Ein Mann und eine Frau sitzen im Auto und fahren auf eine Ampel zu, die gelb wird. Der Beifahrer sagt: »Die Ampel ist gelb.« Die Fahrerin keift ihn an, was das denn jetzt soll, das hätte sie doch wohl selbst gesehen – wenn er ihre Fahrweise kritisieren wolle, dann solle er halt selbst fahren. Der Beifahrer sagt völlig überrascht und konsterniert: »Nein, ich war nur erstaunt, wie kurz hier die grüne Phase ist und dass man das mit der grünen Welle bei Tempo fünfzig selbst am späten Abend völlig vergessen kann.« Die Fahrerin reagierte auf das, was bei ihr ankam, was sie wahrnahm, aber nicht auf das, was eigentlich gemeint war. Uns allen geht es gelegentlich so. Aufgrund von eigenen Mustern und Erfahrungen reagieren wir nicht auf das, was die Situation neutral darstellt, sondern auf etwas, das unsere Psyche aus dieser Situation macht. Aus diesem Grund hören wir dann auch nur die Information, die wir hören wollen, und empfangen nicht unbedingt, was abgesendet wurde. Mich hat das auf den Umgang mit gestressten Messebesuchern schon ziemlich gut vorbereitet. Mein Blick wurde dafür geschärft, wie ich wirke und wann es vielleicht besser ist, mich einer Situation oder Aussage zu vergewissern, indem ich nachfrage, was ein Gesprächspartner eigentlich mit dem meint, was er sagt, bevor ich reagiere.

Manchmal macht es uns unser Gegenüber aber auch wirklich nicht leicht, zu verstehen, was er oder sie ausdrücken möchte. Dadurch wird es für uns schwierig, adäquat zu reagieren. Eine meiner Freundinnen war gerade von ihrem Freund verlassen worden und strahlte das auch von Kopf bis Fuß aus. Sie schimpfte laut und mit viel zu hoher Stimme, dass dieser Idiot es doch gar nicht wert sei und er jetzt sehen solle, wo er bleibt. Dass sie ihm keine Träne nachweinen würde und sie nur ja keiner darauf ansprechen solle – was sie geschätzt zweihundertmal wiederholte. Bei Nachfragen erzählte sie allerdings gerne und ausführlich, was wann wie und warum passiert war und wie sehr sie litt. Auch wenn ich nicht nachfragte. Ihre Stimme, ihre Körperhaltung und ihre ganze Erscheinung waren so ziemlich genau das Gegenteil von dem, was ihre Worte ausdrückten. Ihre nonverbale Botschaft lautete: »Er war es wert, ich weine ihm nach, ich möchte am liebsten ununterbrochen darüber sprechen, über ihn schimpfen und je mehr Zuhörer, desto besser.« Es wäre viel einfacher und effektiver gewesen, direkt zu kommunizieren und auch das zu senden, was die

Zuhörer empfangen sollten: »So ein Idiot, ich möchte mir am liebsten die Augen ausweinen und ununterbrochen darüber reden, damit es irgendwann weniger wehtut.« Stattdessen verdrehten alle die Augen bei den gesprochenen Worten und flüchteten sich schnell zum nächsten Getränk. Keiner wusste, was die Verlassene eigentlich wollte. Sich an einer Schulter ausweinen, einfach nur ihre Wut loswerden, Aufmerksamkeit oder womöglich Mitleid bekommen? Die frisch Getrennte blickte in ratlose Gesichter, und ich selbst ging mit dem Gefühl nach Hause, meiner Freundin womöglich nicht das gegeben zu haben, was sie sich gewünscht oder gebraucht hätte.

Puh, ganz schön anstrengende Begegnungen können das manchmal sein. Der Tag ist beendet, Sie gehen ins Bett, und am nächsten Morgen erwarten Sie zahlreiche neue Kontakte, die Sie wieder vor kommunikative Herausforderungen stellen. Ganz gleich ob im Privatleben oder im Job, ob Sie männlich oder weiblich sind, jung oder alt, Hausmeister, Lehrer oder Geschäftsführerin: Durch die richtige Art der Kommunikation können Sie sich viele Stresssituationen ersparen, die in der Regel immer ähnliche Auslöser haben. Meist handelt es sich um fehlgeleitete Kommunikation. Und genau da hilft Ihnen Charisma, das jede Begegnung zu einem Erfolg werden lässt.

3
Was Charisma auszeichnet

Im ersten Kapitel habe ich Ihnen bereits *meine* Definition von Charisma erläutert, denn die eine und allgemeingültige Beschreibung für diese besondere und einzigartige Wirkung eines Menschen gibt es nicht. Auch wenn jemand durch außergewöhnliche Ausstrahlung auffällt, muss er deshalb trotzdem nicht automatisch Charisma haben. Ich bin überzeugt, dass dazu noch viel mehr gehört. Wichtigste Vorbedingungen und Grundpfeiler sind meines Erachtens zwei Dinge: Erstens, sich Gedanken über die eigene Wirkung zu machen und sich dieser jeweils bewusst zu sein. Und zweitens, mit der Wirkung anderer umgehen und darauf eingehen zu können. Charisma bedingt, dass man sich in jeder Situation, in der man mit anderen Menschen kommuniziert, Gedanken um die eigene Wirkung macht. Das fällt natürlich selbst einem charismatischen Menschen nicht immer ganz leicht, sinnvoll ist es allerdings – unabhängig von der Situation, der eigenen Verfassung und den Umständen immer. Aber gerade im gewohnten Umfeld, in sich häufig wiederholenden Begegnungen sowie im privaten Bereich oder in Stresssituationen denken wir oftmals gar nicht darüber nach, wie wir auf andere Menschen wirken.

Stress ist der größte Feind unseres Alltags. Wie ein lauernder Löwe kauert er im Gebüsch und wartet nur darauf, uns immer wieder anfallen zu können. Es gibt einige Umstände, die er liebt und mit denen Sie ihn immer wieder füttern und anlocken. Konkret gibt es vier Hauptursachen für Stress: Zeitdruck, Dinge, die anders laufen als erwartet, unerfüllte Vorsätze und, ganz weit vorne, misslungene Kommunikation. Wie im letzten Kapitel beschrieben, wird der Tag eines in der heutigen Zivilisation lebenden Menschen in erster Linie durch Kommunikation bestimmt, und die Qualität der Kommunikation wiederum beeinflusst unseren Stresslevel. Füttern Sie Ihren Löwen nicht, sondern sorgen Sie durch gelungene Begegnungen dafür, dass er Ihnen fernbleibt. Grundvoraussetzung für gut verlaufende Gespräche ist es, sich in jedem einzelnen dieser Kontakte seiner Wirkung bewusst zu sein und diese willentlich und wissentlich einzusetzen. Dann nämlich haben Sie es in der Hand, die Kommunikation in Ihrem Sinne zu beeinflussen und zu lenken.

Leichter gesagt als getan, werden Sie jetzt denken, denn Sie kommunizieren ja nicht mit sich alleine – Ihr Gesprächspartner muss das gleiche Interesse an einer guten Begegnung haben wie Sie selbst. Das stimmt so nicht! Selbst wenn Ihr Gesprächspartner auf Krawall gebürstet ist, haben SIE es in der Hand, darauf einzusteigen oder ihm jeglichen Wind aus den Segeln zu nehmen. Ist Ihnen das nicht auch schon einmal passiert, dass Sie eine wütende Grimasse im Gesicht Ihres Gegenübers mit Ihrem eigenen Lächeln in ein zumindest einigermaßen entspannt blickendes Gesicht oder sogar ein Schmunzeln verwandelt haben? Oder dass Sie durch ein paar beruhigende Sätze, ausgedrücktes Verständnis, eine Entschuldigung oder bewusst eingesetzte Komplimente eine Situation entschärft und Ihren Gesprächspartner besänftigt haben? Kindern gelingt das oft ganz großartig. Wenn sie etwas angestellt haben, blicken sie völlig unschuldig oder entsetzt über die Reaktion der Eltern und bringen noch einen frechen oder naiv entwaffnenden Satz an. Schon weicht der Ärger im Gesicht der Erwachsenen einem Grinsen. Ganz genauso haben auch Sie es in der Hand, Ihr Gegenüber einzufangen oder emotional umzudrehen. Dies ist ein ganz wichtiger Aspekt, wenn wir uns an die durchschnittlich acht Kontakte erinnern, die jeder Mensch täglich hat und die eben nicht immer von vornherein als positiv bereichernd oder auch nur neutral angelegt sind. Die Zahl acht ist im Hinblick auf unsere täglichen Kontakte sehr niedrig angesetzt. Sie werden bei den meisten von Ihnen sowieso tagtäglich deutlich überschritten, vor allem wenn Sie aus Jobgründen grundsätzlich mit Menschen zu tun haben. Ärzte, Verkäufer, Assistentinnen, Krankenschwestern, Angestellte oder Abteilungsleiter werden allein über den Vormittag hinweg mit mehr als acht verschiedenen Personen kommunizieren. Falls diese Kontakte dann jedes Mal schiefgehen oder nicht zur Zufriedenheit verlaufen, weil nicht das erzielt wird, was erreicht werden sollte, ist der Frust bereits um die Mittagszeit vorprogrammiert.

Dieses Problem kenne auch ich nur zu gut. Selbst wenn ich nicht den ganzen Tag in eine Veranstaltungsmoderation eingebunden bin oder im Sender arbeite, nutze ich die Stunden am Vormittag für Vorbesprechungen mit Veranstaltern oder allgemeine Büroarbeit. Ich plane dann, all das zu erledigen, zu dem ich ansonsten nicht gekommen bin. Das können beispielsweise Telefonate sein, die schon längst fällig sind: mein Auto ummelden, eine falsche Telefonrechnung reklamieren, einer Frage zur Kreditkarte nachgehen oder einen Flug umbuchen. Mein Vorsatz ist es, diese lästigen Dinge von meiner To-do-Liste zu streichen und das Notwendige zu erledigen, um mich besser auf anderes konzentrieren zu können. Laufen diese Gespräche nun aber nicht so, wie ich es erhofft hatte, weil ich inkompetente oder gereizte Telefonpartner habe, meine Probleme nicht richtig gelöst und Agenda-Punkte nicht erledigt werden, ist mein Tag unbewusst schon hinüber. Schnell wollte ich die eine oder andere Angelegenheit mit einem freundlichen und fähigen Telefonpartner klären und mich danach besser fühlen. Doch dann ist das genaue Gegenteil eingetreten: Mein Stresslevel hat sich deutlich erhöht, und meine Stimmung ist für den Rest des Tages im Keller. Aber inwieweit ist dann wirklich mein Gesprächspartner schuld an dieser misslungenen Kommunikation, und wo muss ich mich auch an die eigene Nase fassen? Was hätte ich dazu beitragen können, das Gespräch in die richtige Richtung zu lenken? Wie habe ich auf mein Gegenüber, im direkten Kontakt oder am Telefon, gewirkt?

Natürlich haben wir in der Regel alle die Absicht, Kommunikation so zu gestalten, dass wir erreichen, was wir erreichen möchten. Doch nicht immer führen wir Gespräche auch so, dass sie auf der anderen Seite das Echo auslösen, welches wir auslösen wollen. Meist aus dem ganz einfachen Grund, dass wir selbst von vornherein gar nicht so genau wissen, wie das Gespräch im Best Case aussehen sollte. Wahrscheinlich haben wir uns vorher auch nicht genau überlegt, was wir dazu beitragen sollten, um den gewünschten Effekt zu erzielen. Vielleicht auch, weil wir nicht positiv, sondern bereits genervt in ein Gespräch gehen und nicht alle Eventualitäten berücksichtigen, die sich in der Kommunikation mit einem anderen Menschen ergeben können. Zum Beispiel könnte es sein, dass unser Gesprächspartner unser Problem nicht versteht, schon den dritten nörgeligen Kunden vor sich hat, er der falsche Ansprechpartner ist, wir einen Denkfehler gemacht haben oder vieles andere mehr. Wir überlassen es dem Glück oder Zufall, dass die Kommunikation erfolgreich und für beide Seiten positiv und zielführend verläuft. Bei unvorhergesehenen Wendungen ist nicht sichergestellt, dass wir adäquat reagieren können. Damit steigt die Wahrscheinlichkeit, dass wir Gespräche unzufrieden führen und genervt beenden. Und mal Hand aufs Herz: Überlegen Sie sich vor einem Telefonat mit Ihrem Steuerberater oder der Stadtverwaltung wirklich, wie Sie ankommen wollen und welchen Eindruck Sie auf der anderen Seite hinterlassen möchten? Und haben Sie auch schon einmal ein Gespräch begonnen mit dem Vorsatz: »Da werde ich mich jetzt aber mal so was von beschweren. Denen werde ich beim Telefonat klarmachen, was für einen Bockmist die verbrochen haben und dass das echt das Allerletzte ist. Denen zeige ich es jetzt mal so richtig!« Und dann ist auf der anderen Seite eine unvorstellbar freundliche Person, die sich bemüht, alles wiedergutzumachen, was falsch gelaufen ist. Diese Person entschuldigt sich höflich, sucht und findet Lösungen, hat eine nette Stimme und beruhigende Worte für Sie, vermittelt Verständnis und kümmert sich intensiv um Sie und Ihr Problem. Völlig unverhofft haben Sie es mit einem Menschen zu tun, der Sie ernst nimmt und Ihnen das Gefühl vermittelt, dass Sie gerade der wichtigste Mensch auf der Welt sind, dem geholfen werden muss. Am Schluss eines derartigen Gesprächs ist es Ihnen fast peinlich, wie giftig und böse Sie eigentlich in die Kommunikation gestartet und wie besänftigt und gut gelaunt Sie am Ende sind. Besonders bei Telefongesprächen ist mir so etwas selbst schon passiert.

Ihre Wirkung bei Telefonaten ist sowieso eingeschränkt, denn der Gesprächspartner sieht Ihr Gesicht und Ihre Körperhaltung nicht. Trotzdem kommt viel mehr von Ihnen an, als Sie glauben. Die leiernde und lange Begrüßung in einer Telefonhotline wirkt ermüdend. Läuft bei Ihrem Gesprächspartner im Hintergrund das Radio oder futtert er nebenbei seine Reiscracker, gibt er Ihnen das Gefühl zu stören und vermittelt den Eindruck von Desinteresse. Eine hohe Stimme und sehr schnelles Sprechen wirken unprofessionell, zu viele »Ähs« und »Ähms« unsicher. Ein Lächeln hingegen wird auch durchs Telefon gehört, die Stimme verändert sich automatisch, sie wird sanfter und weicher. Ein Gespräch im Liegen beispielsweise lässt Sie kurzatmig und damit gepresst und erschöpft klingen. Wer also denkt, dass bei Telefongesprächen nur die Inhalte im Vordergrund stehen, irrt sich. Vieles von Ihrer Mimik kann man hören, Stimmlage und Sprechgeschwindigkeit sagen etwas über Ihre Stimmung aus, über Ihre Selbstsicherheit und Ihre Kompetenz, unabhängig davon, ob Sie sie haben oder nicht. Sie strahlen also auch durchs Telefon!

Noch einmal anders sieht das Ganze bei der persönlichen Begegnung aus. Was glauben Sie, wie lange Sie da Zeit haben, einen Eindruck zu hinterlassen? Schätzen Sie mal. Eine Minute? Eine halbe Minute? Zehn Sekunden? Nein, es ist eine Zehntelsekunde. Während eines einzigen Wimpernschlags haben Sie Ihr neues Gegenüber gescannt und beurteilt. Und in genau dieser Zeit werden auch Sie von Ihrem Gegenüber beurteilt und als sympathisch/fähig/angenehm/passend oder auch unsympathisch/unfähig/unangenehm/unpassend eingeschätzt. Und selbst wenn Sie länger Zeit hätten, Ihr Gegenüber zu mustern, würde Ihr Bild dadurch nicht mehr beeinflusst werden, wie die US- Forscher Janine Willis und Alexander Todorov herausgefunden haben. Mehr Zeit zur Einschätzung ändert lediglich die Sicherheit, mit der Sie Ihr Urteil fällen. Primacy effect (Primäreffekt) nennt man den ersten Eindruck, der dadurch entsteht, dass man zu Beginn einer Begegnung besonders aufmerksam ist. Schon unsere Urväter standen vor diesem Phänomen, wenn auch aus dem reinen Überlebensinstinkt. Damals ging es nur um die Frage »Freund oder Feind«, »Angriff oder Umarmung«. Heute treffen wir wesentlich komplexere Entscheidungen innerhalb dieser Zehntelsekunde: »sympathisch oder unsympathisch«, »attraktiv oder unattraktiv«, »vertrauenswürdig oder nicht«,

»gepflegt oder ungepflegt«, »kompetent oder inkompetent«, »geeignet oder nicht geeignet«. Unser Gehirn macht sozusagen Hochleistungssport, ohne dass wir es überhaupt bemerken.

In einem Gespräch mit einer Bekannten, die eine ziemlich große und bekannte Werbeagentur leitet, war ich vor ein paar Wochen total überrascht. Sie sprach über Bewerbungsgespräche, die sie im Moment führen muss, weil ihre Agentur zwei neue Auszubildende als Veranstaltungskaufleute sucht. Aufgrund der großen Anzahl der Bewerbungen führte sie vorab Telefonate, um vorsortieren zu können, wer sich denn nun gar nicht eignet und wer schon. Die dann reduzierte Auswahl bat sie zum Gespräch in ihr Büro. Und jetzt kommen wir zu dem Punkt, an dem mir die Kinnlade herunterfiel. Von den eingeladenen Bewerberinnen und Bewerbern (alle zwischen achtzehn und sechsundzwanzig Jahre alt) konnte kaum einer auf Anhieb die Frage beantworten, warum sie gerade diesen Beruf erlernen wollten, die wenigsten hatten sich erkundigt, welche Kunden die Agentur hat, ein Bewerber kam mit seinem Vater, der die Fragen stellte, eine junge Frau kaute während des ganzen Gesprächs Kaugummi, ein Interessent sagte von vornherein, dass das für ihn nur eine Übergangslösung sei, bis er einen Studienplatz in den USA habe, und so weiter. Ich gehöre jetzt sicher nicht zu den Menschen, die mit »Früher war das alles anders ...« ihre Sätze beginnen. Aber in diesem Moment musste ich wirklich heftig im Gedächt-nis kramen, ob es vor vielen Jahren, als ich mich um eine Ausbildung als Bankkauffrau, Werbekauffrau und Luftverkehrskauffrau beworben habe, ähnlich war beziehungsweise wie meine Schulfreundinnen das Thema angegangen sind. In meiner Erinnerung zumindest nicht so! Da stand im Vordergrund die Frage: Was muss ich tun, damit die mich als Auszubildende nehmen? Wie wirke ich auf diejenigen, bei denen ich jetzt ein Vorstellungsgespräch habe? Und:

Wo kann ich mich informieren, was sollte ich wissen, wie muss ich vorbereitet sein, damit ich die richtigen Fragen stellen oder vernünftige Antworten geben kann? Für mich war in diesem Gespräch mit der Werbeagenturchefin besonders verstörend, dass sich wohl kaum einer der Bewerberinnen oder Bewerber vorher ernsthaft und umfassend Gedanken gemacht hatte, welchen Eindruck er hinterlassen möchte und wer die Person war, mit der er sprechen würde.

Ein Forschungsinstitut hat 270 deutsche Manager und Personalverantwortliche zu den größten Fehlern während eines Bewerbungsgesprächs befragt. Ganz weit oben stand zu nachlässige, unpassende Kleidung, was mangelnde Seriosität ausstrahlt. Aber auch das Mitbringen der eigenen Mutter oder des Vaters war ein Problem – kein Wunder, denn wie soll der Bewerber Selbstbewusstsein und Sicherheit rüberbringen, wenn er Mutti als seelische Unterstützung dabei hat oder Papi, der aufpasst, dass seinem Prinzen oder seiner Prinzessin nur Gutes widerfährt? Schlecht kamen auch diejenigen an, die sich während des Gesprächs eine kurze Rauchpause auserbaten und damit das Gefühl vermittelten, sich überhaupt nicht im Griff zu haben. Zwischendurch Handyanrufe entgegenzunehmen, stieß ebenfalls auf großes Unverständnis, genauso wie die Tatsache, völlig ahnungslos und unvorbereitet in ein Bewerbungsgespräch zu gehen. Sie stellen sich bei einer Firma vor und haben keine Ahnung, wann sie gegründet wurde, wer zur Führungsspitze oder wer zum Kundenstamm gehört? Kein Wunder, dass Sie danach mit größter Wahrscheinlichkeit nicht eingestellt werden.

Bei Ihrem nächsten Bewerbungsgespräch denken Sie also bitte daran, dass sich Ihr zukünftiger Chef bereits in der ersten Zehntelsekunde ein Bild von Ihnen machen wird. Und dass Ihre Wirkung darüber entscheidet, ob Sie eingestellt werden oder ein anderer Bewerber. Das ist also keinesfalls (nur) Glück oder Schicksal.

Überlegen Sie sich, was Sie mit Ihrem Äußeren vermitteln wollen. Sie bewerben sich als Kreativmanager in der Werbung und wissen, dass die Agentur auf Mode spezialisiert ist? Dann liegen Sie mit einem trendigen Outfit deutlich besser als mit einem zu braven. Macht die Agentur Werbung und Pressearbeit für Badarmaturen? Dann dürften Sie mit einer schlichten, konservativen Variante mehr punkten. Beachten Sie aber bitte auch: Wenn Sie für ein Vorstellungsgespräch einen Anzug und ein gestärktes Hemd oder ein brandneues Kostüm anziehen, in dem Sie sich sichtlich unwohl fühlen, merkt das Ihr Gegenüber.

Neben der Fassade geht es auch um Inhalt: Bereiten Sie sich auf die Fragen vor, die Sie selbst einem zukünftigen Auszubildenden stellen würden. Nehmen Sie Eltern oder Freunde als Ratgeber und Unterstützer zu Hilfe, um herauszufinden, was diese für wichtig erachten. Informieren Sie sich über das Unternehmen und die Stellenbeschreibung. Dann ergibt sich das, was Sie zur Vorbereitung weiter tun sollten, von ganz alleine.

Gibt es wirklich so gut wie keine Situation, in der die meisten Menschen sich intensiv Gedanken machen, wie sie am besten wirken? In der sie sich bemühen, das Beste aus sich herauszuholen, und zielgerichtet an ihrer Wirkung arbeiten? Eine der wenigen Situationen, in denen sich viele mit der eigenen Performance auseinandersetzen, ist die Bewerbung um eine Beziehung: das erste Date. Da gilt es viele Aspekte zu bedenken: Was soll ich anziehen? Wie muss ich mir die Haare stylen, damit es nicht zu perfekt aussieht? Worüber spreche ich am besten? Zur Begrüßung Küsschen oder die Hand geben? Bloß nicht zu schnell reden und nicht mit zittriger Stimme! Lieber etwas zu spät kommen oder gleich pünktlich sein? Wer zahlt am Ende? Soll ich gleich ein nächstes Wiedersehen ansprechen oder lieber nicht?

Achtzehn Millionen Deutsche haben vor einem Date die neue Bekanntschaft schon einmal gegoogelt und sich vorab informiert. Das sollte man nur nicht übertreiben, denn sonst geht der Schuss nach hinten los. Ich erinnere mich an ein Date, bei dem mir mein Gegenüber in der ersten halben Stunde alles über meine Familienverhältnisse, meinen Job und meine Hobbys erzählte. Er hatte sich vorher schlaugemacht, alles im Netz gelesen, was zu lesen war, und hielt nun Monologe über all das in Erfahrung Gebrachte, ohne mir die Chance zu geben, selbst etwas von mir zu berichten. Ich habe halb entsetzt und halb amüsiert sehr schnell die Flucht ergriffen. Aber genauso wenig kommt es gut an, nur über sich selbst zu sprechen. Auch Ex-Partner, die letzten fünf Urlaube im Detail oder Eigenlob zum Thema Job zählen zu den absoluten No-gos. Dazu fällt mir der Werbeslogan »Mein Haus, mein Auto, mein Pferd...« ein, der leider nicht so absurd und unvorstellbar ist, wie man glauben möchte.

Überlegen Sie sich vorher, wie Sie ankommen und was Sie Ihrem möglichen zukünftigen Partner vermitteln wollen. Überlegen Sie sich auch – wenn das nicht ihr nächster Partner werden sollte –, wie Sie wahrgenommen werden wollen und wie man Sie in Erinnerung behalten soll. Erstaunlicherweise denken ganz viele Menschen in Vorberitung auf ein Date auch darüber nach, wie sie auf ihr Gegenüber reagieren werden und was da möglicherweise auf sie zukommen könnte. Die Gedanken kreisen um Fragen wie: Was mache ich, wenn er nur über seine Ex spricht oder sie die ganze Zeit nur Modezeitungen zitiert? Gehe ich sofort, oder versuche ich, hinter die Fassade zu blicken? Wie reagiere ich, wenn er Katzen furchtbar findet, ich aber zwei davon zu Hause habe? Wie bringe ich ihr bei, dass ich jeden Samstag meinem Lieblingsverein, am besten live im Stadion, zujubele? Warum machen wir uns diese Gedanken nicht grundsätzlich bei jedem Menschen, dem wir begegnen? Weil es uns egal ist, wie wir ankommen? Oder weil es nach Mühe und Arbeit klingt? Es würde jedem von uns viele schlechte Gespräche ersparen und Stress vermeiden und könnte uns sogar viele ganz wunderbare und oft auch unerwartete Momente bescheren. Und wir kämen viel schneller und einfacher ans Ziel. Außerdem: Es ist gar nicht so schwer oder aufwendig, wie es auf den ersten Blick erscheint.

Die beiden Voraussetzungen für Charisma möchte ich deshalb hier noch einmal wiederholen: Charismatiker zeichnet **erstens** und vor allem aus, dass sie sich Gedanken über ihre Wirkung machen. Sie sind sich dessen bewusst, was sie ausstrahlen, und planen, wie sie wirken wollen und womit sich das erreichen lässt. Letztendlich setzen sie das dann auch in die Tat um. Je häufiger Sie das üben, desto mehr geht es in Fleisch und Blut über. Weil unser Gehirn insbesondere durch Wiederholungen lernt.

Der **zweite** wichtige Baustein für Charisma ist, andere Menschen in ihrer Wirkung wahrzunehmen, zu beurteilen und einschätzen zu können. Denn dann können Schwächen ausgeglichen, Stärken aufgegriffen und das Gegenüber optimal wahrgenommen werden.

In meinen Coachings habe ich immer wieder mit Menschen zu tun, die sich zwar viele Gedanken über ihre Ausstrahlung und Wirkung machen, dann aber nicht begreifen, warum sie die eine oder andere Reaktion auslösen. Sie verstehen zum Beispiel nicht, weshalb ihr Gesprächspartner aus der Haut gefahren ist, nachdem sie ihn gleich nach der Begrüßung mit negativer Kritik konfrontiert haben. Oder sie wundern sich, dass Gespräche eskaliert sind, weil sie ihr Gegenüber wirklich »da abgeholt haben, wo er steht«, indem sie auf einen aggressiv vorgebrachten Vorwurf genauso aggressiv gekontert und sich gerechtfertigt haben. All das hat viel mit Empathie zu tun, es geht aber noch weit darüber hinaus, denn Emotionen eines anderen lesen und aufgreifen ist ja nur die erste Stufe. Danach müssen alle Register der Kommunikation gezogen werden, um den Gesprächspartner von sich und Ihrer Sache zu überzeugen. Dazu ist es notwendig, sich über die Wirkmechanismen der Kommunikation Gedanken zu machen und sie zu definieren. Denn nur dann können Sie Ihre eigene Wirkung auch objektiv beurteilen und selbst in die Hand nehmen, was Sie ändern oder verbessern möchten.

Charismatische Kommunikation ist ja weit mehr als die Art und Weise, wie Sie mit jemandem sprechen. Es handelt sich hier um den gesamten Ausdruck Ihrer Persönlichkeit, durch das, was Sie sagen und wie Sie es sagen. Sie kommunizieren mit Ihrem Körper, Ihren Gesichtsmuskeln, Ihrer Sprache, Stimmlage und mit dem, was Sie auf intellektueller und emotionaler Ebene von sich geben. Ein weiterer wichtiger Aspekt der Kommunikation ist, wie Sie auf all diesen Ebenen auf andere Menschen eingehen und mit ihnen umgehen. Deshalb ist es wichtig, ein stimmiges Gesamtbild zu erzeugen, bei dem Motiv, Perspektive, Farbwahl, Schattierungen und Rahmen hundertprozentig zusammenpassen. Damit Ihr Kommunikationspartner darin das sieht, was er sehen soll, Sie Ihren Gesprächspartner erkennen und sich voll und ganz auf ihn einstellen können.

Aber wie finden Sie heraus, wie Sie wirken, beziehungsweise auf welche Elemente bei der eigenen Wirkung und der Wirkung anderer Menschen zu achten ist? Welche beeinflussbaren Faktoren bilden in der Summe Ihre Wirkung ab? Wie gelingt es Ihnen, Ihren Gesprächspartner oder Ihre Zuhörer in deren Wirkung zuverlässig wahrzunehmen und einzuschätzen? All diese Aspekte zusammen machen Charisma aus. Ihre Wirkungs- und Wahrnehmungskompetenz lässt sich zusammengefasst auf eine Formel bringen, die ich Ihnen im folgenden Kapitel näherbringen möchte.

4
Meine Charisma-Formel

Betrachtet man das, was einen Charismatiker auszeichnet, lässt sich daraus Folgendes schließen: Es kommt auf die eigene Wirkung und die Wahrnehmung des jeweiligen Gegenübers an. Wahrnehmen kann man am Kommunikationspartner aber nur das, was an einem selbst gut entwickelt ist, wenn man sich der einzelnen Facetten seiner eigenen Wirkung also bewusst ist.

Wie ich wirke und wie andere Menschen auf mich wirken, wird durch verschiedene Faktoren bestimmt. Dabei handelt es sich in der von mir als Grundlage genommenen Definition um vier Bereiche, die jeweils noch einmal in vier Dimensionen unterteilt werden – im weiteren Verlauf dieses Buches als die vier Elemente und ihre Frequenzbereiche bezeichnet. Daraus ergibt sich der erste Teil der Formel: Sie wirken durch »4 x 4 Facetten« in der Kommunikation, also insgesamt durch sechzehn verschiedene Frequenzbereiche. In der Numerologie steht die Zahl sechzehn übrigens für die bewusste Wiederherstellung eines Gleichgewichts, sie ist außerdem die Zahl der Lernprozesse.

Auch Sie kommen bei Ihrem Gegenüber am charismatischsten an, wenn Sie die sechzehn Wirkmechanismen, auf die ich gleich detailliert eingehen werde, in Balance bringen und jeden einzelnen davon möglichst immer weiterentwickeln. Ein Kuchen macht ja auch dann besonders viel her, wenn er gleichmäßig rund, möglichst groß und in exakte Stücke, hier 16, eingeteilt ist.

Der zweite Teil der Formel bezieht sich auf die Wirkung Ihres Kommunikationspartners und darauf, wie gut Sie in der Lage sind, die Gesamtheit seiner 4 x 4 Facetten wahrzunehmen. Je besser Ihnen das gelingt, desto zielgerichteter können Sie sich auf ihn einstellen, – was Ihnen wiederum dabei hilft, Ihre gesetzten Ziele für die Begegnung zu erreichen.

Einfach zusammengefasst lautet die Formel also:

$$4 \times 4 + 16 = Charisma$$

Was genau sind die vier Elemente, unterteilt in jeweils vier Frequenzbereiche, die Ihr Charisma und die Wirkung anderer ausmachen? Und wie gelingt es Ihnen, diese auch bei Ihrem Kommunikationspartner wahrzunehmen? Genau das möchte ich Ihnen jetzt erläutern.

Die vier Elemente der charismatischen Kommunikation

Sie wirken mit ganz vielen Facetten, und einige davon sind in den bisherigen Beispielen immer wieder nebenbei eingeflossen. Dazu gehören so offensichtliche Aspekte wie Ihre Körpersprache, Mimik, Wortschatz, aber ebenfalls Emotionalität oder die Frage, wie strukturiert Sie sind, in dem was und wie Sie es tun. Deswegen werde ich jetzt auch ganz strukturiert auf die einzelnen Elemente einer charismatischen Kommunikation und die einzelnen Wirkungsfelder eingehen.

Ihre Ausstrahlung ist das Gesamtbild aus dem Zusammenspiel mehrerer Komponenten:

- Wirkung Ihres Körpers
- Auftreten
- Darstellungsfähigkeit
- Vorbereitung
- Klarheit und Bedachtheit
- Empathie und Emotionalität
- Eingehen auf Ihr Gegenüber
- Bildhaftes Erzählen
- Präzise Artikulation
- Stimme, Stimmlage und Modulation

Vereinfacht und auf den Punkt gebracht, kann man diese Facetten in vier Elementen zusammenfassen: *Sprachliche Fähigkeiten, körperliche Wirkung, klarer Verstand* und *Emotionalität* in der Hinwendung zum anderen.

So wie alles Sein aus den Elementen Erde, Luft, Feuer und Wasser besteht, bilden Sprache, Körperlichkeit, intellektuelle und emotionale Fähigkeiten Ihre Wirkung ab. Erst wenn Sie sich selbst analysieren und herausfinden, in welchen dieser Elemente Sie stark sind und warum in anderen nicht, können Sie auch Ihr Gegenüber besser einschätzen. Nur wenn Feuer, Wasser, Luft und Erde stimmig eingesetzt werden, erreichen Sie die Wirkung, die Sie beabsichtigen.

Die Elementenlehre geht ursprünglich auf ein Klassifizierungssystem der griechischen Antike zurück. Anhand der Untersuchung alter Bilderzeichen durch Historiker lassen sich aber auch Rückschlüsse auf die Bedeutung der vier Elemente bei den Menschen früherer Zeiten ziehen. Das hell flackernde *Feuer* beispielsweise symbolisierte das Leben, das Wachsein bei Nacht und die wohlige Lebenswärme. Das Feuer steht also dafür, sich selbst und andere zu wärmen. Übertragen auf unsere vier Wirkmechanismen bedeutet das *Intuition, Wertschätzung, Gefühl* und *Konzentration* auf das Hier und Jetzt.

Die *Erde* hingegen demonstrierte den Menschen die eigene Körperlichkeit. So groß und stark wie die Erde war auch der eigene Körper, mit dem man Tag für Tag überleben musste. Die Erde lehrt uns, sich ohne Worte begreifbar zu machen. Für unseren zweiten Wirkmechanismus bedeutet dies unsere *Präsenz* sowie den Einsatz von *Körpersprache*, *Gestik* und *Mimik*.

Die *Luft* fanden die Menschen in ihrem spähenden Sehen, ihrem lauschenden Horchen wieder. Es war der Raum, in den sie sich erhoben hatten, um zu atmen, sich zu bewegen, zu handeln. Für unseren dritten Wirkmechanismus bedeutet das, Eindruck durch Ausdruck zu machen: *Lingua*, *Bildhaftigkeit*, *Artikulation* und unsere *Stimme* bewusst einzusetzen, um zu überzeugen.

Das *Wasser* hingegen war und ist lebensnotwenig in vielen Bereichen. Zum Stillen des Durstes, zum Waschen, zur Reinigung, aber auch zur Darstellung der Körpergefühle, wie etwa das Wasser, das einem im Mund zusammenläuft, die Angst, die zu einem Schweißausbruch führt, Trauer und Schmerz, die Tränen fließen lassen. Übertragen auf den vierten Wirkmechanismus heißt das, Wasser sorgt für Klarheit nach innen und nach außen: durch die *Strukturiertheit*, die wir in unserer Kommunikation zum Ausdruck bringen, unsere *Analysefähigkeit*, wie *zielorientiert* wir an Problemstellungen herangehen und ob wir selbst in heißen Diskussionen *sachlich* bleiben können.

Die vier Elemente sind die Bausteine des Lebens. In der Kommunikation sind es die Bausteine der Wirkung. Schon in Goethes *Faust* heißt es: »Wer sie nicht kennte, die Elemente, der wäre kein Meister über die Geister.« Werden Sie zum Meister Ihrer Elemente, indem Sie sie bewusst sehen, daran arbeiten und sie perfektionieren. Beachten Sie dabei all das, was Sie bisher dazu gelesen haben: Alle vier Elemente sollen in möglichst ausgeglichener Art und Weise in der

Kommunikation eingesetzt werden. Damit ist aber erst der eine Teil der Charisma-Formel berücksichtigt, denn zur Kommunikation braucht es immer mindestens zwei Personen. Zu wissen, welche Elemente bei Ihrem Gegenüber stark oder weniger stark ausgeprägt sind, und sich darauf einzustellen, vereinfacht Kommunikation und macht sie manchmal sogar erst möglich.

Stellen Sie sich ein Tanzpaar vor. Er ist zwei Meter groß und sehr erfahren in Disco-Swing, sie bringt es nur auf einen Meter sechzig und ist ein Talent für lateinamerikanische Tänze. Und ausgerechnet die beiden sollen jetzt zusammen Walzer tanzen! Um diese Begegnung zu einem Erfolg werden zu lassen, benötigt es von beiden Seiten eine Menge Erkenntnis der Unterschiedlichkeiten und zudem Engagement und Wille. Zunächst einmal müssen sich die ungleichen Tanzpartner auf die Größe des anderen einstellen. Dann ist es wichtig, dass einer die Führung übernimmt, während die oder der andere es schaffen sollte, sich fallen zu lassen. Gemeinsam müssen sie trotz Anstrengung Entspannung ausstrahlen, sich aufeinander einlassen, die Andersartigkeit des Gegenübers ausgleichen, einen gemeinsamen Rhythmus finden, sich, wenn möglich, nicht verkrampfen, sich durch Blicke verständigen, die perfekte Nähe oder Distanz finden. Puh, das klingt nach einer großen Herausforderung!

Ganz ähnlich verhält es sich mit der Kommunikation. Im Hinblick darauf, wie sich in Ihren Augen das Gespräch entwickeln soll, setzen Sie Ihre Fähigkeiten und Ihr Wirkungsrepertoire sowie Ihr Gespür für den anderen ein, um die Kommunikation lenken zu können. Wo liegen Ihre Stärken? Und wie gut nehmen Sie Ihren Kommunikationspartner und dessen Wirkung wahr? Sie müssen die Ausstrahlung und Wirkungskompetenzen Ihres Gesprächspartners erkennen und sich dieses Wissen zunutze machen, um erfolgreich zu kommunizieren.

Als ich noch in der Bank gearbeitet habe, war einer meiner damaligen Zweigstellenleiter ein sehr bodenständiger, echt kölscher Jung. Seine Anzüge waren immer ein bisschen zu weit, er hatte einen ausgeprägten Heimatdialekt, aber wenn es um Zielerreichung ging, war er ein ganz harter Hund. Beschwerte sich ein Kunde oder lief etwas nicht so, wie er es gerne gehabt hätte, brüllte unser Chef gerne mal lautstark die halbe Zweigstelle zusammen. Bei den monatlichen Besprechungen fiel auf, dass für ihn immer sein Lieblingstee parat stand, die Mitarbeiter ihren schicksten Anzug alle lieber im Schrank ließen und die sonst klar hochdeutsch sprechenden Berater gerne mal in den kölschen Singsang verfielen. Zu Beginn einer Sitzung erklärten sie stets, wie toll der gesamte Monat gelaufen war, um dann die nicht ganz so guten Zahlen mit Nebensätzen wie »aber das kriegen wir bis Ende des Quartals noch hin« zu verkaufen. Jetzt mag der ein oder andere sagen, das sei doch pures Anbiedern. Nein, ganz im Gegenteil: Es ging nur darum, die Gespräche, bei denen ohnehin keine konkreten Hilfestellung oder Anweisung zur Verbesserung der Zahlen gegeben, sondern nur Verkaufsdruck aufgebaut wurde, so angenehm und kurz wie möglich zu gestalten. Dieser Vorgesetzte war ja kein Unmensch, sondern lediglich schnell unter Hochdruck, etwas cholerisch, immer mit den Gedanken schon ganz woanders und im Grunde seines Herzens ein sehr liebenswerter Mensch. Ich werde nie vergessen, wie sich die ganze Filiale jeweils auf diese Besprechungen vorbereitete, seine Laune vorher abcheckte und sich um eine möglichst positive Atmosphäre bemühte.

Wenn Sie glücklich verliebt aus dem Paarurlaub kommen und mit Ihrem Gesprächspartner, der gerade eine schwere Scheidung durchmacht, eine Verhandlung führen müssen, werden Sie sich im eigenen Interesse dementsprechend verhalten. Sie verzichten dann darauf, das Gespräch mit strahlendem Lächeln und Berichten über die neusten Restaurants oder romantischsten Plätze auf Ibiza zu beginnen, sondern führen die Verhandlung eher emotionslos und analytisch.

Das eben genannte Beispiel wird jedem von Ihnen wahrscheinlich sofort einleuchten. Sich feinfühlig und vielleicht auch mitfühlend auf das Gegenüber einzustellen, ist für die meisten Menschen eine Selbstverständlichkeit. Als Analytiker auf den Herzmenschen oder als Herzmensch auf den Strukturfanatiker einzugehen, unabhängig von der Situation, fällt dagegen schon deutlich schwerer. Nicht ohne Grund sind für diese gegensätzlichen Wirkmechanismen auch die konträren Elemente Feuer und Wasser als Oberbegriffe gewählt. Ich selbst bin beispielsweise ein ziemlich »feuriger« Mensch, das heißt, bei mir ist der Bereich der Emotionalität und Empathie stark ausgeprägt. Das Wasser scheue ich eher. Ich bin stärker auf der emotionalen Ebene ansprechbar als auf der analytischen und rein inhaltlichen. Ein Beispiel dafür: Ich stehe im Studio und schaue mir die Karten für die nächste Moderation an. Mein Kollege in der Regie fragt mich: »Was schaust du so skeptisch, was denkst du?« Ich antworte: »Weißt du, ich habe so ein komisches Gefühl. Als wäre die Geschichte noch nicht ganz rund.« Da antwortet mein Kollege: »Du stehst im Studio, und in fünf Minuten fängt deine Sendung an. Die Karten sind alle da, die Daten stimmen... Das ist doch jetzt keine Frage des Gefühls.« »Ja, weißt du«, sage ich, »ich muss mich wohlfühlen und bei den zu moderierenden Wetterkarten direkt die Geschichte im Kopf haben. Die Temperaturwerte sind viel zu hell, und die höchsten Werte müssten noch viel stärker rot hervorgehoben werden. So sieht man doch gar nicht auf den ersten Blick, was mit der Karte ausgesagt werden soll. Der Farbhintergrund ist orange. Es sind aber 28 Grad, die Farbanmutung müsste schon viel mehr ins Rot gehen.« »Du immer mit deiner Anmutung und deinem Empfinden. Es stimmt wenigstens mal alles an Zahlen, Daten und Fakten.« Der Kollege weiß also im Grunde gar nicht, wovon ich rede. Auch wenn ich selbst in vielen Situationen analytisch und strukturiert wirke, gehören zu meiner deutlich stärker ausgeprägten Frequenz sicher die Emotionalität sowie die diesem Element angegliederten Bereiche der Intuition, Empathie, Konzentration und Überzeugungen. Da der Kollege grundsätzlich mehr auf der strukturiert analytischen Wellenlänge sendet und diese auch leichter empfängt, funken wir ab und zu aneinander vorbei.

Vielleicht kennen Sie ja Menschen in Ihrem Umfeld – da diskutiert man bestimmt nicht über Wetterkarten –, bei denen Kommunikation so oder so ähnlich abläuft. Der Grund dafür ist, dass wir unterschiedliche Sprachen sprechen. Das beginnt schon mit der ersten Frage, die mir gestellt wurde: »Was denkst du?« Wenn ich gucke, denke ich nicht, sondern fühle. Also wäre es hier besser gewesen, mich zu fragen: »Was ist? Du guckst so kritisch.«

Wir alle haben die oben genannten vier Elemente und 16 Frequenzbereiche von Geburt an in uns angelegt, jedoch werden sie über die Jahre hinweg geschliffen und geprägt. Durch bestimmte Erlebnisse oder Erfahrungen, den Alltagstrott und sich wiederholende Arten von schlechter Kommunikation nutzen wir allerdings irgendwann nur noch ganz bestimmte Frequenzen, andere verkümmern. Doch sie sind grundsätzlich alle in uns angelegt, und wir müssen sie bloß reanimieren. Große Menschen beispielsweise gehen oft in gebeugter Haltung, weil sie erlebt haben, dass sie durch ihre körperliche Präsenz andere einschüchtern und zu dominant wirken. Damit schleifen sie quasi das Unterelement der körperlichen Präsenz herunter, was Quatsch ist, da sie einem kleinen Menschen durch ganz andere Dinge als durch einen zusammengeschrumpften Körper Respekt und Wertschätzung vermitteln. Ein IT-Spezialist wird in seinem Berufsalltag sicher weniger mit Emotionalität als mit Analytik zu tun haben. In privaten Kontakten ist es für ihn dann wahrscheinlich eine Umstellung, nicht in erster Linie in Nullen und Einsen zu denken.

Wie stimmig ist zudem das Gesamtbild Ihrer Kommunikatin, denn auch das ist ein ganz wichtiger Aspekt zwischenmenschlicher Beziehungen? Wenn Sie beispielsweise Ihren Mitarbeiter, der gerade aus dem Urlaub zurückkehrt, fragen, wie denn die Reise gewesen sei und ob es seiner Frau nach der schweren Grippe jetzt wohl wieder besser gehe, kommt es auch auf das Gesamtbild an. Sagen Sie das alles hinter Ihrem Schreibtisch sitzend mit gesenktem Kopf und hektischer Stimme, während Sie dabei auf Ihrem Tablet herumtippen, vermitteln Sie nicht die beabsichtigte Botschaft, nämlich dass Sie empathisch und interessiert sind. Empathie und Interesse sind im Ansatz schon mal sehr hilfreich für gute Verständigung. Neben dem Wirkmechanismus Emotionalität kommen in der hier beschriebenen Situation aber gleichzeitig Desinteresse, Zeitdruck, Unkonzentriertheit und Ablenkung beim Gegenüber an. Ganz oft machen wir so etwas, ohne dass es uns überhaupt bewusst ist. Wenn ein Zweimetermann auf der Bühne mit ausholender Gestik und starker räumlicher Präsenz, jedoch mit ganz leiser Fistelstimme und wiederholtem, unsicherem »Ähm« zu einer Kick-off-Veranstaltung begrüßt, entsteht beim Publikum kein stimmiger Eindruck von »Bild und Ton«. Bei einem charismatischen Menschen hingegen harmonieren die einzelnen Facetten der Wirkung immer. Er überzeugt durch das Gesamtbild, den Gesamtton und natürlich durch Inhalte.

Jeder Mensch kann an den Facetten arbeiten, die ihn charismatisch wirken lassen und die er bisher noch nicht optimal zum Einsatz bringt. Die wenigsten aber tun dies, und selten geschieht es strukturiert und geplant, außer diese Person hat sich von Berufswegen mit diesem Thema schon einmal intensiv auseinandergesetzt oder es ist ihre Profession, zum Beispiel als Politiker oder Moderator überzeugend zu wirken. Und selbst da gelingt es nicht jedem gleich gut und nicht in jeder Situation.

Eigentlich würde man gerade von Politikern erwarten, dass sie charismatisch sind, ein Bewusstsein für ihre Wirkung entwickelt haben oder sich regelmäßig schulen lassen. Man glaubt, dass sie gut vorbereitet und überlegt an Vorträge, Reden und Auftritte herangehen. Dem ist aber leider nicht so, denn Charismatiker wirken rundum überzeugend – von welchem Politiker kann man das schon behaupten? Bei einem passt die Körperhaltung nicht zum Gesagten, eine andere redet zwar klar und deutlich, bloß immer um den heißen Brei herum, der Dritte hat zwar einen gut vorbereiteten Text, stottert bei unerwarteten Fragen jedoch vor sich hin, die vierte beispielhaft genannte Politikerin wird immer sofort laut, wenn ihr eine Frage offensichtlich nicht passt. Charismatiker aber vereinen alle vier Wirkungsmechanismen in sich und setzen diese auch gekonnt ein und um. Sie stellen sich auf jede Situation und jedes Gegenüber perfekt ein, lassen sich nicht aus der Ruhe bringen und sind immer gut und auf alles vorbereitet. Auch auf ihr Gegenüber. Sie können die Wirkung anderer Menschen beurteilen, sind auf diese eingestellt und vermögen es, dieses Wissen zu ihrem Zwecke zu nutzen.

Erinnern Sie sich an Steve Jobs. Was für ein Erlebnis, diesen Mann einmal live auf der Bühne erlebt zu haben! Mit einem unglaublichen Feuer stellte er seine Apple-Neuheiten dem Publikum vor. Er wirkte stets emotional, voller Überzeugung und komplett fokussiert auf das, was er bei den Zuhörern bewirken wollte. Bei all seiner Begeisterung brachte er frischen Wind in die Präsentation. Jedes Wort genau überlegt, Betonung und Sprechgeschwindigkeit auf das abgestimmt, was er ausdrücken wollte und dazu Bilder benutzend, die jedem sofort klarmachten, um was für eine revolutionäre Weltneuheit es sich handeln musste, die Steve an diesem Tag der Öffentlichkeit präsentierte. Mit sämtlichen technischen Details machte er jedem Anwesenden den Mund wässrig, weil er sachlich und strukturiert die technischen Features erklärte. Die Vorträge waren außerdem perfekt strukturiert, seine weltmeisterlichen Powerpoint-Präsentationen dienen mir bis heute als gern herangezogenes Vorbild. Im Gegensatz zu »betreutem Lesen« standen auf seinen Folien nur wenige Worte, die aber alles sagten. Er konnte alles Wichtige auf den Punkt bringen und alle Inhalte transportieren, ohne den Zuhörer mit unendlich vielen Daten zu erschlagen. Dennoch blieb er mit beiden Beinen auf der Erde. Seine Gestik und räumliche Präsenz passten jeweils genau zu dem, was und wie er es sagen wollte.

Für mich eine der charismatischsten Persönlichkeiten überhaupt. Motivation und Leidenschaft pur. Und genau dahin möchte ich auch Sie bringen. Aber wie erkennen Sie, in welchen Elementen Sie schon stark sind, und wie vor allem, lassen sich Entwicklungspotenziale ausmachen? Wie wirken Sie auf andere Menschen? Das herauszufinden, falls Sie es nicht bereits durch zahlreiche regelmäßige Feedbacks gespiegelt bekommen, ist gar nicht so einfach, aber auch nicht unmöglich. Welche Methoden es gibt, möchte ich Ihnen im Folgenden zeigen.

Wirkung ist alles

Machen Sie bei der Zeitschriftenlektüre auch immer die Psychotests, bei denen man ein paar Fragen beantwortet und dann anhand des Ergebnisses erfährt, was das Lieblingsparfum über die eigene Persönlichkeit aussagt, welcher

Farbtyp, Stresstyp, Cheftyp oder Beziehungstyp man ist? Irgendwie ist es doch immer wieder verlockend, etwas über sich selbst, die eigenen Motive, Vorlieben oder auch, darüber zu erfahren, was diese Vorlieben über die eigene Psyche aussagen. Es existieren unzählige solcher Tests und Diagnostik-Tools, auch in sehr ernst zu nehmender Qualität. Diese werden oft von Personalagenturen oder unternehmensinternen Personalabteilungen zur Auswahl von Stellenbewerbern oder Führungspersonen sowie zur Potenzialbestimmung bei der Teamfindung eingesetzt. In verschiedensten Coachings findet man sie ebenfalls, um anhand der Persönlichkeitsanalyse des Coaching-Teilnehmers zielgerichtet schulen und trainieren zu können.

Ich habe mich zu Beginn meiner Trainertätigkeiten mit einigen dieser Persönlichkeitsanalysen näher auseinandergesetzt und finde auch das ein oder andere System wirklich interessant, aussagekräftig, manchmal aber auch nur unterhaltsam. Für die von mir zu coachenden Personen waren mir all diese Analyse-Tools jedoch irgendwie immer zu sehr auf Aspekte der Persönlichkeit fokussiert, die für das Kommunikationsverhalten meiner Meinung nach nur am Rande interessant sind. Es ist für die Beurteilung von Beziehungsproblemen sicher spannend und hilfreich zu wissen, was den Menschen, der an sich arbeiten möchte, motiviert, wonach er strebt und was ihm wichtig ist. Wenn ich aber einen Vorstand oder den Verkaufsleiter eines Unternehmens darauf coachen soll, auf der Bühne charismatisch zu wirken oder bei seinen Mitarbeitern den richtigen Ton zu treffen, dann sind seine generellen Motive und Ziele für mich weniger interessant. Für mich ist wichtig, wie er auf der Bühne oder in Teambesprechungen, im Gespräch mit seiner Sekretärin oder dem Aufsichtsrat wirkt und ob das mit dem übereinstimmt, wie er wirken möchte. Außerdem erwarte ich Anhaltspunkte, an welchen Stellschrauben zu drehen ist, um ihn so zu coachen, dass er besser bei seinen Mitarbeitern oder Kunden ankommt.

Vielleicht haben Sie sich im vorherigen Kapitel auch die Frage gestellt, wie man die eigene Wirkung auf andere Menschen eigentlich herausfinden soll. Das Bild, das Sie von sich haben, muss ja nicht unbedingt mit dem übereinstimmen, das andere sehen. Und der Blick auf die ganz persönliche Wirkung in Gesprächen und bei Präsentationen ist nur schwer möglich. Ich kann mir beispielsweise Sendungen und mit Video aufgezeichnete Moderationen von mir anschauen und so zumindest einige Frequenzen meiner Wirkung wie Sprechgeschwindigkeit, Gestik oder Mimik beurteilen. Sie können Ihre Gesprächspartner oder das anwesende Publikum nach Präsentationen fragen, wie Sie gewirkt haben, aber das ist jeweils nur eine Momentaufnahme Ihres Charismas. »Wie findet man die eigene Wirkung heraus, und zwar möglichst in allen Begegnungen des Alltags?« Genau diese Frage habe ich mir natürlich auch immer wieder gestellt und die verschiedensten Möglichkeiten der Evaluierung ausprobiert.

Daher fragte ich meine Coaching-Teilnehmer früher immer zuerst, was sie denn an ihrem Auftreten verändern möchten. Aus den Antworten ergaben sich meist schon Ansatzpunkte für entsprechende Übungen. Wollte jemand langsamer und deutlicher sprechen, so trainierte ich die Stimme, souveränes Auftreten konnte ich ebenfalls mit entsprechenden Übungen weiterentwickeln. Wenn ich aber beurteilen musste, wie mein Trainee durch sein Auftreten und seine Art der Kommunikation grundsätzlich auf andere wirkt, genügten Fragen alleine nicht, denn dann erfuhr ich ja nur, wie mein Gegenüber sich selbst sieht.

Interessant sind dann das Fremdbild und Wirkungsfrequenzen des Coaches, die ihm vielleicht gar nicht bewusst sind. Zwar habe ich ab und zu Gelegenheit, meine Coaching-Teilnehmer in Kommunikationssituationen zu erleben, aber das ist erstens nicht die Regel und kostet zweitens viel Zeit. Außerdem kann ich die unterschiedlichsten Situationen, in denen Kommunikation stattfindet, in den seltensten Fällen alle begleiten. Aber die reine Momentaufnahme einer Person, also eine beliebige Bühnenpräsentation oder ein einzelnes Verkaufsgespräch, sind als Basis für ein Training oder eine Supervision zu wenig. Natürlich gibt es Standards, auf die man grundsätzlich in Gesprächen oder Präsentationen sowie allgemeinen Begegnungen achten sollte und die man auch mühelos schulen kann. Mimik und Gestik beispielsweise oder die Art der Vortragsgliederung, Anzahl und Gestaltung der Folien bei Powerpoint-Vorträgen und vieles mehr. Damit sind aber immer nur Teilaspekte der Kommunikation trainierbar. Deshalb habe ich viele Jahre nach einem Tool gesucht, das nicht allein Aufschluss über die Fragen gibt: »Wer bin ich, wie bin ich gestrickt und was motiviert mich?«, sondern das zudem die Wirkung und das Charisma eines Menschen abbildet. Außerdem soll es mir möglicherweise auch eine umfassende Aufschlüsselung der verschiedenen Frequenzen geben, die das Charisma einer Person detailliert und klar strukturiert zusammenfasst.

Als wäre es vom Schicksal geplant, begegnete ich vor ein paar Jahren zufällig an einem Bahnhof in Mannheim einem langjährigen lieben Kollegen. Andreas Bornhäußer setzt sich schon seit Jahrzehnten sehr intensiv mit den unterschiedlichsten Coaching-Methoden auseinander. Auf der Fahrt im ICE erklärte ich ihm dann, dass ich auf der Suche nach einem simplen, aber effektiven Analysetool sei, das sich nur auf das konzentriert, was ich auch trainiere: Wie wirken Menschen auf andere Personen und wie kann diese Wirkung verbessert und personenbezogen gezielt optimiert werden? Damit sie auf der Bühne, im Vortrag oder im Mitarbeitergespräch besser verstanden werden, mehr begeistern, überzeugender wirken und so wahrgenommen werden, wie sie es gerne möchten. Wie ich Menschen bei ihrer Weiterentwicklung unterstützen kann, war mir bewusst, und darin hatte ich auch sehr viel Erfahrung. Wirkung besteht aber aus sehr vielen unterschiedlichen Elementen, die zu einem stimmigen Gesamtbild verknüpft werden müssen. Wo sollte ich da bei einem Coaching-Teilnehmer, den ich noch gar nicht wirklich in seiner Wirkung beurteilen konnte, ansetzen? Sollte ich einfach das weitergeben, was ich mir selbst durch Training und intuitives Verbessern beigebracht hatte? Das passte dann aber nicht unbedingt auf mein Gegenüber, der einen ganz anderen Beruf ausübt oder völlig andere Vorkenntnisse hat. Welche allgemeingültigen Elemente gibt es, die unsere Wirkung ausmachen, und wie kann ich bei einer anderen Person möglichst schnell erkennen, in welchen Elementen sie stark ist und wo ich beim Coaching zuerst ansetzen sollte?

Mein Ziel war damals, aufgrund von Mustern und Klassifizierungen je nach Stärken oder Entwicklungspotenzialen des zu Coachenden gezielt und effektiv trainieren zu können. Was ich beim Einsteigen in den Zug noch nicht wusste, war, dass Andreas sich selbst seit vielen Jahren mit Wirkung und Charisma auseinandersetzt und aus genau meinen oben gestellten Fragen heraus mit Fachleuten und Psychologen zusammen ein Analyse-Tool entwickelt hatte, das sich auf exakt diese Fragestellung konzentrierte. Es war perfekt für mich, da es nur die Außenwirkung einer Person abbildet. Für meine Schulungen ist es nicht wichtig, zu wissen, ob mein Gegenüber generell schüchtern ist, sondern ob er im Gespräch, in Teambesprechungen oder auf der Bühne schüchtern wirkt.

In den Wochen nach dem zufälligen Wiedersehen mit Andreas Bornhäußer habe ich mich noch stärker mit dem Thema Charisma und Wirkmechanismen sowie mit dem von ihm entwickelten System zur Analyse des Fremdbildes beschäftigt. Wenige Monate später ließ ich mich selbst von ihm zum Trainer auf Basis seiner Methode, der S.C.I.L-Performance-Strategie, ausbilden, die heute noch die Grundlage meiner Coachings bildet und auf deren Definitionsstruktur von Charisma ich mich auch in diesem Buch beziehe. Denn mir ist bis heute kein anderes Instrument begegnet, das für die Beurteilung des Kommunikationsverhaltens eines Menschen so hilfreich ist wie dieses. Selbst wenn ich meine Teilnehmer nach wie vor aufgrund meiner persönlichen Erfahrungen und in meinem Stil coache, zur Ableitung des Wirkungsprofils greife ich häufig auf S.C.I.L. zurück. Nach der Profilerstellung, die wie bei anderen Persönlichkeitsanalysen auch (wobei S.C.I.L. keine Persönlichkeitsanalyse im klassischen Sinne ist) aufgrund der Beantwortung verschiedener Fragen erfolgt, ergibt sich daraus ein ziemlich genaues Bild der Außenwirkung. Und es wird zudem erkennbar, welche Elemente eines wirkungsvollen Auftritts stark und welche noch nicht optimal ausgebildet sind. Es sagt viel darüber aus, auf welchen Ebenen andere Menschen wahrgenommen werden und auf welcher Frequenz hauptsächlich gefunkt wird. Denn wie ich schon zuvor erläutert habe: Ihr Kommunikationsverhalten und Ihr Charisma hängen nicht nur davon ab, wie Sie wirken, sondern auch davon, wie gut Sie in der Lage sind, sich auf andere Menschen einzustellen und wahrzunehmen, welche Wellenlänge aufgrund der Eigenart Ihres Gegenübers gerade gefragt ist. Indem Sie sich mit Ihrer eigenen Wirkung intensiv auseinandersetzen, schärfen Sie auch den Blick auf die Wirkung anderer Menschen. Das Bild von sich und die Einschätzung, wie man bei anderen ankommt, sind manchmal so weit von der Realität entfernt, dass es einen selbst überraschen kann.

Das ist mir vor Jahren genauso passiert. Die Planung für einen gemeinsamen Urlaub mit einer Freundin habe ich immer wieder um eine Woche nach hinten geschoben mit dem Argument, nicht zu wissen, welche terminlichen Verpflichtungen sich bei mir noch für das nächste halbe Jahr ergeben. Als ich zum dritten Mal zu ihr gesagt hatte: »Lass uns da nächste Woche drüber sprechen«, war sie völlig sauer und teilte mir mit, dass wir den Urlaub lieber lassen sollten. Ich würde auf sie völlig lustlos und desinteressiert an der Planung wirken, so als würde ich das Thema einfach aussitzen wollen, bis der Urlaub vergessen ist. Ich war völlig erschrocken, dass ich diesen Eindruck vermittelt hatte, denn weder war mir das bewusst gewesen, noch hatte ich das beabsichtigt.

Ein noch extremeres Beispiel hat mir eine Freundin erzählt, die zu ihrem runden Geburtstag eine Party organisiert hatte. Sie lud dazu auch ihre australische Nachbarin ein. Meine Freundin, ich nenne sie hier einmal Susi, hatte sich zu ihrem Geburtstag ein extravagantes rotes Kleid zugelegt und freute sich auf IHREN Abend. Als die australische Nachbarin eintraf, schob diese Susi ohne Begrüßung zur Seite, rief »Hello, everybody«, bestellte sich direkt einen Drink an der Bar und scharte die Hälfte der Gäste mit lautstarken Erzählungen um sich. Den Gesichtsausdruck meiner Freundin können Sie sich ja vorstellen. Einige Wochen später traf man sich wieder zu einem Abendessen mit Freunden. Auch die australische Nachbarin war dabei, die dann im Laufe des Gesprächs über ihre Landsleute schimpfte, die sich gerne in den Vordergrund drängen würden und kein Feingefühl hätten. Susi fiel fast die Kinnlade auf den Tisch, und sie sprach das Thema offensiv an. Sie müsse dem leider zustimmen, denn die Nummer, die da auf ihrer Geburtstagsparty abgelaufen sei, habe sie fassungslos gemacht. Die Australierin fiel daraufhin aus allen Wolken, welchen Eindruck sie hinterlassen hatte – sie selbst hatte sich ganz anders wahrgenommen.

Nur selten bekommen wir ein ehrliches oder gar objektives Feedback auf unsere Wirkung, es sei denn, wir fordern es regelmäßig ein, oder es handelt sich um eine turnusmäßige Beurteilung im Job. Für die Weiterentwicklung Ihres Charismas, für die ich Ihnen in diesem Buch einige Tipps gebe, ist eine Statusbestimmung aber sehr hilfreich. Wenn Sie also nicht kontinuierlich Rückmeldungen zu Ihrer Fremdwirkung bekommen, hilft Ihnen möglicherweise der folgende Kurztest, einen Blick von außen auf das zu werfen, was Sie ausstrahlen.

Markieren Sie bei den folgenden Fragen jeweils alle Antworten mit 1, die am ehesten auf Sie passen, mit 2, was auch noch auf Sie zutrifft, mit 3 das, was weniger stimmt und mit 4, was gar nicht zutreffend für Ihre Person ist.

1. **Wenn ich in Gesellschaft bin,**

O nehmen mich die Menschen sofort wahr, wenn ich den Raum betrete. (B)
O analysiere ich erst einmal, wer alles da ist, wo sich das Buffet befindet und wen ich schon kenne, um mich gut zu unterhalten. (C)
O verbreite ich meist gute Stimmung. (A)
O schätzt man mich als Gast, der durch seine Redegewandtheit zu jedem Thema etwas zu sagen hat. (D)

2. **Im Job sowie im Privatleben**

O empfindet man mich vor allem als bedacht handelnden Menschen. (C)
O hört man mir gerne zu und folgt meinen Ausführungen meist sehr aufmerksam. (D)

○ lege ich großen Wert auf eine gute Atmosphäre, und die Menschen um mich herum spüren das. (A)
○ kann ich mich durch mein Auftreten gut in Szene setzen. (B)

3. **Wenn ich in für mich unbekannte Situationen komme oder neue Menschen kennenlerne,**

○ analysiere ich sehr gründlich, wer vor mir steht oder auf was ich mich einlasse. (C)
○ merkt man mir an, dass ich mich mit mir und in meiner Haut wohlfühle. (B)
○ passe ich meine Stimme und Ausdrucksweise der Situation oder meinem Gegenüber an. (D)
○ erfasse ich diese vor allem emotional. (A)

4. **Andere Menschen bezeichnen mich oft als**

○ sehr strukturiert in der Art und Weise, wie ich Dinge auf den Punkt bringe. (C)
○ Bauchmenschen. (A)
○ sehr präsente Persönlichkeit. (B)
○ belesene und wortgewandte Person. (D)

5. **Wenn ich einen Vortrag halten oder ein Meeting leiten soll,**

○ bemühe ich mich um bildhafte Sprache, um den Sachverhalt besser erklären zu können. (D)
○ behalte ich immer das Ziel im Auge und gehe strukturiert an Themen heran. (C)

○ gewinne ich durch meine herzliche Art schnell die Sympathien und das Vertrauen der Menschen. (A)
○ verstehe ich es, meine Mimik und Gestik bewusst einzusetzen. (B)

6. Ich werde oft gelobt für

○ meine Art, auch in schwierigen Situationen immer den Überblick zu behalten. (C)
○ meine äußere Erscheinung und mein Auftreten. (B)
○ vollkommene Konzentration auf ein Thema oder eine Person. (A)
○ meine angenehme Stimme. (D)

7. Wenn ich für einen Tag einen anderen Beruf ausüben könnte, wäre das

○ Forscher/Forscherin mit dem Auftrag einer mathematischen oder physikalischen Aufgabe auf den Grund zu gehen. (C)
○ Keynote-Speaker zu meinem Lieblingsthema. (D)
○ egal was, da ich mich wunderbar für jede Aufgabe motivieren könnte. (A)
○ Schauspieler/Schauspielerin, am liebsten in der Stummfilmzeit. (B)

8. Mir ist wichtig, dass ich

○ mich mit meiner äußeren Erscheinung meiner Umgebung entspreche und immer passend angezogen bin. (B)
○ von anderen Menschen gemocht werde. (A)

○ in jeder Situation die richtigen Worte finde.
Falls mir für ein Thema der Wortschatz fehlt,
suche ich mir diesen akribisch in Büchern
oder im Internet zusammen. (D)

○ immer sachlich bleibe, was auch passiert.
Emotionen bringen mich selten aus der
Ruhe. (C)

9. Schon oft hat man mir gesagt, dass man

○ meine positive Herangehensweise an Dinge
sehr schätzt. (A)

○ mich um meine deutliche und klare Sprache
beneidet. (D)

○ mir gerne Aufgaben überträgt, bei denen es
um Zahlen, Daten, Fakten geht, da ich derartige Themen perfekt darzustellen weiß. (C)

○ mein selbstbewusstes Auftreten sehr
bewundert. (B)

Bitte tragen Sie Ihre Ergebnisse in folgende Tabelle ein.

Mit	1	2	3	4	markierte Antworten
A					
B					
C					
D					

Die Auswertung gibt Ihnen erste Erkenntnisse über Ihre Wirkung und Hinweise darauf, auf welche Elemente Sie in der Kommunikation vorrangig zurückgreifen.

Stark ausgeprägt sind bei Ihnen die Elemente, die Sie am häufigsten mit 1 versehen haben.

Die am häufigsten mit 2 versehenen Elemente sind bei Ihnen mittelmäßig ausgeprägt.

Die am häufigsten mit 3 bewerteten Elemente bringen Sie bisher wenig zum Einsatz.

Kaum zum Einsatz bringen Sie die Elemente, die am häufigsten mit 4 versehen sind.

Sollten Sie bei allen Buchstaben jeweils die 1 gleich häufig vergeben haben, so deutet das darauf hin, dass Sie jetzt bereits über ein ziemlich ausgeglichenes Wirkungsprofil verfügen. Der am häufigsten mit der Zahl 4 bewertete Buchstabe deutet auf das Element hin, mit dem Sie bisher am wenigsten wirken oder in dem Sie andere Menschen nur sekundär wahrnehmen. Hier sind möglicherweise noch größere Entwicklungspotenziale vorhanden, die Sie zu einer ausgeglichenen Wirkungs- und Wahrnehmungskompetenz und zu einer charismatischen Ausstrahlung erweitern sollten.

Auflösung:

Falls Sie bei diesem Trendtest den
- **Buchstaben A** am häufigsten mit der Zahl 1 bewertet haben, so wirken Sie vorrangig wie ein Mensch, dem Emotionen und Stimmungen in der Beziehung zu anderen Menschen wichtig sind. Sie leben mit und nach festen inneren Überzeugungen, hören auf Ihre Intuition und versuchen Aufgaben vor allem auf der emotionalen Ebene anzugehen. Ihnen sind Stimmung und Atmosphäre in Ih-

rem Umfeld wichtig. Sie gehen mit Empathie auf Ihre Mitmenschen zu.
- **Buchstaben B** am häufigsten mit 1 bewertet haben, so wirken Sie mit Ihrem ganzen Körper und setzen diesen bewusst ein, wenn es darum geht, sich in Szene zu setzen. Auch bei anderen Menschen achten Sie auf deren Körpersprache und ihre Mimik und Gestik.
- **Buchstaben C** am häufigsten mit 1 bewertet haben, so bevorzugen Sie wahrscheinlich die analytisch-strukturierte Herangehensweise an Aufgaben und in der Kommunikation mit anderen Menschen. Es ist Ihnen wichtig, Ihr Ziel immer im Auge zu behalten, und auf andere wirken Sie vor allem durch Ihre überlegte und sachliche Art.
- **Buchstaben D** mit der Zahl 1 bewertet haben, so überzeugen Sie in Begegnungen vorrangig durch Ihre gewählte Ausdrucksweise und Ihre Stimme. Sie lieben das Spiel mit Worten und bemühen sich stets um eine Erweiterung Ihres Wortschatzes und Ihrer Ausdrucksweise. Ihre Stimme ist angenehm, und Sie legen Wert auf eine deutliche und klare Aussprache.

Dieses Ergebnis kann natürlich nur eine Tendenz sein, die Sie hier hinsichtlich Ihrer persönlichen Wirkung erfahren. Sollten Sie Interesse an der ausführlichen Analyse haben, so finden Sie weitere Informationen dazu unter http://www.scil-strategie.de.

Es handelt sich hier wirklich bloß um eine Tendenzbestimmung, sodass Ihre Wirkung lediglich auf die vier Elemente und nicht deren 16 Frequenzbereiche zurückgeführt wird. Diese erkläre ich gleich detaillierter, um Sie herausfinden zu lassen, in welchen Bereichen Sie noch charismatischer werden können, und um Ihnen nützliche Hinweise zur Optimierung und zum Training Ihrer Wirkung zu geben.

5
Ich bin immer Feuer und Flamme

> »Wer dem Feuer näher ist, dem
> wird schneller warm«
> – AUS UNGARN

Welche Flamme brennt in Ihnen für sich selbst und für andere? Das ist das Feuer, um das es jetzt gehen soll. Und wie ein Kamin oder Lagerfeuer muss es ständig mit Holz, Zweigen oder anderen Brennmaterialien geschürt und am Lodern gehalten werden. Denn nur, wenn Sie sich für andere erwärmen, wenn Sie für ein Thema oder eine Aufgabe wirklich brennen und dies auch ausdrücken können, wird dieses Feuer sichtbar und die Wärme spürbar sein.

In der Antike wurde Charisma oft als »der göttliche Funke« bezeichnet, also als etwas, das man hat oder nicht, etwas, auf das man keinen Einfluss nehmen kann. Wie ich im ersten Kapitel erklärt habe, sind Charisma und Ihre Wirkung auf andere aber sehr wohl beeinflussbar. Angelegt sind alle Elemente in Ihnen, die für eine sensationelle Wirkung nötig sind. Und manche sogar, ohne dass Sie sie bewusst einsetzen oder nutzen. Und manchmal bemerken sie sie nicht einmal.

Ihr Charisma wird in ganz entscheidender Weise durch Ihr Feuer bestimmt. Es beinhaltet Ihre Wertschätzung, Ihre Achtsamkeit, Aufmerksamkeit Ihnen und Ihren Mitmenschen gegenüber, die Sympathie, die Sie ausstrahlen, und das Vertrauen, welches Sie in anderen wecken – Ihre Empathie. Der gesamte Bereich Ihrer Sinne und Emotionalität ist also hier zusammengefasst.

Die Glut, die für Sie und andere glimmt, ist die *Intuition*, die von uns leider oft unbeachtet bleibt, über die wir selten nachdenken oder die wir sogar bewusst missachten. Wir trauen uns manchmal einfach nicht, auf unseren Bauch zu hören, dabei findet Intuition keinesfalls nur dort statt. Wenn Sie sie aufmerksam einsetzen, kann sie in ganz vielen Situationen hilfreich sein. Wie die Glut im Feuer, die man oft gar nicht sieht, so haben Sie Ihre Intuition immer bei sich, ob Sie sie beachten oder nicht.

Sie brennen durch Ihre *inneren Überzeugungen*, die lähmend oder befeuernd sein können. Oft hinterfragen Sie sie gar nicht mehr, da es gelernte Muster oder Einstellungen sind. Stattdessen nehmen Sie die Intuition zur Beurteilung von Situationen oder Menschen unbewusst zu Hilfe.

Die Wärme, die Sie ausstrahlen und für andere empfinden, sind die Gefühle, die Sie in zwischenmenschliche Kontakte einbringen. Wie emotional kommunizieren Sie und wie viel *Empathie* bringen Sie Ihrem Gesprächspartner entgegen? Können Sie sich auf dessen Gefühle oder eben auch dessen fehlende *Emotionalität* einstellen und ihn trotzdem für sich erwärmen? Je mehr Sie über Empathie wissen und je besser Sie Ihre Gefühle und die des anderen kennen und erkennen, desto leichter fällt es Ihnen, Feuer zu entfachen. Erst dann können Sie sich in der Kommunikation ganz und gar auf das einlassen, worum es geht.

Die Konzentration auf das Wesentliche ist die *Fokussierung* auf Ihr Gegenüber und die Inhalte der Begegnung. Nur wenn Ihnen das gelingt, werden Sie ein Osterfeuer und nicht bloß eine Kerze am Brennen halten. Auch in Ihnen steckt das charismatische Feuer. Entfachen Sie es!

Meine Glut ist Intuition

Selbst wenn es nicht immer offensichtlich ist: Wo Feuer ist, ist ebenfalls Glut. Manchmal sieht man sie zwar nicht, spürt aber ihre Wärme. Auch in uns glüht etwas, die Intuition. Sie ist eine von der Natur gegebene Stärke, die in uns Menschen vollumfänglich angelegt ist. Durch Veränderungen der gesellschaftlichen Normen, durch Zivilisation und Fokussierung auf Analytik und Beweisbares wurde sie den meisten jedoch im Laufe des Lebens geradezu aberzogen. Deshalb war Sie bei vielen von uns zum Verkümmern verurteilt.

Je älter Sie werden und je größer Ihr Erfahrungsschatz ist, desto weniger achten Sie in aller Regel auf Ihr Bauchgefühl. Intuition klingt nach »ungeplant«, »spontan«, »unterbewusst«, »nicht durchdacht«. Alles Begriffe, die in der heutigen Zeit eher mit negativen Assoziationen belegt sind. Beim Feuer sehen Sie in erster Linie die Flammen und spüren die Hitze. Auch wenn Sie wissen, dass überall Glut ist, nehmen Sie sie nicht unbedingt wahr. Selbst ein erloschenes Feuer kann noch glühen, verborgen unter Asche und Staub. Ähnlich ist es mit Ihrer inneren Stimme. Sicher haben Sie schon einmal diesen Moment erlebt, in dem Ihnen Ihr Bauch sagte, »Lass es!« oder »Tu es sofort!«, Ihr Verstand aber »los« oder »Vorsicht, Vorsicht, Vorsicht« schrie.

Als Kind überlegen wir nicht lange, warum wir etwas wollen oder nicht wollen, wie die Folgen sein könnten, was sich daraus wiederum für weitere Handlungen ergeben und wer deshalb etwas Schlechtes von uns denken könnte. Wenn Kinder jemanden nicht mögen, dann sagen sie es ihm, ohne über die Konsequenzen nachzudenken. Schmeckt ihnen etwas nicht, äußern sie es direkt, selbst wenn der Koch neben ihnen sitzt. Der beste Freund steht vor der Tür, und plötzlich ist die Lust zum Spielen vergangen? Kein Thema, das wird unverblümt herausposaunt, und beim nächsten Mal ist man wieder ein Herz und eine Seele. Doch genau dann, wenn der Prozess des »Zerdenkens« in der Pubertät beginnt, fangen die Probleme an. Früher war es »Herz über Kopf«, jetzt ist es plötzlich »Kopf über Herz«.

Gerade wenn eine Entscheidung sehr komplex ist, versuchen wir diese bis ins Kleinste zu analysieren, sie in ihre Teile zu zerlegen und ihr Für und Wider minutiös abzuwägen. Das Unterbewusste hat eigentlich gar keinen Platz und keine Chance mehr. Weil uns das viel zu unsicher erscheint. Es fehlt uns das Vertrauen in Herz oder auch Bauch.

Professor Gerd Gigerenzer, Direktor am Berliner Max-Planck-Institut, definiert Intuition durch drei Komponenten. Für ihn ist Intuition erstens stark genug, um unser Handeln zu leiten; zweitens ist Intuition ein Urteil, das sich schnell ins Bewusstsein schiebt, und drittens ist sie laut Gigerenzer ein unbewusster Prozess. Er ist überzeugt davon, dass die analytischen Entscheidungen oft die schlechteren sind, auch wenn diese von den meisten immer noch bevorzugt werden.

Ich habe mich vor vielen Jahren zum ersten Mal mit diesem Thema beschäftigt. Ein guter Freund schenkte mir ein Buch von Dr. Joseph Murphy mit dem Hinweis, dass es mein Leben verändern werde. Na ja, ganz so extrem war es zwar nicht, ich muss aber sagen, dass ich seit nunmehr gut 20 Jahren immer wieder auf Murphys Thesen und Weisheiten zurückkomme. Er beschreibt in seinem Buch *Die Macht Ihres Unterbewusstseins*, dass wir deutlich mehr durch die Programmierung unseres Unterbewusstseins erreichen können, als wir glauben. Murphy sieht unsere Intuition als eine Schatzkammer im Inneren an, der wir mehr vertrauen sollten und die wir viel mehr einsetzen müssten. Sie verhilft seiner Meinung nach nicht nur zu Gesundheit und Wohlbefinden, sondern auch zu Wohlstand und Erfolg, harmonischen Beziehungen, Entspannung und Selbstvertrauen.

Natürlich kommen mir ebenfalls ab und zu Gedanken wie: Hilfe, wie soll ich das nur schaffen, das wird doch viel zu viel, zu schwierig oder zu gefährlich? Mit der Zeit habe ich aber gelernt, mir dann eine ruhige Stunde zu verschaffen, in der ich mich zurückziehen kann, um ganz intensiv in mich hineinzuhören und mich zu fragen: Warum verunsichert mich diese Situation und was sagt mein Bauch zu diesem problematischen oder ungewöhnlichen Thema? Denn dann kann ich mich selbst umprogrammieren auf: Klar geht das, wie schön, dass ich diese Aufgabe übernehmen und diese Reise antreten darf.

Welche enorme Macht und Fähigkeit unser Unterbewusstsein hat, wurde auch durch das Bernstein Centre for Computational Neurosience in Berlin bestätigt. Professor John-Dylan Haynes hat Probanden eine Computeraufgabe lösen lassen, während im Hintergrund unbemerkt Fotos von verschiedenen Automodellen abliefen. Die Hirnregionen, deren Aktivität bestimmte Entscheidungen signalisiert, leuchteten im Scanner auf, obwohl die Probanden die Fotos gar nicht direkt wahrnahmen. Die Information über die Fotos gelangte also ins Gehirn, wenngleich die Teilnehmer mit ihrem Kopf ganz woanders waren. Hier war es also die Intuition, die die Gehirnareale mit den entsprechenden Details versorgte.

Die besten Beispiele für die Nützlichkeit des Unterbewusstseins sind Fahrradfahren und Autofahren. Sie wissen, wann Sie die Kupplung treten müssen, und überlegen sich vor einer Fahrt in die Stadt nicht, an welcher Stelle Sie wie schnell fahren und wann Sie in einen anderen Gang schalten sollten. Bei Strecken, die Sie häufig fahren, wissen Sie manchmal vielleicht gar nicht mehr, wie Sie von A nach B gekommen sind. Beim Fahrradfahren verhält es sich genauso. Einmal im Gehirn als Programm verankert, verlernen Sie es nie. Daher der Ausdruck »es ist wie Fahrradfahren«.

Ärzte beispielsweise müssen täglich auf ihr Bauchgefühl hören und oft im Bruchteil einer Sekunde entscheiden, welche Art der Operation sie bei Notfällen durchführen, Intensivstation ja oder nein, dieses Medikament oder jenes. Verfügen sie nicht über das entscheidende Gespür, setzen sie Leben aufs Spiel. Wahrscheinlich glauben Sie, Intuition und Bauchentscheidung basieren ausschließlich auf Emotionen. Dem ist aber nicht so. Ihnen liegt eine große Ansammlung an Informationen zugrunde, die keinesfalls nur auf Gefühle zurückgreifen und die nicht einfach so per Knopfdruck abgerufen werden können. Ihr Unterbewusstsein verfügt über einen großartigen Fundus an Wissen, Erfahrungen und Kompetenzen. Nur ein Teil davon ist bewusst abrufbar, die Intuition bedient sich zwar aus diesem Fundus, wird aber durch viele weitere Faktoren und Aspekte ergänzt. Intuition und Bauchgefühl sind also viel komplexer als eine bewusste Entscheidung, die dagegen recht eindimensional erscheint. In Ihrem Leben gibt es unendlich viele Momente, in denen Ihre Intuition zum Einsatz kommt und Ihnen sogar hin und wieder das Leben rettet oder Sie vor Schmerzen bewahrt. Haben Sie als Kind einmal auf eine heiße Herdplatte gefasst, wird Ihnen dies ein Leben lang nicht mehr bewusst passieren. Wurden Sie einmal von einem Hund gebissen, werden Sie in Zukunft vorsichtig auf diese Tiere zugehen.

Eine Freundin von mir besichtigte vor vielen Jahren mit ihrem Mann ein Haus, das er gerne kaufen wollte. Sie hingegen hatte ein komisches Gefühl im Bauch und sprach sich dagegen aus. Später kam heraus, dass in diesem Haus ein schlimmes Unglück passiert war. Irgendein Gefühl sagte ihr, dass sie sich dort nicht würde wohlfühlen können.

Sophy Burnham, die Autorin des Buches *The Art of Intuition* bringt es so auf den Punkt: »Intuition ist ein subtiles Wissen über etwas, ohne dass man je verstehen könne, wieso man es weiß.« Bei intuitivem Handeln wissen Sie nicht, woraus sich Ihr Urteil bildet. Sie könnten Ihr Handeln nicht in Worte fassen oder erklären. So wie meine Freundin nicht erklären konnte, was sie vom Kauf des Hauses abhielt. Meist merken Sie noch nicht einmal, dass Sie gerade intuitiv reagieren. Ihre gesamten Sensoren sind offen, Ihre Achtsamkeit sich selbst gegenüber und gegenüber der anderen Person oder der Situation wird geschärft. Oft sind intuitive Entscheidungen für andere nicht nachvollziehbar, weil sie auf den ersten Blick nicht logisch sind. Es lohnt sich, und es ist wichtig, dass Sie auf Ihre Intuition hören und sie auch immer mal wieder als Ratgeber hinzuziehen, aber zugleich hinterfragen.

Doch warum ist Intuition in der Kommunikation eigentlich so wichtig? Sie haben beispielsweise ein Gespräch komplett durchgeplant, betreten den Raum und merken plötzlich, dass die Stimmung nicht zum anstehenden Thema passt. In diesem Fall sollten Sie dringend auf Ihr Bauchgefühl hören und den Termin für diese wichtige Gesprächssituation verschieben. Sie bewerben sich auf einen Job, sind aber nur halbherzig bei der Sache? Hören Sie auf Ihre Intuition! Kann es sein, dass Sie den Job in Wirklichkeit gar nicht haben wollen? Möchte Ihr Bauchgefühl etwas ankündigen, dessen Sie sich selbst noch gar nicht bewusst sind?

Trainieren Sie Ihre Intuition regelmäßig, hören Sie in sich hinein, seien Sie achtsam, überprüfen Sie Ihr Bauchgefühl. Denn Intuition bildet bei der Kommunikation den Gegenpol zum Zuhören. Das Zuhören ist die Grundlage, um Ihr Gegenüber inhaltlich verstehen zu können, die Intuition aber ermöglicht Ihnen, das zu erfassen, was hinter dem gesprochenen Wort steht. Wenn Sie es schaffen, Ihre innere Glut immer wieder bewusst zum Leuchten zu bringen, werden Sie auch andere damit erhellen und erwärmen. Und Sie lernen dadurch, wie viel Feuer in Ihnen steckt. Ihr Charisma ist nur dann für andere spürbar, wenn Sie das Bewusstsein haben, dass Sie der Lenker und Leiter jeder Situation sind. Sie leuchten dann am meisten, wenn Sie sich sicher sind, eine Sache in der Hand zu haben. Sie sollten wissen, dass Sie Intuition haben und ihr selbst vertrauen können. Nehmen Sie sie wahr und vertrauen Sie Ihrem Unterbewusstsein, dann verankert sich selbst für schwierige und unangenehme Kommunikation oder kritische Gesprächsverläufe das Gefühl, auf sich selbst setzen zu können.

Doch wie können Sie Ihre Intuition schulen, schleifen und feilen? Durch viel Achtsamkeit und gezieltes Achtsamkeitstraining. Im Alltag können Sie Ihre Achtsamkeit schon dadurch trainieren, dass Sie einmal bewusst einen anderen Weg zur Arbeit wählen. Fahren Sie nicht den, den Sie bereits in- und auswendig kennen. Probieren Sie neue Straßen aus, entdecken Sie unbekannte Landschaften, andere Stadtgebiete, öffnen Sie Ihr Herz und saugen Sie alle neuen Eindrücke auf. Werden Sie zum Touristen, erleben Sie Ihre Stadt, die Natur um Sie herum und Ihre Umgebung aus einer völlig neuen Perspektive. Intuition lernen Sie auch durch stille Momente, in denen Sie ganz eins mit sich sind. Achtsam zu sein, bedeutet den jeweiligen Moment bewusst und nicht urteilend wahrzunehmen mit allem, was er beinhaltet. In der heutigen Zeit leben wir immer zwei, drei Schritte voraus und haben immer tausend Dinge gleichzeitig im Kopf. Die Aufmerksamkeit für den eigenen Körper, für die eigenen Bedürfnisse und für den Moment verkümmert mehr und mehr. Doch nur, wenn Sie sich ab und zu auch wieder auf das Jetzt und komplett auf sich konzentrieren, gelingt es Ihnen, sich als wirklich lebendig zu erfahren.

Um zum Unterbewusstsein zu gelangen, dort ist ja die Intuition verankert, ist es nötig, das Bewusstsein auf das Hier und Jetzt zu fokussieren. Wenn Sie sich wirklich entspannen wollen, reicht es nicht, sich hinzusetzen und sich auszuruhen. Es gibt so viel Vergangenes und Zukünftiges, was Ihr Bewusstsein besetzt, dass das Abschalten der Gedanken am ehesten durch die Konzentration auf eine einzige Sache gelingt. »Om« in der Meditation ist nichts anderes als ein Hilfsmittel zur Entspannung. Durch die gedankliche Fokussierung auf diesen Laut fällt es leichter, Alltagsgedanken auszublenden. Dies gelingt besonders gut im Alphazustand, den Sie erreichen, wenn sich die Hirnströme in einer Frequenz zwischen acht und dreizehn Hertz bewegen. In diesem Zustand sind Sie beispielsweise, wenn Sie mit offenen Augen träumen, während des autogenen Trainings und bei Achtsamkeitsübungen. Sogar Schmerzen können in diesem Zustand besser bewältigt werden. Wenn Sie sich genau auf den Ort des Schmerzes konzentrieren, mental innere Wärme oder kleine Helfer wie Entzündungshemmer dorthin schicken, werden Sie bald Erleichterung verspüren. Bei solchen Übungen geht es darum, sich auf den eigenen Körper zu konzentrieren, die Tür zum Unterbewusstsein und somit auch zur Intuition zu öffnen und die Scharniere zu diesem Tor zu ölen, damit es immer offen bleibt. Richten Sie das Augenmerk von außen ins Innere. Durch die Bündelung der Aufmerksamkeit und in der Konzentration auf Atem und Körper wird Ihnen das gelingen.

Wenn Sie das oft genug wiederholt haben, bieten sich solche Übungen wunderbar an, um mit Intuition umzugehen. Sie werden offener für Ihr Bauchgefühl sein und es besser schaffen, dessen Ursprung zu hinterfragen. Gerade vor wichtigen Entscheidungen und bei Kommunikationssituationen wie wichtigen Gesprächen oder Präsentationen, hilft Achtsamkeitstraining. Und zwar erstens bei der Entspannung, zweitens bei der Öffnung für die Intuition und drittens bei der Offenlegung unterbewusster Blockaden. Auch Autosuggestionen sind im Alphazustand deutlich besser durchzuführen. Aber dazu komme ich im nächsten Kapitel. Ganz oft höre ich: »Ich mache schon Yoga, das reicht völlig.« Yoga ist an sich ebenfalls eine tolle Art, zu entspannen und die eigene Achtsamkeit zu trainieren, allerdings ist bei den meisten Yogaformen, die wir in der westlichen Welt ausüben, vieles auf Bewegungsabläufe ausgerichtet und die Konzentration auf Körper und Atmung stehen zu sehr im Fokus. Bei Intuition geht es hingegen voll und ganz um Ihre innere Mitte und Ihr Bauchgefühl.

Für gezielte Übungen empfehle ich die Bücher *Achtsamkeitstraining* von Jan Thorsten Eßwein und *Achtsam durch den Tag – 53 federleichte Übungen zur Schulung der Achtsamkeit* von Jan Chozen Bays und Stephan Schuhmacher. Sie beinhalten eine große Bandbreite an Achtsamkeitsübungen, die mir selbst immer wieder dazu verhelfen, mich voll und ganz auf mich zu konzentrieren. Es sind keine Entspannungsübungen, sondern Konzentrationsübungen, die zu einer Schärfung des Bewusstseins auf den eigenen Körper verhelfen.

Meine Lieblingsübung ist das sogenannte »Päckchenpacken«: Setzen Sie sich auf einen Stuhl, stellen Sie Ihre Beine hüftbreit und entspannt auf den Boden. Schließen Sie die Augen und lächeln Sie sich innerlich zu. Denken Sie dazu an ein nettes Kompliment, das Sie einmal bekommen haben oder an einen schönen, ganz entspannten Augenblick aus Ihrem letzten Urlaub. Automatisch erscheint ein zartes Lächeln auf Ihrem Gesicht. Spüren Sie nun langsam in jedes einzelne Körperteil hinein und beginnen Sie dabei im linken Fuß. Nehmen Sie wahr, wie Ihr linker Fuß den Boden berührt und ob Sie Wärme oder Kälte, ein Kribbeln oder vielleicht auch gar nichts in Ihrem Fuß spüren. Vom Fuß wandern Sie mit Ihren Gedanken den Unterschenkel hinauf bis zum Knie, weiter den Oberschenkel hinauf bis zur linken Hüfte. Jeweils indem Sie nur darüber nachdenken, wie sich diese einzelnen Körperregionen anfühlen. Von der linken Hüfte ziehen Sie jetzt in Gedanken zur rechten Hüfte und dann direkt hinunter in den rechten Fuß. Nun fühlen Sie sich in Ihren rechten Fuß hinein, über den Unterschenkel, das Knie, den Oberschenkel wieder zurück zur rechten Hüfte. Fühlen Sie in den unteren Rücken hinein, dann in den oberen, wandern Sie mit der Aufmerksamkeit weiter zu Ihren Schulterblättern, in den Nacken, weiter zu den Armen. Spüren Sie Ihre Hände, die Handflächen und die Oberflächen Ihrer Hände, die einzelnen Finger, die Unterarme und die Oberarme. Gleiten Sie weiter zu Ihrem Gesicht, spüren Sie bewusst den Kiefer, dann Ihre Lippen und die Zunge, wie Sie entspannt im Mund ruht. Sehen Sie Ihr Gesicht vor Ihrem inneren Auge: die geschlossenen Lider, die entspannte Muskulatur und erinnern Sie sich immer wieder daran, sich selbst ein inneres Lächeln zu schenken. Wandern Sie nun mit Ihren Gedanken zum Scheitel und dann zum Kronenpunkt, dem höchsten Punkt des Kopfes. Wie ein kleines Männchen blicken Sie von dort auf Ihren gesamten Körper, als ob Sie wenige Zentimeter über sich schweben würden. Atmen Sie während der ganzen Übung ruhig ein und aus, halten Sie die Augen locker geschlossen und lassen Sie dabei alle Gedanken zu. Dem Thema, das Sie besonders beschäftigt und das immer wieder in Ihren Gedanken die Oberhand hat, geben Sie einen Namen und packen es in ein Paket, in einen Karton, in einen Schiffscontainer. Wo hinein auch immer. Legen Sie das Päckchen nun in einem geeigneten Abstand vor sich ab, betrachten Sie den Gedankencontainer aus der Ferne, schieben Sie den Karton von sich weg, sodass Sie frei atmen können und keine Verbindung mehr zu diesem Thema spüren. Wenn ein neuer Gedanke kommt, der Sie beschäftigt und sich immer wieder vordrängt, verfahren Sie genauso. Packen Sie Ihre Päckchen jeweils liebevoll und sorgen Sie so dafür, dass es nur Sie gibt und nichts anderes. Kein Gestern, kein Vorgestern, kein Übermorgen. Verbleiben Sie eine halbe Minute in diesem Zustand des Auf-sich- und Über-sich-hinweg-Guckens. Falls Sie genauso schnell lesen wie ich, haben Sie für die letzten eineinhalb Seiten, auf denen ich Ihnen meine Lieblingsübung beim Achtsamkeitstraining vorgestellt habe, wahrscheinlich zwei Minuten gebraucht. Die gesamte Übung sollte aber langsam und bewusst gemacht werden und ca. fünfzehn Minuten dauern. Lassen Sie sich also Zeit dabei, sich in Ihren Körper hineinzudenken und zu fühlen.

Nach einiger Zeit holen Sie sich langsam ins Hier und Jetzt zurück. Bewegen Sie dreimal Ihre Hände, indem Sie sie zu Fäusten ballen, öffnen Sie langsam Ihre Augen und schütteln Sie Ihre Arme. Wackeln Sie mit Ihren Zehen, spannen Sie den ganzen Körper, jeden Muskel, den Sie sich vorstellen können, kurz an, das Ganze am besten dreimal. Sie haben das Gefühl, Ihre Muskeln müssen nun erst einmal wieder lernen, wie sie funktionieren. Der Moment, in dem Sie nicht mehr genau wissen, ob Sie wach sind oder schon im Augenblick des Einschlafens, ist der Alphazustand. Erstaunlich, wie schnell man diesen Zustand durch mentale Entspannungstechniken erreichen kann, wenn man es regelmäßig übt.

Zum Schluss kann ich nur sagen: Bleiben Sie intuitiv, indem Sie auf Ihre innere Stimme hören und sich Zeit für sich selbst nehmen! Bewahren Sie sich Ihre Kreativität, trainieren Sie Ihre Aufmerksamkeit, bleiben Sie immer offen für Ihre Umwelt. Wenn Sie wieder lernen, Ihren Körper zu spüren, und eine enge Verbindung zu anderen pflegen, niemals aufhören zu träumen, regelmäßig Momente der Ruhe suchen und sich von allen negativen Gedanken auf Knopfdruck befreien können, meldet sich auch Ihre Intuition zurück. Sie schaffen das!

Ich muss immer für etwas brennen: innere Überzeugung und Glaubenssätze

Ihre Gedanken prägen Ihre Welt und Ihre Ausstrahlung oder Wirkung in ganz besonderer Weise. Wenn Ihnen kalt ist und Sie sich vorstellen, wie die Sonne warm auf Ihre Haut scheint oder wie Sie vor einem Kamin sitzen, dann schaffen Sie es durch Ihre bloße Vorstellungskraft, dass Sie nicht mehr frieren. Allein durch Ihre Gedanken wird Ihnen wärmer. Nicht umsonst heißt es: Glaube versetzt Berge.

Sie gehen jeden Tag mit vielen Glaubenssätzen und mit einer bestimmten Einstellung an Dinge heran, in Gespräche hinein und aus Situationen heraus. Manche davon begleiten Sie seit vielen Jahren, oft schon seit der Kindheit, aber nicht alle davon sind sinnvoll oder gar hilfreich. Das Positive an Glaubenssätzen ist, dass Sie nicht bei allem neu überlegen müssen, wie Sie auf etwas reagieren. Andererseits hindern sie Sie oft daran, ungewohnte Wege zu gehen. Ihre innere Überzeugung prägt Ihre Einstellung zu Dingen, und wenn diese negativ ist, wirkt sich das auf Ihr Handeln aus. So treten Sie beispielsweise Kolleginnen voreingenommen gegenüber, wenn Ihr Glaubenssatz lautet: »Mit Frauen kann ich nicht gut zusammenarbeiten.« Wenn Sie verinnerlicht haben, etwas Bestimmtes nicht zu können, dann werden Sie es auch niemals schaffen. Es gibt keinen Sportler, der bei einem Wettkampf antritt mit dem Glaubenssatz: »Die Hürde überspringe ich nie.« Möchten Sie einen Kunden für sich gewinnen und sagen sich: »Den überzeuge ich sicher auch diesmal nicht«, dann wird genau das der Fall sein. Wenn Sie glauben, dass Sie ein schlechtes Namensgedächtnis haben, dann ist das unerheblich, falls Sie im IT-Bereich unter Ausschluss der Öffentlichkeit arbeiten. Als Vertriebsmitarbeiter einer Versicherung kann das aber zu einem Problem führen. Arbeiten Sie in einer Bank und Ihr Credo lautet: »Bausparverträge werde ich nie richtig verkaufen können«, oder: »Mit Kollege A werde ich kein gutes Verhältnis mehr bekommen«, dann werden diese Glaubenssätze Sie in Ihrem Handeln einschränken und behindern.

Ein Freund von mir, der als Architekt an einer Ausschreibung teilgenommen hatte, wartete auf eine Nachricht des potenziellen Auftraggebers. Alle ihm bekannten Konkurrenten hatten schon eine Absage erhalten, nur er nicht. Er redete sich ein, sie hätten ihn wohl vergessen und seine Absage käme sicher in den nächsten Tagen mit der Post. Er wollte sich nicht zu früh freuen und seine eigenen Erwartungen bewusst selbst reduzieren, um später bei einer möglichen Absage nicht so enttäuscht zu sein. Die Zeit des Wartens, die nun vor ihm lag, hätte er positiv nutzen können, wenn sein Glaubenssatz gelautet hätte: »Ich habe es geschafft, in den nächsten Tagen erhalte ich die Zusage per Post.« Stattdessen hatte er schlechte Laune, ganz unabhängig davon, ob später eine Absage oder eine Zusage kommen würde. Es gibt viele Menschen, die ein ganzes Potpourri solcher negativen Glaubenssätze mit sich herumtragen. Aber wer aus unserem Bekanntenkreis, der solche Glaubenssätze hat, wirkt sprühend und charismatisch? Keiner!

An eine Aufgabe oder in ein Gespräch sollten Sie nie mit einer negativen Einstellung herangehen. Sie programmieren sich stets selbst, und die Macht Ihres Unterbewusstseins wird Sie leiten. Der Optimist sieht das Glas halb voll und in jeder Herausforderung eine Möglichkeit. Der Pessimist sieht immer das halb leere Glas und in jeder Herausforderung eine Schwierigkeit. Es gibt ein altes chinesisches Sprichwort, das ich in diesem Zusammenhang sehr schätze: »Achte auf deine Gedanken, denn sie werden zu Worten. Achte auf deine Worte, denn sie werden zu Handlungen. Achte auf deine Handlungen, denn sie werden zu Gewohnheiten. Achte auf deine Gewohnheiten, denn sie werden dein Charakter. Achte auf deinen Charakter, denn er wird dein Schicksal.«

Es wird also Zeit, sich Ihrer Glaubenssätze bewusst zu werden. Welche haben sich bei Ihnen verinnerlicht und über die Jahre hinweg eingeschlichen? Sind Sie Raucher und glauben, Sie schaffen es ohnehin niemals, damit aufzuhören? Versuchen Sie seit Jahren abzunehmen, und sind Sie überzeugt davon, dass Sie den Weg nie zu Ende gehen werden? Hinterfragen Sie: Welche Glaubenssätze haben Sie, welche helfen Ihnen, Ihr Leben einfacher zu machen, welche schränken Sie ein, und wie können Sie sich von bremsenden Glaubenssätzen trennen? Ändern Sie bewusst Ihre Sicht auf die Dinge, beginnen Sie an kleinen Schrauben zu drehen. Schaffen Sie es in Ihren Augen beispielsweise nie, die Zeitung zu lesen, dann halten Sie sich von nun an jeden Tag fünfzehn Minuten im Terminkalender frei, um die Artikel zum Zeitgeschehen, die Sie interessieren, wirklich mal in voller Länge lesen zu können.

Auch ich habe oft den Satz gesagt: »Ich habe einfach nicht die Zeit, regelmäßig Sport zu machen.« Bis mir ein Freund, der Personal Trainer ist, einmal sagte: »Liebe Claudia, der Satz stimmt hinten und vorne nicht: Du nimmst dir lediglich nicht die Zeit, regelmäßig Sport zu machen. Denn der Tag hat 24 Stunden und nur du allein bestimmst, wofür du Zeit aufwenden willst, weil es dir wichtig genug ist.« Daraufhin habe ich mir dann Gedanken über meine eigene innere Überzeugung gemacht. Warum war ich davon überzeugt, dass ich Sport nicht auch noch in meinen vollen Terminkalender hineinquetschen kann? War ich einfach zu träge, hatte ich Angst, zu merken, wie unsportlich ich geworden bin, war mir anderes so viel wichtiger, oder fürchtete ich, ohnehin nicht langfristig durchhalten zu können?

Wenn es Ihnen ähnlich geht und Sie für sich den wirklichen Hintergrund einer Einstellung identifiziert haben –

beispielsweise den Gedanken, vor den ganzen durchtrainierten Bodybuildern nicht wie ein Schlaffi dastehen zu wollen –, dann suchen Sie sich eine andere Sportart, in der dieses Argument nicht mehr zählt. Wenn Ihr Glaubenssatz die Sorge ist, auf Dauer nicht durchzuhalten, dann denken Sie nicht langfristig, sondern kurzfristig. Diese eine Woche schaffe ich es, und danach sehe ich weiter. Und setzen Sie Prioritäten anders oder neu. Ich habe mir damals einen Personal Trainer genommen und für einen Monat im Voraus bereits für jede Woche zwei Termine festgelegt. Denn letztendlich fehlte es mir vor allem an Motivation und konsequenter Planung.

Dr. Joseph Murphy empfiehlt zur Nutzung der Macht Ihrer Gedanken: »Du gehst fest von einer Sache aus, die du erreichen, umsetzen oder besitzen möchtest, und visualisiert bereits vor deinem inneren Auge, wie dieser Zustand sein wird. Wie es sich anfühlt, aussieht, genau das erreicht zu haben, was du erreichen wolltest.« Genauso funktioniert es, die alten lästigen Glaubenssätze aufzubrechen und in positive umzuwandeln. Und die wiederum geben Ihnen Kraft, Energie und zeigen Ihnen neue Wege auf. Denn negative Glaubenssätze sind innere Saboteure. Schon Gandhi sagte: »Der Mensch ist das Produkt seiner Gedanken. Er ist und wird, was er denkt.«

Wie aber wandle ich meine negativen Glaubenssätze in positive um? Wenn Sie eine Präsentation halten müssen und in Ihrem Gehirn verankert ist, dass Sie schlecht vor Menschen sprechen können, sollten Sie zunächst ergründen, woher diese Einstellung kommt. Hinterfragen Sie, warum Sie glauben, vor anderen Menschen zu versagen. Gab es eine Präsentation, die danebengegangen ist, haben Sie einmal ein schlechtes Feedback bekommen, oder wurden Sie mal ausgelacht, als Sie in der Schule ein Referat gehalten haben? Dann erklären Sie sich selbst, dass das alles lange her ist und mit Ihrer nächsten Präsentation nichts zu tun hat. Vielleicht hatten Sie bei dem Vortrag vor der ganzen Klasse einen schlechten Tag, waren nicht gut vorbereitet, hatten die Nacht vorher durchgefeiert oder wollten sich sogar bewusst zum Klassenclown machen. Falls Sie immer an einer bestimmten Stelle ins Stocken kommen und Ihre Präsentation deshalb chaotisch wirkt, machen Sie sich, wenn es das nächste Mal ernst wird, kleine Karteikarten mit Stichpunkten. Somit werden Sie nie mehr in die Verlegenheit kommen, nicht mehr weiter zu wissen und der Glaubenssatz: »Ich bin nicht gut, weil ich immer an einem bestimmten Punkt nicht mehr weiter weiß«, ist von vornherein ausgehebelt.

Sagen Sie sich immer wieder, dass Ihr nächster Vortrag der beste wird, den Sie in Ihrem ganzen Leben je gehalten haben. Damit können Sie das Denkmuster ganz simpel ins Gegenteil drehen und sich umprogrammieren, zum Beispiel in diese Richtung: »Ich kann gut vor Menschen sprechen. Alle werden mich lieben. Ich werde überzeugen und charismatisch sein. Ich freue mich auf den nächsten Vortrag, den ich halten darf.« Sie werden zukünftig großartige Präsentationen halten und mit jedem Mal besser ankommen. Ihre Kommunikation wird authentisch, einnehmend und mitreißend sein. Ersetzen Sie die alten Einstellungen durch neue und geben Sie Ihrem Gehirn die Chance, sie zu verankern. Am besten täglich. Und jedes Mal wenn Sie an einem Spiegel vorbeikommen, sagen Sie sich: »Die Präsentation, die mir bevorsteht, das Gespräch, das vor mir liegt, haut mein Publikum, meinen Gesprächspartner von den Sitzen.« Vom aufmunternden Zulächeln über anerkennendes Schulterklopfen bis hin zu Standing Ovations sollte bereits alles in Ihrem Kopf in Bildern ablaufen. Das kann man auch wunderbar abends vor dem Einschlafen als Film vor seinem inneren Auge ablaufen lassen und zwar immer wieder. Es dauert eine ganze Zeit, sich umzuprogrammieren, aber es lohnt sich. Und wenn Sie etwas wirklich wollen, dann erreichen Sie das auch.

Wenn Sie Ihre Glaubenssätze ändern, müssen Sie ebenfalls Ihre Handlungsoptionen überprüfen. Erneuern Sie Ihre Gedanken, hat das auch unweigerlich Einfluss auf Ihr Tun. Nehmen wir mal an, Ihr Glaubenssatz lautet: »Es ist unglaublich schwierig, mit schwäbischen Geschäftspartnern faire Preise für gute Qualität zu erzielen.« Mit Sicherheit wird Sie das bei der nächsten Geschäftsbesprechung mit einem schwäbischen Unternehmen in Ihren Verhandlungen beeinflussen. Sie werden glauben, der Schwabe wird nicht kaufen, weil ihm der Preis zu hoch ist, und genau dieses Ergebnis werden Sie dann erzielen. Ändern Sie nun Ihren Glaubenssatz in: »Dieses Mal werde ich einen tollen Deal mit meinem Schwaben abschließen.« In diesem Fall sollten Sie sich bereits vorher überlegen, welche guten Argumente Sie für den höheren Preis Ihrer Produkte haben und wie Sie den Blick Ihres Kunden auf die bessere Qualität, den tollen Service und die perfekte Aftersales-Betreuung lenken können. Damit wird die Einstellung, mit der Sie ins Gespräch gehen, eine ganz andere sein. Sie wollen und werden den Geschäftspartner knacken, jetzt erst recht. »Wir schaffen es« wird somit durch Argumente, Angebote und Ideen unterfüttert. Sie brauchen diese Argumentationshilfen und Plan B, C oder D. Um gut vorbereitet zu sein, fragen Sie sich, wie Sie argumentieren wollen, wenn Ihr Verhandlungspartner dieses oder jenes auf Ihre Vorschläge entgegnet. Gute Argumente, akribische Vorbereitung und Ihre Überzeugung, sich durchzusetzen, stellen so gut wie sicher, dass Sie durch die Art, wie Sie wahrgenommen werden und auftreten, auch Erfolg haben.

Doch was haben Ihre Glaubenssätze mit Ihrer Kommunikation zu tun? Ich gebe Ihnen ein Beispiel: Bei einer Kick-off-Veranstaltung sollte die Leiterin einer IT-Abteilung das neu etablierte Projektbeurteilungssystem vorstellen und erklären. Dieses setzte auf intensiven Input der einzelnen Kollegen. Wichtige Inhalte der Veranstaltung waren also, den Kollegen klarzumachen, was sie zu tun haben, wann sie es fertiggestellt haben sollen und warum dieses Erfassungssystem für das Unternehmen so wichtig ist. Die Projektleiterin stellte das neue System mit den Worten vor: »Ich muss euch jetzt das neue Pbs vorstellen. Wie ihr wisst, will die Geschäftsleitung, dass wir zukünftig noch mehr Informationen unsererseits zu den einzelnen Projekten, Kunden, daran beteiligten Abteilungen und involvierten Mitarbeitern sammeln. Zum einen, um Synergien zu nutzen, zum anderen, um Projekte besser beurteilen und Aufgaben zuordnen zu können. Ich weiß, ihr habt eh genug zu tun, aber wir haben für euch extra Bögen entworfen, die ihr nebenbei mal eben so ausfüllen könnt, na ja, eher bis 31.7. ausfüllen müsst.« Ihre innere Einstellung trat so deutlich zutage, dass ich grinsen musste. Sie wollte, dass die Kollegen etwas in Angriff nehmen, bestenfalls unterstützen und gut finden, das sie selbst für völlig überflüssig und viel zu aufwendig hielt. Und genau das kam bei allen anderen auch so an. Was aber wird die Folge sein? Keiner wird die vorbereiteten Projektbeschreibungen ausfüllen und wenn, dann widerwillig und lückenhaft. Die Abteilungsleiterin aber wird letztendlich der Geschäftsleitung erklären müssen, warum der Rücklauf bei den vorbereiteten Erfassungsbögen so schlecht ist. Sie macht sich das Leben also selbst schwer.

Ihre inneren Überzeugungen sind für andere Menschen spürbar, auch wenn Ihnen das gar nicht bewusst ist. Überlegen Sie sich, was passiert, wenn in der Kommunikation Ihr Gegenüber Ihre Glaubenssätze spürt oder sogar auf dem Präsentierteller vorgesetzt bekommt. Bringt Sie das eher zum Ziel oder behindert es Sie? Die Abteilungsleiterin hätte sich fragen können, welchen Zweck die Geschäftsführung in dem neuen Beurteilungssystem sieht. Erleichtert es möglicherweise die Arbeit, hilft es, den Job besser zu machen und Mehraufwand zu vermeiden? Dann wäre sie möglicherweise ganz anders in die Präsentation hineingegangen, da sie sich selbst durch Argumente von der Sinnhaftigkeit des neuen Systems überzeugt hätte. Überarbeiten Sie Glaubenssätze und Einstellungen, die Ihnen das Leben schwer machen, drehen Sie sie ins Positive und nutzen Sie diese für Ihre Kommunikation. Der schöne Satz »love it, change it, leave it« aus einem Lied von Etta James bringt es auf den Punkt. Nur das, was wir selbst lieben oder zumindest als sinnvoll erachten, können wir anderen auch so vermitteln. Doch was, wenn wir etwas nicht lieben können? Wenn wir es einfach nicht schaffen, unseren Glaubenssatz ins Positive zu drehen? Wenn wir hinter einer uns aufgetragenen Aufgabe einfach nicht stehen können? Dann seien Sie ehrlich zu sich selbst und anderen. Geben Sie diese Aufgabe ab und überlassen Sie sie jemandem, der voll dahintersteht. Erklären Sie Ihrem Chef, der Chefin oder wem auch immer, warum Sie nicht gut wären, dieses Projekt zu vertreten und es anderen zu vermitteln.

Ein letzter wichtiger Aspekt in Bezug auf unsere Kommunikation ist zu wissen, welche Einstellung unser Gegenüber hat. Auf diese einzugehen oder diese gar zu entkräften, kann Ihnen sehr dabei helfen, zu überzeugen oder jemanden für sich zu gewinnen. Wenn Sie sich auf ein Gespräch vorbereiten möchten und Sie im Vorhinein wissen, welche Einstellungen Ihr Gegenüber hat, können Sie sich darauf vorbereiten und den Gesprächsverlauf darauf ausrichten.

Als ich für einen Technikkonzern eine Veranstaltung moderieren sollte, sagte mir meine Agentur direkt, der Konzern fände mich als Moderatorin wunderbar, sie seien sich aber nicht sicher, ob ich mich mit technischen Themen auskenne und den Inhalt authentisch vermitteln könne. Also habe ich im Vorgespräch mit einer kurzen Vorstellung meiner Person und dem Fokus auf alle techniklastigen Veranstaltungen begonnen, die ich bereits gemacht hatte. Meine Sprache war dem Fachjargon der Branche angepasst, und ich konnte mit Infos, die ich über das Unternehmen eingeholt hatte und die dort entwickelten Systeme, die ich selbst nutze, punkten. Den Job bekam ich sofort. Die Frage, ob ich der Fachtermini mächtig sei und Technik gut vermitteln könne, stellte sich so gar nicht mehr.

Da uns unsere Einstellungen oft gar nicht bewusst sind, hilft cs sehr, diese eindeutig zu identifizieren und auseinanderzusortieren. Nehmen Sie sich dazu einen Stift, schreiben Sie Ihre Glaubenssätze auf und formulieren Sie diese so:

- Mein Glaubenssatz lautet….
- Die Konsequenzen meines Glaubenssatzes sind…
- Meine neue Einstellung dazu ist…
- Wo macht mir dies das Leben zukünftig leichter?
- Was muss ich dafür ändern?

Sammeln Sie so viele dieser Einstellungen wie möglich. Auch die, die Sie weiterbringen! Sobald Sie das getan haben, werden Sie merken, wie viele davon in Ihnen zu völlig unterschiedlichen Themen existieren. Es wird ganz einfach für Sie sein, jeweils ein Gegenstück zu Ihren hinderlichen Glaubenssätzen zu finden, das Sie in sich verankern können. Sie werden sehen, wie bewusst positiv Sie in Zukunft auf Ihre Umgebung und andere Menschen zugehen können und wie diese das auch wahrnehmen. Und Sie werden merken, dass Sie wieder ein Stück an Ihrem Charisma gearbeitet haben. Mit Erfolg!

Mich für andere erwärmen: Emotionen und Empathie

Ihre Kommunikation und Ihre Wirkung werden ganz entscheidend dadurch beeinflusst, inwieweit Sie sich für andere erwärmen können und ob Sie in der Lage sind, Wärme oder Kälte anderer Menschen zu erspüren. Wie emotional sind Sie? Wie gut können Sie die Emotionalität Ihres Gesprächspartners aufgreifen? Bemerken Sie die Stimmungen anderer, und gelingt es Ihnen, auf diese angemessen zu reagieren? Und was ist eigentlich der Unterschied zwischen Empathie und Emotionalität?

Laut der Wikipedia-Definition bezeichnet Empathie »die Fähigkeit und Bereitschaft, Gedanken, Emotionen, Motive und Persönlichkeitsmerkmale einer anderen Person zu erkennen und zu verstehen«. Nach Paul Ekman, Anthropologe und Psychologe, handelt es sich bei Empathie »nicht um Emotionen, sondern lediglich um Reaktionen auf die Emotionen eines anderen Menschen«. Empathie ist also das wahrhafte Interesse am Gegenüber, an seinen Lebensumständen, Gefühlen, Motiven und seinem Antrieb. Übertragen auf dieses Element bedeutet es, dass Sie immer darauf achten müssen, ob Ihr eigenes Feuer genügend Wärme für Sie und Ihren Gesprächspartner abgibt.

Emotionalität hingegen wird meist definiert als »starker und komplexer Gefühlszustand, der bewusst wahrgenommen wird«. Hier geht es also um Ihre subjektiven Gefühle, um das, was Sie empfinden, wenn Sie mit jemandem kommunizieren, was Sie an Gefühlen auf Ihr Gegenüber transportieren und wie Sie den anderen emotional packen. Und natürlich, wie gefühlvoll Sie an Situationen herangehen. Im Hinblick auf dieses Element heißt das, dass Sie versuchen sollten, Ihren Gesprächspartner warm werden oder brennen zu lassen für das, was Sie ihm vermitteln möchten.

Im Zusammenspiel mit anderen Menschen ist Empathie für mich eine der wichtigsten Grundvoraussetzungen, respekt- und liebevoll miteinander umzugehen. Und leider aus eigener Erfahrung etwas, das immer seltener zu finden ist. Es ist sicher einfach zu verstehen, dass Sie in der Kommunikation mit Emotionalität und Empathie weiterkommen als ohne. Aber weder ist das allen bewusst, noch verfügt jeder in gleichem Maße über die Gabe, auf die Emotionen anderer Menschen reagieren zu können, auch wenn das sicher von Vorteil wäre. Wenn Sie wissen, wie sich Ihr Gegenüber fühlt, aus welchen Motiven und Beweggründen heraus er handelt, können Sie besser mit ihm umgehen. In der Werbung beispielsweise ist Empathie unerlässlich. Nur wenn Sie wissen, womit Sie den Kunden für ein Produkt zu begeistern vermögen, welche Bedürfniserfüllung Sie ihm versprechen müssen, welchen Bedarf Sie wecken sollten, können Sie Ihr Produkt zielgerichtet bewerben.

Einer Gruppe von Menschen wurde ein emotionaler Werbespot zu einer Popcornsorte gezeigt, die in Wirklichkeit gar nicht existiert. Einer anderen Gruppe wurde ein rein auf die Fakten reduzierter Clip vorgeführt, der eine Popcornsorte bewirbt, die tatsächlich auf dem Markt ist. Diejenigen, die die emotionale Werbung gesehen hatten, waren alle davon überzeugt, die Popcornsorte schon einmal gegessen zu haben. Die anderen hingegen konnten sich nicht daran erinnern, den wirklich existierenden Snack jemals probiert zu haben. Emotionen steuern also auch das Kaufverhalten.

Wenn Sie in der Lage sind, sich in die Gefühlswelt Ihres Gegenübers zu versetzen, dann können Sie Ihre Kommunikation darauf ausrichten. Die meisten Motive und Beweggründe eines Menschen sind nach außen hin nicht sofort und offensichtlich erkennbar, man kann sie aber durch Empathie herausbekommen. Kommunikation wird also nur dann funktionieren, wenn Sie Ihren Gesprächspartner nicht allein rational verstehen, sondern auch emotional auf ihn eingehen können.

Einerseits müssen Sie in der Kommunikation für gute Stimmung sorgen, andererseits sollten Sie sich auf die Stimmung des anderen einstellen und ihn dort abholen, wo er gerade emotional steht. Dabei könnte man meinen, dass Frauen empathischer sind als Männer, weil sie schon als Mütter die Gefühle ihrer Babys und Kleinkinder erahnen müssen. Doch meine Erfahrung hat gezeigt, dass Männer dem weiblichen Geschlecht in nichts nachstehen. Vielleicht sehen sie es nur hin und wieder als unmännlich an, zu ihren Gefühlen zu stehen oder zuzugeben, dass sie durchaus auch emotional in andere Menschen hineinsehen können. Nach einer Studie von Simon Baron-Cohen liegt der weibliche Empathiequotient im Schnitt meist ein wenig höher als der männliche. Der Test wurde entwickelt, um zu messen, wie leicht man die Gefühle anderer erfasst und wie sehr man diese Emotionen selbst nachempfindet. Diese Tests sind allerdings sehr umstritten, weil nicht feststeht, ob es wirklich um Empathiefähigkeit oder um die eigene Einschätzung dazu geht. Und da sehen sich Frauen deutlich weiter vorn als Männer.

Wichtig ist allerdings, zwischen Mitleid und Mitgefühl zu unterscheiden. Natürlich sollen Sie mitfühlen, wenn jemand aus Ihrem Umfeld oder der Angehörige Ihres Mitarbeiters erkrankt ist, keinesfalls aber sollten Sie mitleiden. Diese Abgrenzung ist sehr wichtig, denn mitzuleiden bringt weder Ihnen noch Ihrem Gesprächspartner etwas. Die Situation verstehen, sich vorstellen, was der andere dabei empfindet und für seine Lage Verständnis aufbringen, damit zeigen Sie, dass Sie mitfühlen – leiden mit dem anderen müssen Sie aber nicht. Und natürlich erwartet auch niemand von Ihnen, dass Sie in jeder Situation und jedem gegenüber gleich empathisch sind. Ein gewisses Maß an Empathie ist die Grundvoraussetzung für gute Kommunikation und sollte als Mittel eingesetzt werden, um ein Gespräch richtig lenken zu können.

In meinen Coachings versuche ich zuallererst immer, etwas über meinen Gesprächspartner zu erfahren. Wie er lebt, wie sein persönliches Umfeld aussieht, wie er sich gerade fühlt, aus welcher Motivation heraus er das Coaching macht, wo er sich selbst, seine Stärken und Schwächen sieht und was er ändern möchte. Erst dann kann ich auf meine Teilnehmer eingehen, sie verstehen und ihnen bei der Weiterentwicklung helfen.

Ich selbst habe einmal in einer Firma für ein Jahr das Marketing übernommen. Dabei ging es darum, Wetterdaten an Unternehmen zu verkaufen, die diese für ihre Produktions- oder Personalplanung brauchten. Solche Daten sind zum Beispiel wichtig für Unternehmen, die Getränke oder bestimmte saisonal abhängige Lebensmittel herstellen. Wenn es sehr warm wird, steigt der Absatz erwiesenermaßen nach dem zweiten warmen Tag an, daher ist es einerseits wichtig, genug Leerflaschenrücklauf zu haben, andererseits muss die Produktion bereits Tage vor der warmen Phase anlaufen, damit rechtzeitig ausreichend Getränke in den Verkauf gelangen können.

Auch beim Hausbau spielt das Wetter eine Rolle, um zu wissen, wie viel Zeit beispielsweise für das Austrocknen des Fundaments bleibt. Dachdecker benötigen ebenfalls Wetterdaten, wie Windgeschwindigkeiten und Regenmengen. Nach einiger Zeit im Marketing wurde ich dann zur Geschäftsführerin des Bereichs ernannt, in dem ich vorher lediglich Angestellte war. In den ersten Monaten war es für mich unglaublich schwierig, mich in die Rolle der Chefin einzuleben. Plötzlich musste ich meine Mitarbeiter, die vorher gleichberechtigte Kollegen waren, kritisieren, ihnen

Vorgaben machen und mit ihnen Soll-ist-Vergleiche durchführen. Während der Zeit, als ich noch nicht Chef war, hat mich die Motivation meiner Kollegen relativ wenig interessiert. Und es war mir auch egal, wie erfolgreich sie ihrer Aufgabe nachgingen, solange es mich nicht direkt betraf. Jetzt aber war ich plötzlich verantwortlich für das jeweilige Ergebnis der einzelnen Abteilungen.

An einen Fall erinnere ich mich dabei noch sehr gut. Einer der Kollegen schrieb eine Rundmail an alle, dass er sich am nächsten Freitag gerne einen freien Tag nehmen wolle und ob das für jeden in Ordnung sei. Innerlich kochte ich, da ich als Verantwortliche für das gesamte Team als Erste hätte gefragt werden müssen und auch für die gesamte Personalplanung zuständig war. Statt ihn direkt zurechtzuweisen, versetzte ich mich in seine Situation. Ich war erst seit drei Monaten seine Chefin, und er sah mich eher noch als Kollegin. Statt ihn zusammenzustauchen, bat ich ihn zum persönlichen Gespräch und fragte ihn, warum er nicht zuerst mit mir gesprochen habe, bevor er die Mail an das gesamte Team verschickte. Auch wenn ich verärgert war, ließ ich mir nichts anmerken. Denn als er vor mir stand, spürte ich, dass er überhaupt nicht darüber nachgedacht hatte, was er tat. Meinem Vorgänger war es vollkommen egal, wer wann kam und ging. Außerdem wusste ich über diesen Kollegen, dass seine Frau ernsthaft erkrankt war und er immer mal wieder ein paar Tage freinahm oder früher ging. Es war ihm also sicher unangenehm, erneut um einen freien Tag bitten zu müssen, insbesondere mich, die ich ja jetzt seine Vorgesetzte war. Außerdem war es ihm gar nicht so bewusst, was meine Hauptaufgabe war: nämlich das gesamte Team zu koordinieren und die Projekte so zu verteilen, dass sie auch in der erforderlichen Zeit erledigt werden konnten. Hinzu kam, dass ich im Gegensatz zum vorherigen Geschäftsführer deutlich mehr daran interessiert war,

Ordnung und Struktur in Aufgaben und Zuständigkeitsbereiche zu bringen.

In dieser Situation hat mir Empathie sehr dabei geholfen, mich in meinen Kollegen hineinversetzen zu können und ihn zu verstehen. Hätte ich ihn direkt angegangen und kritisiert, hätte er mich entweder anlügen oder vor mir quasi zu Kreuze kriechen müssen. Beides keine guten Voraussetzungen dafür, um auch in Zukunft, trotz seiner schwierigen Familiensituation, sein Bestes für die Firma zu geben. Ich habe mich also erkundigt, wie es seiner Frau geht und dabei unter anderem erfahren, dass sie jeden Mittwoch von ihm zum Arzt gebracht werden müsse. Daraufhin habe ich die wöchentliche Feedbacksitzung von Mittwoch auf Donnerstag verschoben. Er dachte, wenn er mir das gesagt hätte, hätte ich ihn für nicht mehr leistungsfähig und unzuverlässig gehalten. Intuitiv hätte ich ihn wohl zuerst einmal wegen der Mail an alle zurechtgewiesen. So aber habe ich mir vorher Gedanken gemacht, wie er sich wohl gerade fühlen muss und was ihn sonst noch so beschäftigt. Und genau das ist der Unterschied zwischen Empathie und Intuition. Laut Daniel Goleman ist Empathie eine Sache des Kopfes, Intuition hingegen eine des Herzens. Über Empathie sagt er: »… ability to understand the emotional make-up of other people …«, oder: »… ability to feel what the other person is feeling …«. Empathie ist also bewusst und überlegt, Intuition unbewusst und erspürt.

Die Frage »Wie geht es Dir?« reicht dabei allerdings alleine nicht aus. Wenn Sie es nicht schaffen, sich wirklich für den anderen zu interessieren, wird das Ihr Gegenüber immer spüren. Ein Geschäftsführer, der seine Mitarbeiter regelmäßig nach dem Wohlbefinden und den Familienverhältnissen befragt, aber nicht in der Lage ist, mit diesen zu fühlen und sich in ihre Situation zu versetzen, wird maximal als neugierig, jedoch keinesfalls als empathisch wahrgenommen. Empathie kann aber gerade einer Führungskraft dabei helfen, ein besseres Verhältnis zu Mitarbeitern und Angestellten aufzubauen.

Auch und gerade in einer Partnerschaft ist Empathie etwas extrem Wichtiges. Selten geht es bei der Klage »Nie bringst du den Müll runter!« darum, dass man immer mal wieder vergisst, den vollen Mülleimer mit nach draußen zu nehmen. Stattdessen dreht es sich womöglich um das grundsätzliche Desinteresse an gemeinsamen Aufgaben, um das Gefühl, nicht wahrgenommen zu werden, darum, dass gemeinsame Themen in der Partnerschaft immer an einem von beiden hängen bleiben. Wenn Sie wissen, wie Ihr Gegenüber tickt, können Sie sich das Leben einfacher machen, indem Sie Ihr Tun und Handeln darauf ausrichten. Wie fühlt der andere, wie denkt der andere und wie kann ich mir das selbst zunutze machen?

Wenn ein Kind mit Beziehungsproblemen zu seinem Vater kommt, wird dieser zuallererst versuchen, sich in sein Kind hineinzuversetzen. Und genau diesen empathischen Weg sollten Sie bei all Ihren persönlichen Beziehungen und Begegnungen wählen. Hören Sie genau hin, wenn Ihr Gesprächspartner mit Ihnen spricht: Ist seine Stimme anders, nutzt er immer wieder Wörter wie »vielleicht« oder »möglicherweise«, dann können Sie daraus schließen, dass er unsicher ist. Und wenn er so fühlt, sollten Sie sich fragen, warum es so ist und wie Sie ihm diese Unsicherheit nehmen können.

Ich möchte Ihnen ein Beispiel geben: Ein erfolgreiches Maschinenbauunternehmen hat zwei schwierige Jahre hinter sich. Im vierten Quartal des letzten Jahres aber zogen die Bestellungen endlich wieder kräftig an. Alle Mitarbeiter haben gearbeitet bis zum Umfallen, doch es ist immer noch nicht sicher, ob das Unternehmen in Zukunft auf dem Markt bestehen kann. Der Geschäftsführer kann nun auf zwei verschiedene Arten erläutern, wohin sich die Firma im nächsten Jahr entwickeln soll. Sachlich rational mit allen Zahlen, Daten und Fakten oder emotional und die Gefühle der Mitarbeiter ansprechend, was eindeutig die bessere Wahl wäre. Er sollte die Menschen emotional packen, sie an der Stelle abholen, an der sie gerade etwas belastet. Die Mitarbeiter müssen spüren, dass er genau weiß, wie hart das Jahr war und was geleistet wurde. Dass viele an ihre Grenze gegangen sind und wie toll es ist, wenn alle zusammenstehen. Und dass das nächste Jahr großartig werden kann, wenn alle an einem Strang ziehen und die Firma wieder dahin bringen wollen, wo sie vor Jahren stand. Damit spricht er die Schwächen der Firma an, gibt seinen Mitarbeitern aber gleichzeitig das Gefühl, genau zu wissen, was sie geleistet haben. Er zeigt ihnen, dass alle im selben Boot sitzen, jeder sein Bestes gegeben hat und macht schlussendlich Hoffnung auf ein besseres, erfolgreicheres und entspannteres Jahr.

Emotionen sind Stimmungen, die erheblichen Einfluss auf die Kommunikation haben. Mein Kollege Andreas Bornhäußer zitiert in seinen Vorträgen immer den Satz: »Je besser die Stimmung, desto größer die Zustimmung.« Und ich kann das nur voll und ganz bestätigen. Ganz viele Präsentationen und viele Gespräche werden mit dem Satz begonnen: »Hallo, herzlich willkommen.« Darauf folgt dann die Problemstellung, die dem Gegenüber, egal ob es eine Gruppe oder eine Einzelperson ist, praktisch direkt vor die Füße geworfen wird. Warum verweisen Sie nicht zuallererst auf die Zukunft, darauf, wie es sein wird, wenn man das Problem gemeinsam gelöst haben wird? So würden Sie beim Publikum automatisch eine viel bessere, positivere Stimmung erzeugen.

Bei mir lag letzte Woche ein Flyer mit folgendem Inhalt im Briefkasten: »Unser Internet ist viel zu langsam, weshalb sich jetzt alle für Glasfasernetz entscheiden sollten. Dazu braucht es fünfhundert Unterschriften von Ihnen, liebe Mitbürgerinnen und Mitbürger. Machen Sie alle mit, dann können Sie in Zukunft von günstigeren Konditionen und einem deutlich schnellerem Netz profitieren.« Warum erklärt man dem Adressaten nicht gleich am Anfang den Nutzen dieser ganzen Aktion. Zum Beispiel folgendermaßen: »Fünfmal schnelleres Internet, stabile Verbindungen und in Zukunft nie mehr endlos langes Hochladen. Filme herunterladen, Seiten in Blitzgeschwindigkeit öffnen, Musik downloaden in einem Wimpernschlag. Das alles können Sie haben, wir brauchen dazu nur fünfhundert Mitmacher, die die einmalige Chance nutzen, zu günstigen Konditionen am Glasfasernetz teilzunehmen.« Verkaufen Sie das Positive gleich am Anfang, sprechen Sie die Sehnsüchte der Menschen an, sagen Sie das, was Sie verbessern wollen klipp und klar. Ziehen Sie Ihr Gegenüber nicht zu Beginn erst einmal damit herunter, indem Sie ihm mitteilen, was alles noch nicht funktioniert.

Wenn Sie zu einem Gespräch mit Ihrem Chef gehen, können Sie damit starten, was gerade alles nicht läuft und ihm dann erklären, wo Sie hinmöchten. Oder Sie erzählen ihm zu Beginn des Gesprächs Ihre Zukunftsvision, wie Sie diese verwirklichen wollen und was Sie dazu brauchen. Was glauben Sie, wirkt sich auf die Stimmung Ihres Vorgesetzten positiver aus?

Sehr hilfreich ist es auch immer, Vergleiche heranzuziehen und eine bildhafte Sprache einzusetzen. Dazu aber mehr in einem späteren Kapitel. Nervt Sie in Ihrer Beziehung beispielsweise das Putzen, das immer an Ihnen hängen bleibt? Und gibt es jedes Mal Streit, weil Sie sich am Wochenende viele Stunden erst einmal mit Saubermachen und Aufräumen abmühen müssen? Drehen Sie den Spieß doch einfach mal um: Sagen Sie Ihrem Partner, wie schön es wäre, am Samstag auszuschlafen, danach durch die Stadt zu bummeln und abends gemütlich zu kochen. Wenn Sie beide täglich ein bisschen aufräumen oder putzen würden, ließe sich das leicht verwirklichen. Oder beginnen Sie die nächste Sitzung, in der die Marschrichtung für das kommende Jahr festgelegt werden soll, mit dem Ergebnis, das Sie am Ende erreicht haben wollen. Ihre Mitarbeiter sollen sich vorstellen, wie in zwölf Monaten der Neubau der Firma aussehen wird, wie drei Key-Account-Kunden ihre Bestellmengen nochmals um 30 Prozent erhöht haben und alle mit stolz geschwellter Brust beieinanderstehen. Damit erschaffen sie motivierende Bilder und lösen sofort positive Emotionen aus.

Vorbedingung für Emotionalität und Empathie ist die Selbstliebe. Nur wenn Sie über sich selbst Bescheid wissen, wenn Sie Ihre Stärken kennen und diese einzusetzen wissen, wenn Sie mit Ihren Schwächen umgehen können, sich selbst lieben und sich so akzeptieren, wie Sie sind, sind Sie auch in der Lage, anderen mit Empathie und Emotionalität zu begegnen. Wenn Sie als Manager mit Ihren Leistungen, mit sich selbst und Ihrer Person im Unreinen sind, wird es Ihnen sehr schwerfallen, Ihre Mitarbeiter und Kollegen emotional zu erkennen, auf sie einzugehen und sie zu motivieren. Denn nur, wenn Sie selbst über Ihre Gefühle und Befindlichkeiten Bescheid wissen, sind Sie in der Lage, sie auch bei anderen zu erkennen. Und wenn Sie wissen, dass Sie emotional mit ganz bestimmten Themen zu packen sind, können Sie im Gespräch auch sofort eingreifen, wenn Sie merken, dass das jemand zu Ihrem Schaden ausnutzen möchte. Kommen Sie beispielsweise im Job häufig zu spät und der Chef will Ihnen deshalb keine Gehaltserhöhung geben, so haben Sie die Möglichkeit, rechtzeitig über Ihre Stärken nachzudenken und diese argumentativ anzubringen, um Vorwürfe wegen des Zuspätkommens damit zu entkräften.

Wie können Sie Empathie und Emotionalität trainieren? Hören Sie anderen Menschen zu, entwickeln Sie ein wirkliches Interesse an ihnen. Seien Sie achtsam! Im letzten Kapitel ging es um die Achtsamkeit mit Fokus auf Sie selbst, doch damit trainieren Sie auch die Wahrnehmung für und den Blick auf andere Menschen. Fragen Sie viel nach, erkundigen Sie sich bei Ihrem Gegenüber, wie es ihm geht und warum es ihm so geht, wie er Dinge tut und warum er sie so tut. Achten Sie in Gesprächen darauf, wer was in welcher Tonlage, mit welcher Vehemenz zu einem Thema beiträgt oder auch nicht. Überlegen Sie sich, welche Motivation dahintersteckt. Konzentrieren Sie sich auf Schwingungen, die auf emotionaler Basis ausgesendet werden. Und beginnen Sie Ihre Gespräche mit dem Best Case und nicht mit dem, was aktuell noch nicht stimmt. So erwärmen Sie sich für andere und andere für sich. Und dann kann nichts mehr schiefgehen!

Bei mir bleibt die Flamme fest im Blick: Fokussierung

Haben Sie Folgendes selbst schon einmal erlebt? Sie sprechen mit jemandem, es geht Ihnen um ein wichtiges Anliegen, und Sie bemerken, dass er Ihnen gar nicht richtig zuhört und nebenbei tausend andere Dinge erledigt. Er ist nicht wirklich bei Ihnen, und bei jedem vierten Gedanken müssen Sie neu ansetzen.

Oder haben Sie schon mal mit einer jungen Mutter telefoniert, die nebenbei ihre Kinder füttert, zurechtweist, erzieht und Katastrophen verhindert? Mir ist das bei einer guten Freundin öfter so gegangen, und meistens war das Gespräch nach fünf Minuten beendet, weil es mir einfach zu anstrengend war und sowieso kein wirklicher Austausch zustande kam.

Wie oft kommunizieren Sie aber auch selbst und sind dabei alles andere als auf Ihren Gesprächspartner fokussiert? Das Handy, auf das Sie nebenbei schauen oder die Passanten, die Sie im Vorbeilaufen beobachten, sind interessanter als das aktuelle Gespräch. Man könnte auf den Gedanken kommen, dass es sich in einem solchen Fall um Desinteresse handelt. Oft ist es aber eher Gedankenlosigkeit, der Wunsch, auf allen Hochzeiten gleichzeitig zu tanzen, nur ja nichts zu verpassen, und vielleicht auch mangelnder Respekt. Sie fokussieren sich nicht auf das Wesentliche, nämlich Ihren Gesprächspartner, den Redner auf der Bühne oder den Partner, sondern lassen sich ablenken. Fokussieren bedeutet »scharfstellen«, »bündeln« und stammt vom lateinischen »focus« ab, was so viel bedeutet wie »Feuerstätte, Herd, Heimstätte«, womit wir wieder wunderbar bei unserem Element Feuer wären.

Fokussieren steht laut Definition außerdem für die Bündelung von Strahlen. In der Optik und der Fotografie bezieht es sich auf die Entfernungseinstellung und im übertragenen Sinn ist es die Konzentration auf eine Tätigkeit oder einen Gedanken. Genau dies wird in der Kommunikation gefordert: die Fokussierung auf Ihr Gegenüber. Je weniger konzentriert Sie sind, desto größer ist die Entfernung zu Ihrem Kommunikationspartner und zum Thema, um das es geht.

Stellen Sie sich vor, Sie sprechen mit Ihrem Chef über eine Gehaltserhöhung. Ihr Vorgesetzter tippt zwischendurch immer mal wieder auf seinem Computer herum mit dem Hinweis, er müsse eben noch kurz eine wichtige E-Mail beantworten. Und er spricht immer mal wieder mit seiner Sekretärin, die ihn auf einen anstehenden Termin oder irgendetwas anderes hinweist. Ein katastrophales Verhalten, das Sie wahrscheinlich völlig aus dem Konzept bringen wird und wodurch Sie sich wohl nicht besonders ernst genommen fühlen und vielleicht auch ein wenig an sich selbst zweifeln werden.

Bei einem ersten Date hingegen, für mich das Paradebeispiel einer überlegten und zielgerichteten Kommunikation, handeln Sie meistens instinktiv richtig. Sie haben den Mann oder die Frau Ihres Lebens getroffen, sind zum ersten Mal zum Essen verabredet und sitzen Ihrem Schwarm gegenüber: was für tolle Augen, was für ein sinnlicher Mund und dieses süße Grübchen am Kinn. Sie hängen an ihren/seinen Lippen, folgen jedem Wort hochkonzentriert, fragen nach und hinterfragen. Niemals würden Sie auf die Idee kommen, so hoffe ich zumindest, jetzt nebenbei E-Mails zu checken, die Geschichte des Restaurants in der Speisekarte nachzulesen oder einen Small Talk mit dem Kellner zu halten. Wie einfach wäre Kommunikation, wenn Sie immer so konzentriert ablaufen würde.

Doch in der heutigen Zeit verlernen wir leider immer mehr, uns auf etwas zu fokussieren. Die Schnelllebigkeit, das elektronische Überangebot und die neuen Medien führen zu einer unendlichen Anzahl von Ablenkungen, die uns überhaupt nicht guttun. Wir wollen immer und auf allen Kanälen senden und empfangen. Nur schwer können wir uns Themen sequenziell widmen und dann auch eine Weile dabeibleiben. Selbst in Sitzungen gibt es den klassischen Handytypen, der höchstwahrscheinlich gerade wichtige unternehmensentscheidende Infos erhält, die er sofort beantworten muss. Oder vielleicht spielt er doch gerade ein Spiel, weil ihn das Thema und auch der Vortrag sowieso nicht interessieren. Das ist eine unglaubliche Respektlosigkeit demjenigen gegenüber, der den Vortrag hält. Dabei ist Respekt eine der wichtigsten Voraussetzungen für den Umgang miteinander. Nur wenn Sie jemanden respektvoll behandeln, wird er Ihnen auf gleiche Weise begegnen.

Ganz oft höre ich bei Coaching-Seminaren, bei denen ich Handys außerhalb der Pausen strikt verbiete, dass das doch alles kein Problem sei, da man schließlich multitaskingfähig sei. Tolles Wort – tolle Vorstellung – nur totaler Quatsch! Unser Gehirn ist gar nicht in der Lage, verschiedene Dinge gleichzeitig in derselben Qualität auszuführen, als ob man diese nacheinander erledigt. Außerdem ist erwiesen, dass sich die Reaktionsfähigkeit beim Multitasking verringert. Nicht umsonst ist das Telefonieren beim Autofahren verboten. Und selbst das Telefonieren mit Freisprechanlage setzt die Reaktionsfähigkeit und vor allem auch die Konzentrationsfähigkeit deutlich herab. US-Forscher der Universität Utah haben Versuchspersonen am Steuer eines Fahrsimulators erst mit dem Handy telefonieren und in einem weiteren Test eine SMS verfassen lassen. Das Ergebnis war beängstigend, denn die Leistungsfähigkeit der Probanden sank nicht nur um 40 Prozent, sondern gleichzeitig stieg deren Stresswert noch drastisch an. Die Fehlerquote war genauso hoch wie die betrunkener Autofahrer mit einem Promillewert von 0,8! Französische Wissenschaftler haben nachgewiesen, dass es neurobiologisch gesehen Multitasking gar nicht gibt. Das Gehirn kann sich lediglich auf maximal zwei Dinge gleichzeitig konzentrieren. Und dann springt es so angestrengt zwischen beiden Aufgaben hin und her, dass für beide bloß die Hälfte der Aufmerksamkeit bleibt. Multitasking führt also vielleicht zu einem schnelleren Ergebnis, aber auf keinen Fall zu einem gleich guten.

Es würde uns allen extrem helfen, wieder Singletasking zu lernen und vielleicht nicht ganz so viele Dinge nacheinander, dafür richtig gut zu machen als ganz viele Dinge zusammen, aber eben nur so nebenbei. Sie können Ihrem Partner oder Ihrer Partnerin nicht die volle Aufmerksamkeit schenken, wenn Sie nebenbei an das unangenehme Gespräch mit dem Kollegen am Nachmittag denken. Sie können Ihrem Partner auch nicht respektvoll und interessiert folgen, wenn Sie zwischendurch alle fünf Minuten etwas anderes tun. Und sagen Sie anderen ehrlich, wenn Sie das

Gefühl haben, dass diese sich nicht auf Sie konzentrieren. Kinder sind dafür das beste Beispiel. Wenn man mit ihnen am Boden sitzt und halbherzig spielt, hört man schnell ein »Jetzt spiel doch mal richtig«.

Werden Sie sich dessen bewusst, wie oft Sie nicht scharf gestellt sind. Nein, es geht hier nicht um den heißen Liebhaber oder die Liebhaberin, sondern um die volle Konzentration auf das, was Sie gerade tun, oder auf den Gesprächspartner, der Ihnen gerade gegenübersitzt.

Hand aufs Herz: Wie oft versuchen Sie, im Alltag multitaskingfähig zu sein? Beobachten Sie sich einfach mal selbst, wenn Ihre Frau abends nach Hause kommt und Ihnen von ihrem schwierigen Tag erzählen will, während Sie nebenbei die Zeitung lesen. Oder sind Sie jemand, der in einem Seminar oder einer Besprechung mit seinem Handy SMS beantwortet, während vorne ein Kollege einen Vortrag hält? Finden Sie heraus, warum Sie sich in gewissen Situationen nicht auf etwas einlassen können oder möchten. Schalten Sie alle Ablenkungen aus: Telefon weg, Tablet weg, das Durcheinander auf dem Schreibtisch erst einmal aufräumen, die Zeitung zur Seite legen. Suchen Sie Augenkontakt zu Ihrem Gegenüber, schaffen Sie die Umgebung, die Ihnen dabei hilft, sich ganz auf etwas einzulassen. Führen Sie Ihre nächsten Telefonate einmal, ohne nebenbei irgendetwas anderes zu tun, und stellen Sie sich Ihr Gegenüber dabei genau vor: wo er gerade sitzt, wie er dasitzt und wenn Sie ihn kennen, wie er dabei aussieht. Konzentrieren Sie sich darauf, wie Sie wirken. Lächeln Sie bewusst, wenn es sich anbietet, und spielen Sie mit Ihrer Stimmlage und Sprechgeschwindigkeit.

Wenn Sie wissen, dass Ihr Kunde immer in einem vollkommen chaotischen Büro mit übervollem Schreibtisch und klingelnden Telefonen mit Ihnen verhandelt, bitten Sie darum, das Gespräch das nächste Mal im Besprechungsraum stattfinden zu lassen. Greifen Sie während der Unterhaltung Worte oder Themen auf, die Ihr Gegenüber anspricht, und wiederholen Sie diese. Führen Sie wichtige Telefonate VOR einer solchen Begegnung. Falls dies nicht möglich ist, legen Sie eine Pause fest, wenn eine wichtige und unaufschiebbare Nachricht zu erwarten ist, sodass Sie ausreichend Zeit haben, diese in der Pause konzentriert und fokussiert zu beantworten. Insgesamt geht es darum, die Konzentration wieder zu stärken, das heißt, in jeder Lebenssituation einfach mal zu probieren, Dinge jeweils hintereinander und mit voller Hingabe zu erledigen.

Ich höre jetzt schon den Aufschrei der gestressten Manager: »Mein Tag ist sowieso vierzehn Stunden lang, wie soll ich denn um Gottes willen all das, was ich jetzt schon gemultitaskt nicht schaffe, hintereinander abarbeiten können?« Wahrscheinlich schaffen Sie sogar deutlich mehr, wenn Sie nicht versuchen, alles gleichzeitig irgendwie auf die Reihe zu bekommen. Und müssen wirklich jede Nachricht und jeder Kommentar sofort und überhaupt von Ihnen beantwortet oder kommentiert werden?

In einer Studie mussten dreihundert Testpersonen Fragen am Computer beantworten. Immer wieder wurden sie durch maximal drei Sekunden lange Geräusche wie das Eingehen einer SMS, das Piepen des Telefons, das Summen des Vibrationsalarms gestört. Das Ergebnis waren eine deutlich schlechtere Konzentration und doppelt so viele Fehler wie in der Kontrollgruppe, die nicht gestört wurde. Wenn Sie Fokussierung als Konzentration von Energie verstehen, dann sollten Ihnen jedes Gespräch und jede Art von Kommunikation so wichtig sein, dass Sie Ihre Energien zumindest für die Zeit des Austauschs oder der Mitteilung voll und ganz auf Ihr Gegenüber richten.

Was man alles erreichen kann, wenn man seine Energie bündelt, habe ich selbst 2005 in der ARD-Fernsehshow

Einfach Millionär, moderiert von Frank Elstner, erfahren. In der Show wetteten einzelne Kandidaten auf Prominente, ob diese es schaffen, eine bestimmte Aufgabe zu bewältigen. Es ging um eine Million Euro. Meine Aufgabe war es, mit der Handkante Dachziegel zu zerschlagen. Ich bekam dafür gerade einmal einen Tag Training in einem Karatestudio in Hamburg. So wirklich geglaubt habe ich an mich anfangs nicht. Doch das Vertrauen der anderen in mich, es auch mit wenig Vorlauf schaffen zu können, überzeugte mich davon mitzumachen. Irgendwie würde ich das schon schaffen. Der Trainer, Extremcoach Joe Alexander, ein sensationeller Mensch, sagte mir, dass das Rezept sehr einfach sei: Ich müsse nur meine komplette Energie, mein gesamtes Denken und sämtliche Konzentration in meine Handkante legen und an den Erfolg glauben. Im Training schaffte ich sechs Ziegel übereinanderliegend zu zerschlagen und war sogar nach zehn Stunden so weit, dass der Karatemeister mit seinen bestimmt 90 Kilo auf meinen angespannten Bauch springen konnte. Da ich so viel Energie und Kraft in meinen Bauchmuskeln konzentrieren konnte, fühlte es sich an, als ob er bloß 10 Kilo schwer wäre. In der Sendung bestand meine Aufgabe darin, acht Ziegel mit einem Schlag zu treffen und zu zerschlagen. Frank Elstner fragte mich aber fünf Minuten vor meinem Auftritt, ob ich mir auch zehn zutrauen würde. Ich konnte nicht ablehnen, sagte zu und schaffte es tatsächlich. Allein durch den Glauben an mich, reine Konzentration und gebündelte Energie! Zwar hatte ich zehn Tage lang blaue Flecken an den Handkanten, doch das war es wert. Und wann immer ich jetzt an mir zweifele oder unkonzentriert an Dinge herangehe, erinnere ich mich an diese Sendung und meinen Lehrmeister. Drei dieser zerschlagenen Ziegel stehen heute noch in meinem Büro als Ermahnung und Motivation.

Charisma hat also viel mit der Hinwendung zu einer Person oder Sache zu tun. Durch Fokussierung auf das, worum es Ihnen geht, wird Ihre Wirkung eine viel intensivere sein, als wenn Sie während eines Gesprächs noch nebenbei vier andere Sachen erledigen. Mit der Fokussierung kommen Sie von »mit irgendwem über irgendwas« zu »mit genau dieser Person über genau dieses Thema«. Wenn Sie von der Beliebigkeit weg- und hin zu einer Konzentration auf Ihr Gegenüber kommen, haben Sie mit Ihrer dadurch entstehenden Wirkung bereits ein bombenfestes Fundament für eine erfolgreiche Kommunikation gelegt. Denn auch Ihr Gesprächspartner muss sich jetzt ganz auf Sie konzentrieren. Damit halten Sie das Feuer am Lodern, nämlich die ganze Aufmerksamkeit auf Ihre Person. Sie werden ernst genommen und erreichen vielleicht sogar, dass Ihre Umgebung erstaunt sein wird, weil Sie eine der wenigen Personen sein werden, die voll und ganz bei der Sache ist.

6

Immer schön auf der Erde bleiben

> »Die Erde ist ein Paradies,
> zu dem wir aber den Schlüssel
> verloren haben.«
> – FJODOR MICHAILOWITSCH
> DOSTOJEWSKIJ

Stellen Sie sich ein goldenes Weizenfeld unter blauem Himmel vor. Einen Baum voller großer roter Äpfel. Den Kölner Dom mit Schnee bedeckt. Welche Jahreszeit herrscht jeweils? Diese Kurzbeschreibung genügt, und Ihnen ist sofort klar, dass diese Bilder zu einem ganz bestimmten Monat oder zu einer ganz bestimmten Jahreszeit gehören. Genauso erzeugen Sie in Gesprächen oder Vorträgen ein Bild bei Ihrem Gegenüber, ohne auch nur ein Wort gesagt zu haben. Der erste Eindruck bleibt, Sie wirken schon in dem Moment, in dem Sie in Erscheinung treten. Ihre Kleidung, Ihre körperliche und räumliche Präsenz, Ihre Gestik und Mimik legen den Grundstock für Ihre Wirkung. Selbst wortlos strahlen Sie bereits sehr viel aus.

Ein Chamäleon passt sich mit seiner Farbe, seiner Haltung und Körpertemperatur zu hundert Prozent seiner Umgebung an, um Insekten zu jagen. Sie hingegen sind auf der Jagd nach einem guten Job, einem erfolgreichen Gespräch oder einer ganz besonderen Wirkung auf Ihr Gegenüber oder Ihre Zuhörer. Die äußere *Erscheinung* öffnet Türen oder schließt sie. Eine zerrissene Jeans beim Vorstellungsgespräch in einer Bank oder Versicherung wäre ähnlich deplatziert wie ein Flamingo in der Wüste.

Auch die Körperhaltung gibt Ihrem Gegenüber bereits sehr viele Informationen über Sie. Es ist wichtig, sich dessen immer bewusst zu sein. Allein durch die Haltung Ihrer Schultern können Sie verklemmt, schüchtern und ängstlich wirken oder selbstbewusst, kraftvoll und stark. Die Art und Weise, wie Sie Ihre Körperlichkeit einsetzen, drückt manchmal deutlicher aus, was Sie denken oder fühlen, als das gesprochene Wort. Und Menschen, die man wahrnimmt, wenn sie den Raum betreten, ohne dass man sie gesehen hat, verfügen über eine besondere *räumliche Präsenz*. Sie wirken wie ein Fels in der Brandung.

Jeder kennt den Ausspruch: ein Mensch mit zwei Gesichtern. Die Muskeln Ihres Gesichts zeigen Ihrem Gegenüber weit mehr als nur zwei Gesichter und lassen schon sehr viel über Ihr seelisches und geistiges Befinden erkennen. Auch folgende Redewendung wird Ihnen geläufig sein: Ein Blick sagt mehr als tausend Worte. Aber nicht allein der Blick, sondern auch die gehobene Augenbraue, die verzogenen Mundwinkel oder die gerunzelte Stirn. Wenngleich das Spiel mit der Oberfläche oft unbewusst erfolgt, Ihre *Mimik* gibt Aufschluss über sehr viel tiefer liegende Emotionen. Und Sie wirken damit ganz außerordentlich auf Ihr Gegenüber.

Zu Zeiten Charly Chaplins war *Gestik* neben der Mimik die einzige Möglichkeit, Inhalte zu vermitteln und Gefühle, Gedanken und die gesamte Handlung eines Films auszudrücken. Sprache gab es ja beim Stummfilm noch nicht. Gesten sind für die nonverbale Kommunikation aber noch heute unerlässlich. Auch wenn Sie hauptsächlich die Sprache als Kommunikationsmittel benutzen, vergessen Sie nie, wie wichtig Ihre Körpersprache ist. Bewegungen Ihrer Arme und Hände sowie Ihres Kopfes können Aussagen Ihrer Worte unterstützen, begleiten oder sogar ersetzen. Greifen Sie mit Ihrer Gestik nach den Sternen!

Da Ihre räumliche Präsenz, Ihre Mimik, Ihre Gestik und Ihre gesamte Erscheinung für andere deutlich sichtbar sind, bilden sie wichtige Pfeiler Ihrer Wirkung und Ihres Charismas. Wie die Erde, auf der wir stehen!

Vom Flamingo in der Wüste: Erscheinung

Wir kaufen Wein nach dem Etikett, Bücher nach dem Cover und dabei oft die Katze im Sack. Und genauso beurteilen wir andere Menschen nach ihrem Äußeren, schieben sie in eine Schublade, bevor wir sie überhaupt kennengelernt haben. Da macht es keinen Unterschied, ob es sich um eine Person oder einen Gegenstand handelt. Zu schrill gekleidet? Dann muss es ein extrovertierter Typ sein, der auf Teufel komm raus auffallen will. Sie ist kaum geschminkt und trägt unauffällige Grautöne? Dann wird sie unsicher und schüchtern sein. Eine graue Maus eben. Das mag man jetzt gut oder nicht gut finden, wirklich davor gefeit aber ist niemand. Erst recht nicht beim ersten Eindruck, denn da spielt die äußere Erscheinung eine immens große Rolle.

Vereinfacht kann man uns alle in zwei Grundtypen einteilen: Es gibt diejenigen, die versuchen, sich durch ihr Äußeres von der Masse abzuheben, und solche, die dazugehören wollen und sich in ihrer Erscheinung unterordnen beziehungsweise angleichen. Das Individualisieren erscheint den Menschen in der heutigen Zeit immer wichtiger. Piercings, Tattoos oder eine wilde Frisur sollen zeigen, dass man nicht mit der Masse schwimmt und eine selbstbewusste, eigenständige Person ist. Oft wird dabei aber gar nicht bemerkt, dass man auch hiermit zum Mainstream gehört, denn möglicherweise sind solch optische Akzente mittlerweile längst Normalität. Während Tattoos beispielsweise früher eine Seltenheit waren, tragen heute bereits acht Millionen Deutsche welche auf ihrem Körper.

Den meisten von Ihnen wird also bewusst sein, dass Sie allein durch Ihre Erscheinung wirken und dass das Optische auch ein Ausdruck Ihrer Persönlichkeit ist. Im Privaten setzen Sie dieses Stilmittel sicher hin und wieder bewusst ein und Sie sind sich im Klaren darüber, wie Sie durch Ihr Äußeres wirken. Sind Sie auf einer Party eingeladen, werden Sie sich überlegen, was die anderen wohl tragen und ob Sie sich angleichen oder herausstechen wollen. Underdressed oder overdressed werden Sie sich vielleicht unwohl fühlen, außer Sie haben sich bewusst dazu entschieden, auf irgendeine Weise auffallen zu wollen. In ganz vielen Bereichen, die Ihr berufliches Leben betreffen, werden Sie sich wahrscheinlich nicht so viele Gedanken über Ihr Äußeres machen – außer vielleicht, ein Bewerbungsgespräch steht an. Tagtäglich gehen Sie Ihrem Job nach, und ich wette, die wenigsten von Ihnen überlegen ständig neu, welche Aufgaben vor Ihnen liegen, welche Termine Sie wahrnehmen müssen, welche Menschen Ihnen begegnen werden und wie Sie diese Situationen mit Ihrer äußeren Erscheinung unterstreichen wollen.

Für gewisse Berufe gibt es zwar Regeln und Vorschriften hinsichtlich der Kleidung, und trotzdem können Sie auch dort mit Ihrer Optik völlig danebenliegen. Als ich vor vielen Jahren meinen ersten Job in einer Bank antrat, war klar, dass Männer einen Anzug oder Hose und Sakko mit Krawatte tragen müssen und Frauen einen Hosenanzug oder ein Kostüm. Es handelte sich um ein traditionelles Kreditinstitut, und niemand wäre nur im Traum auf die Idee gekommen, in Jeans oder bunt und grell gekleidet aufzutauchen. Auch ich hielt mich natürlich eisern an diese Regel. Doch dann wurde ich in eine Zweigstelle versetzt, die sich in der Großmarkthalle in Köln befand. Es war eine Bankfiliale mit sieben Mitarbeitern, der ich als Azubi zugewiesen wurde. Die Marktleute um uns herum begannen jeden Tag um 4 Uhr morgens mit Ihrer Arbeit, die darin bestand, Fisch auszunehmen, Obstkisten zu schleppen oder hinter der Fleischtheke zu stehen. In Kostüm oder Hosenanzug bin ich erst einmal aufgefallen wie ein bunter Hund. Zumal ich immer noch wenigstens ein bisschen aus der Reihe tanzen wollte und das Kostüm durchaus mal apricotfarben oder orange war, die Hose des Anzugs Schlag hatte oder meine Schuhe einen besonderen Akzent setzten. Deshalb missachtete ich in der neuen Geschäftsstelle die goldene Dresscode-Regel für Bankangestellte und kleidete mich wesentlich bodenständiger, schlichter und reduzierter. Auch mein Filialleiter hatte sich dem angepasst, denn er trug statt Anzug lieber eine Stoffhose mit Sakko und selten Krawatte. Ein Bank-Outfit sollte normalerweise Zurückhaltung demonstrieren, denn sein Träger möchte konservativ, souverän und vertrauenswürdig wirken. Die Kundschaft im Großmarkt aber hätte uns im klassischen Kleidungsstil der Bank für arrogant, abgehoben und distanziert gehalten. Sie sehen also, einen Dresscode einfach nur zu befolgen, weil es ein Dresscode ist, macht keinen Sinn. Auch hierbei gilt: Wie möchte ich wirken, und welchen Eindruck hinterlasse ich nach dem ersten äußerlichen Scannen meiner Person?

Da fällt mir ein wunderbares Beispiel aus meiner Zeit als Messehostess ein, als ich von einem Hersteller von Werkzeugmaschinen gebucht worden war. Auf dem Messestand waren alle Mitarbeiter sehr konventionell gekleidet, also alles andere als abgehoben oder extravagant. Ein extrem gut aussehender Typ im teuren Anzug mit blitzender Seidenkrawatte, gewienerten Schuhen und Zahnpastalächeln betrat den Messestand und wollte den Geschäftsführer des Unternehmens sprechen. Meine Kolleginnen und ich waren überaus angetan von diesem schnieken Exemplar der männlichen Spezies. Seine Worte, er wolle ein extrem innovatives, neues Softwareprogramm für den Werkzeugmaschinensektor vorstellen, hörten wir schon gar nicht mehr. Wir hingen ihm zwar an den Lippen, der Inhalt aber rauschte an uns vorbei. Der Geschäftsführer kam, schüttelte dem Mann die Hand und wiegelte sofort ab. Seine Idee sei bestimmt interessant, jedoch nicht für unsere Firma.

Als er weg war, sagte er zu einem Mitarbeiter, dass er sich nicht vorstellen könne, warum so ein aufgemotzter Typ gerade jetzt die bahnbrechende Lösung im Softwarebereich gefunden haben solle. So wie der aussah, koste seine Idee wahrscheinlich so viel wie die gesamte IT-Abteilung im ganzen Jahr. Hätte sich der Schönling für ein anderes Outfit, zum Beispiel für eine schwarze Jeans, ein lässiges Hemd und flippige Turnschuhe entschieden, wäre ihm der kreative, innovative und bezahlbare IT-Freak vielleicht abgenommen worden. Dann hätte er wohl eher die Chance auf ein längeres Gespräch und vielleicht sogar auf einen Geschäftsabschluss bekommen.

Als Faustregel sollten Sie sich merken, dass es sinnvoll ist, generell den vorgegebenen Dresscode zu beachten. Dadurch demonstrieren Sie Respekt und Interesse an Ihren Mitmenschen. Möchten Sie aber aus bestimmten Gründen herausstechen, vielleicht um Ihre Ideen oder Ihr Können besser zu präsentieren, durchdenken Sie vorher gut, was das bei Ihrem Gegenüber bewirkt, welche Assoziationen Sie dadurch hervorrufen und ob Sie das auch wollen. Überlegen Sie selbst einmal, wie irritierend Sie es empfinden, wenn die äußerliche Erscheinung, die Sie erwartet haben, nicht mit der tatsächlichen übereinstimmt. Wenn Ihre beste Freundin zu einem gemütlichen Mädelsabend im Cocktailkleid erscheint, würden Sie sich doch fragen, ob Sie irgendetwas falsch verstanden haben. Sie würden rätseln, ob geplant ist, noch groß auszugehen, oder ob Ihre Freundin möglicherweise später noch etwas anderes vorhat. Haben Sie als Geschäftsführer eines Unternehmens einen Bewerber für die Stelle als Verkäufer von Luxusfahrzeugen vor sich sitzen und er trägt ein Hawaiihemd mit Jogginghosen, würde es Sie sicher interessieren, warum er für das Bewerbungsgespräch gerade dieses Outfit gewählt hat.

Die Unternehmensberatung Roland Berger hat eine Studie zum Thema »deutsche Führungsetagen« durchgeführt und herausgefunden, dass bei Beförderungen diejenigen die besten Chancen haben, die ihrem Vorgesetzten am ähnlichsten sind. Die Autoren der Studie sprechen von »Self-Cloning« und äußern sich besorgt darüber, dass bald nur noch Klone des Chefs in der Geschäftsleitung sitzen. Ob wir das für gut oder sinnvoll erachten, bleibt dahingestellt, Menschen funktionieren nun mal so. Dieses Verhalten ist vielleicht ein wenig übertrieben, zeigt aber, wie wichtig die richtige Erscheinung beispielsweise bei einem Bewerbungsgespräch ist.

Schauen Sie vorher deshalb auf der Homepage Ihres zukünftigen Arbeitsgebers Bilder des Unternehmens an. Wie sehen die Mitarbeiter aus? Wie sind Sie gekleidet? Wie will man als Firma nach außen wirken? Wenn Sie sich für einen Job in der Bank interessieren, gehen Sie vorher in eine der Filialen und sehen Sie sich um. Oder versuchen Sie, Ihren zukünftigen Chef bei Facebook, Leadlink, Xing, Linkedin oder all den anderen Plattformen ausfindig zu machen, die Ihnen mehr Aufschluss über seine Persönlichkeit und seinen Kleidungsstil im beruflichen Umfeld geben. Flattert bei mir beispielsweise eine Einladung zu einer TV-Preisverleihung ins Haus, schaue ich mir vorher im Internet an, was meine

Kolleginnen und Kollegen im Vorjahr so getragen haben. Wenn ich eine Moderation für ein Unternehmen annehme, erkundige ich mich über möglichst viele Kanäle, wie man dort wahrgenommen wird, wie sich Mitarbeiter oder Geschäftsführung kleiden oder auf Fotos wirken. Je mehr ich über mein Gegenüber, den Anlass und das Ambiente weiß, desto besser kann ich mich darauf einstellen und mein Erscheinungsbild der Situation anpassen.

Auch im privaten Bereich ticken wir ähnlich wie die Chefs, die gerne ihre eigenen Klone einstellen, was auch der amerikanische Sozialpsychologe Donn Byre bestätigt. Je mehr Ähnlichkeiten wir zu jemandem feststellen, desto sympathischer finden wir ihn. Menschen wählen sich, so Byre, meist Partner, die ähnlich gut aussehen wie sie selbst. Und über die Dauer der Beziehung hinweg gleichen sie sich häufig immer mehr an. Wer kennt ihn nicht, den Partnerlook, in dem Pärchen gemeinsam durch die Stadt schlendern oder zum Sport gehen. Meist setzen Partner gemeinsam ein paar Kilo an oder nehmen sie zusammen wieder ab. Lässt sich der eine gehen, neigt auch der andere dazu, nicht mehr so auf sich zu achten. Erstaunlich, wie wir uns in dieser Hinsicht in unserem Erscheinungsbild, manchmal sogar unbewusst, beeinflussen lassen.

Für meine Wettermoderationen in der ARD ist das Thema der Kleidung und die Frage: »Was ziehe ich an und was bewirkt das dann?«, immer eine sehr große und auch schwierige. Einerseits möchte ich seriös, vertrauensvoll und souverän wahrgenommen werden, andererseits denke ich mir, dass bei der ohnehin schon sehr tristen Nachrichtenlage ein buntes Outfit oder eine lässige Jeans eine willkommene Abwechslung sein könnten. Das Problem ist nur, dass die rund drei Millionen Zuschauer vollkommen unterschiedlich sind und auf drei Zuschauer-E-Mails: »Wow, sah das toll aus«, auch mindestens ein »Das geht ja gar nicht«

kommt. »Sie sind schließlich eine ARD-Moderatorin, da können Sie doch kein Kleid anziehen, das Ihre Figur betont. Ein Hosenanzug wäre deutlich angemessener für Sie.« So oder so ähnlich höre ich es immer mal wieder. Da ich weiß, dass ich es ohnehin nie jedem recht machen kann und dies auch gar nicht möchte, sage ich dann zum Teil den Kollegen schon vor der Sendung: »Na, dann bin ich ja mal auf die Reaktionen gespannt, wenn ich das heute anziehe.« Ob ich nun ein figurbetontes pinkes Kleid oder eine Jeans mit einem schlichten Sakko trage, jeder hat eine andere Wahrnehmung, und die Geschmäcker sind bekanntlich unterschiedlich. Mir persönlich wäre es am liebsten, ich könnte jeden Tag ein sportlich-elegantes Outfit wie Jeans, T-Shirt/Bluse und schwarzes Zweiknopfsakko wählen, denn dann würde ich in meinen Augen sportlich, zurückgenommen und trotzdem chic wirken. Zudem steht dieser Kleidungsstil meiner Meinung nach zudem für Kompetenz und Fachwissen, ohne langweilig zu sein. Doch bei rund zwölf Tagen Moderation im Monat kann ich das eben nicht täglich anziehen.

Bei meinen Fernsehmoderationen mit einem nicht greifbaren Publikum ist es also nicht wirklich möglich, meine Wirkung auf die Zuschauer abzustimmen oder auszurichten. Bei einer Veranstaltung mit einem überschaubaren Kreis von Zuhörern mache ich mir jedoch spezifische Gedanken, wie ich wirken möchte. Natürlich muss ich dem Anlass entsprechend gekleidet sein, ohne als Moderatorin unterzugehen. Stehe ich beispielsweise nur mit Anzug tragenden Männern auf der Bühne, habe ich eben keinen dunklen Hosenanzug an. Sind meine Zuhörer bodenständige Handwerker, ziehe ich auf einer Tagesveranstaltung kein auffällig rotes, extravagantes und übertrieben schickes Kleid an. Wenn sowohl im Publikum als auch auf der Bühne bloß Männer um mich herum sind, dann versuche ich mich abzuheben, ohne abgehoben zu sein. Ich wirke ausschließlich so, wie ich wirken möchte und wie es dem Anlass entsprechend am besten ist.

Achten Sie bei Ihrer Kleidung auf Qualität, Stilrichtung, Passform, Farbe und einen möglicherweise vorhandenen Dresscode. Anzug ist nicht gleich Anzug, Kleid nicht gleich Kleid. Wenn Sie sich etwa nach dem Hinsetzen vollkommen verknittert wieder erheben, strahlen Sie sicherlich wenig Eleganz aus. Tragen Sie Schmuck, aber nicht zu teuer und überladen. Pflegen Sie Ihre Haut, Ihre Haare und Ihre Fingernägel. Gepflegte Hände sind die Visitenkarte eines Menschen, und Sie glauben gar nicht, wie häufig gerade darauf geachtet wird. Putzen Sie Ihre Schuhe, es nützt nichts, wenn sie »oben hui und unten pfui« aussehen. All das signalisiert anderen Menschen, dass Sie auf sich achten, dass Sie sich selbst und andere wertschätzen.

Nun gibt es sicher Menschen, die sich für nicht besonders hübsch oder gut aussehend halten und glauben, im Vergleich zu einer deutlich attraktiveren Person weniger Chancen zu haben, durch ihre Wirkung zu überzeugen. Das ist meiner Meinung nach vollkommener Unsinn, weil Attraktivität immer vom Betrachter abhängig ist. Das Gesamtpaket der Wirkung ist wichtig. Ein Stil, den man für sich gefunden hat, ein gepflegtes Äußeres und das richtige Sich-in-Szene-Setzen haben eine viel nachhaltigere Wirkung auf die Umwelt als eine nur in den eigenen Augen bombige Figur, lange Haare und Endlosbeine. Oder bei einem Mann breite Schultern, ein markantes Gesicht und leicht angegraute Schläfen. Schönheit ist bei der Wirkung auf andere Menschen definitiv weniger wichtig, als man glaubt. Vielmehr geht es um eine Gesamterscheinung, um die Ausstrahlung. Egal ob dick oder dünn, klein oder groß. Gerade heutzutage gibt es kaum mehr ein Model, das nicht eine Zahnlücke oder ein Muttermal im Gesicht hat und sich durch eben diese kleinen Besonderheiten abhebt.

Überlegen Sie sich vor einer Begegnung mit anderen Menschen, ob Sie sich abgrenzen oder einreihen möchten. Sie können der Flamingo in der Wüste sein, wenn Sie damit ein ganz besonderes Ziel verfolgen. Sie möchten auf einer stinklangweiligen Party den Akzent des Abends setzen, Sie wollen im Meeting, bei dem Sie vom Chef sonst immer übergangen werden, auffallen, oder Sie wollen eine Frau beim ersten Date überzeugen, die auf Besonderes steht? Dann setzen Sie den Flamingo ruhig als bewusstes Stilmittel ein und wirken Sie damit so, wie Sie wirken wollen. In den meisten Situationen ist es aber auf jeden Fall angebrachter, sich anzupassen und nicht aus der Rolle zu fallen. Doch ganz egal, welche Wirkung Sie erzielen wollen: Bleiben Sie immer Sie selbst und verkleiden Sie sich nicht. Es gibt nichts Schlimmeres als Frauen, die High Heels tragen und gar nicht damit laufen können, oder Männer, die normalerweise nie Krawatten anziehen und denen man es ansieht, wenn sie eine Ausnahme machen. Ich habe in einem vorherigen Kapitel ja bereits das Beispiel des Bewerbers zum Veranstaltungskaufmann genannt, der beim Vorstellungsgespräch wohl zum ersten Mal einen Anzug trug. Falls man Ihnen eine Verkleidung so deutlich anmerkt, erreichen Sie das absolute Gegenteil von dem, was Sie bewirken wollen. Genau dann sind Sie der Flamingo in der Wüste, ohne es überhaupt sein zu wollen!

Der Griff nach den Sternen: Gestik

Über Gestik machen sich sehr viele Menschen Gedanken, und es gibt unzählige Bücher und Vorträge zu diesem Thema. Ob es darum geht, Verbrecher zu überführen, Lügner zu entlarven oder in den Gesten des potenziellen Partners Chancen für sich ablesen zu wollen – es gibt viele Thesen und Studien, die sich gegenseitig widerlegen, und sicherlich sehr viele berechtigte Analysen. Mir geht es nicht nur darum, dass Sie Ihr Gegenüber anhand seiner Gestik einschätzen können, sondern ebenfalls darum, wie Sie Ihre eigene Wirkung und das von Ihnen Gesagte oder Gemeinte durch Gesten unterstreichen.

In ganz vielen Kulturen gibt es Gesten, die ohne ein einziges Wort eine eigene Sprache sprechen. Die Wai-Geste, vor allem in Thailand üblich, ist Gruß und Respektbezeugung, aber auch ein Zeichen des Danksagens, manchmal sogar der Entschuldigung. Diese Geste besteht aus einem Aneinanderlegen der Handflächen, während die Daumen zum Körper schauen. Je höher die Hände gehalten werden, desto größer ist der Ausdruck des Respekts gegenüber der Person, die man damit grüßt. Ich kenne dies auch aus dem Tai-Chi Qigong bei der Verabschiedung. In anderen Kulturen hat die Geste, bei der die offene Hand nach dem Händeschütteln auf den Brustkorb gelegt wird, eine ähnliche Bedeutung: Respekt oder Dankbarkeit gegenüber der begrüßten Person.

Gesten können auch zum Markenzeichen werden, insbesondere wenn sie unabhängig von gesprochenen Worten immer wieder ausgeführt werden. Was kommt Ihnen zuerst in den Sinn, wenn Sie in Sachen Körperhaltung an Angela Merkel denken? Schnell werden Ihnen die vor dem Körper zu einem Dreieck gehaltenen Hände einfallen. Merkel sagte hierzu einmal, Sie habe nie gewusst, wohin mit Ihren Händen und dadurch sei diese Verlegenheitsgeste entstanden. Hätte sie diese Geste als ein Hilfsmittel zur Konzentration erklärt, wäre das ebenfalls sehr glaubwürdig gewesen, und die Geste hätte sogar noch an Bedeutung gewonnen. Solche auf den ersten Blick nebensächlichen Ausdrucksformen können in der Kommunikation enorm wichtig sein. Verzichten wir auf Gesten, verschenken wir Potenzial, sind sie falsch und unpassend, verwirren sie unser Gegenüber möglicherweise. Unüberlegte Gesten lassen Situationen vielleicht eskalieren, und die richtigen unterstreichen das Gesagte und machen einen Vortrag zu einem Erlebnis. Aber egal mit wem Sie über was und warum sprechen, Sie bewirken mehr, wenn Sie Gesten einsetzen. Für Menschen wie mich, die vor der Kamera arbeiten, sind sie sogar unverzichtbar und von erheblicher Bedeutung. Beim Fernsehen gehen kleine Gesten auf dem Weg durch die Kamera zum Zuschauer verloren. Das heißt, man muss beim Gestikulieren übertreiben, damit dies überhaupt wahrgenommen wird. Zudem sieht man auf dem Bildschirm nach vorne gerichtete Gesten in der Moderation nicht, außer Sie schauen 3-D-Fernsehen. Da es nur eine Ebene gibt, machen lediglich Gesten zur Seite, nach oben oder unten Sinn, für nach vorne gerichtetes Gestikulieren fehlt die Tiefe. Für mich war es anfangs unheimlich schwer, mir vorher jede Gestik zu überlegen und diese dann auch noch völlig übertrieben auszuführen, doch irgendwann ging es mir in Fleisch und Blut über.

Sicher kennen Sie die Redner, die mit einer Hand in der Hosentasche ihren Vortrag halten, weil sie nicht wissen, wohin damit, und sich so festhalten können. In vielen Coachings erlebe ich immer wieder, dass Menschen es als deutlich angenehmer empfinden, etwas im Sitzen oder zumindest hinter einem Rednerpult präsentieren zu dürfen. Das, was sie sagen wollen, kommt dabei aber nur halb so gut an, als wenn sie stehend und barrierefrei präsentieren würden. Denn sowohl der Tisch als auch das Rednerpult dienen dazu, sich die Zuhörer quasi vom Hals zu halten. Aber Sie wollen doch, dass das, was Sie sagen, beim Gegenüber ankommt und Sie ernst genommen werden. Dass Sie Nähe schaffen, um verstanden zu werden, selbst wenn Sie etwas Unangenehmes oder Negatives zu vermitteln haben. Stellen

Sie sich jemanden vor, der Ihnen gegenübersitzt, etwas ungemein Spannendes erzählt und dabei die ganze Zeit die Arme vor der Brust verschränkt. Und jetzt im Vergleich dazu jemanden, der vor Ihnen steht, dieselbe aufregende Geschichte darbringt und dabei Gesten zur Unterstreichung des jeweils Gesagten einsetzt. Ein Unterschied wie Tag und Nacht. Vor allem für die nicht so Geübten, ist es eine Schutzfunktion, die Arme nah am Körper zu behalten. Aber genauso wirkt es auch.

Ich halte diese strengen Regeln, nach denen beispielsweise vor dem Körper verschränkte Arme Ablehnung bedeuten, für völligen Quatsch. Es kommt ganz auf die Situation an. Wenn Sie schon einmal an einem Körperspracheseminar teilgenommen haben, will ich jetzt nicht behaupten, dass das alles für die Katz war, doch gerade bei Gestik kommt es ganz entscheidend auf den Zusammenhang an. Wenn Sie mit Ihrem Partner diskutieren, und er sitzt Ihnen mit verschränkten Armen gegenüber, dazu vielleicht noch ein abschätziger Blick, dann ist das klar eine abwertende und eher ablehnende Geste. Berichten Sie einer Freundin vom letzten Wochenende und sie sitzt Ihnen mit verschränkten Armen entspannt und lächelnd im Sessel gegenüber, dann hat das sicher nichts mit Ablehnung zu tun. Wie bei all diesen Elementen der Wirkung geht es natürlich auch hier um das Gesamtbild und den Gesamtzusammenhang. Mit Gesten können Sie aber ganz sicher das, was Sie sagen wollen, besser verständlich machen, unterstreichen und Ihre eigene Wirkkraft damit verstärken.

Grundsätzlich gilt, dass die Hände in Taillenhöhe am neutralsten wirken. Die Ellenbogen sollten Sie am Körper halten und die Arme nach vorne richten. Diese Unterarmlänge schafft bei einem Zwiegespräch eine gewisse Distanz zum Gegenüber und dadurch, dass Sie mit Ihren Händen spielen können, trotzdem eine Nähe. Jeder Mensch hat eine

Komfortzone, und wenn Sie sich vorstellen, dass Ihr Gegenüber näher als eine Armlänge an Sie herantritt, wird diese natürliche Zone durchbrochen. Das kann angenehm sein, wenn man sein Gegenüber umarmen möchte, kann aber ansonsten auch bedrohlich wirken. Selbst ein Hund bleibt in der Regel, wenn er Sie nicht kennt, mindestens eine Armlänge von Ihnen entfernt stehen.

Man unterscheidet grundsätzlich zwischen geöffneten und geschlossenen Gesten. Geschlossene Gesten können sinnvoll sein, wenn Sie Distanz, Abgrenzung oder Ablehnung ausdrücken möchten. Sie sollten sich aber dessen bewusst sein, dass das Gesagte durch solche Gesten noch einmal unterstrichen wird. Stellen Sie sich vor, Sie möchten Ihrem Mitarbeiter klarmachen, dass Sie mit dem Ergebnis seines letzten Projekts überhaupt nicht zufrieden sind. Wenn Sie ihm mit den Händen in die Hüfte gestützt gegenübertreten, wird er schon durch Ihre Körperhaltung Ablehnung wahrnehmen. Sie möchten ihn aber wahrscheinlich nicht ablehnen, sondern mit Ihren Worten Unzufriedenheit ausdrücken, erfahren, woran die schlechte Leistung lag und wie er in Zukunft bessere Ergebnisse erzielen will. Dazu brauchen Sie offene Gesten, denn eigentlich möchten Sie ihm ja mitteilen, dass Sie ihm gegenüber positiv gestimmt und trotzdem mit der bisherigen Leistung nicht zufrieden sind. Dann ist es deutlich sinnvoller, ihm aufrecht gegenüberzusitzen, die Hände gefaltet oder locker auf den Tisch zu legen und das Gesagte jeweils mit den entsprechenden Gesten zu unterstreichen. Wenn Sie von »unterstreichen« reden, sollten Sie Ihre Worte auch mit einer Geste unterstreichen, indem Sie die Hand von links nach rechts oder rechts nach links führen. Wenn Sie davon sprechen, dass alle gemeinsam am Erfolg arbeiten müssen, dann sollten Sie die Arme ausbreiten, als wollten Sie alle einschließen. Wenn Sie von der Vergangenheit im Vergleich zur Gegenwart reden, können Sie mit einer Hand nach links für Vergangenheit und für das Jetzt mit der Handkante in die Mitte zeigen. Für das, was in Zukunft kommt, könnten Sie mit Ihrem rechten Arm eine ausladende Geste nach rechts andeuten. Bei »geballten Kräften« sind zwei geballte Hände, die vor Ihrem Körper in Unterarmlänge gehalten werden, eine deutliche Unterstreichung. Ausgestreckte geballte Fäuste hingegen wären eher eine Aggressionsgeste. Selbst wenn Sie jemand nicht oder nur in Bruchstücken hören könnte, würde er bei diesen Gesten verstehen, worum es Ihnen geht. Auch hier kommt es manchmal wirklich auf Feinheiten und Kleinigkeiten an.

Erstaunlich finde ich immer wieder, wie Menschen bei der ersten Begegnung aufeinander zugehen. Da habe ich schon alles erlebt: Leute, die zwanzig Zentimeter vor mir stehen bleiben und mir die Hand geben, sodass ich schon fast erschreckt einen Schritt zurücktrete. Andere, die mit weit ausgebreiteten Armen auf mich zukommen, oder solche, die eine Hand in der Hosentasche haben und mir die andere schüchtern und schlapp entgegenstrecken. Wie möchten Sie, dass man Ihnen bei der ersten Begegnung entgegentritt? Begrüßt man Sie mit weit ausgebreiteten Armen, hält dann einen sicheren Abstand von fünfzig Zentimetern und legt Ihnen gleichzeitig die linke Hand auf Ihren rechten Unterarm, würde dies sicherlich Nähe schaffen, ohne Ihnen zu nahe zu kommen. Und gleichzeitig würde es Ihnen das Gefühl von Freude darüber vermitteln, Sie zu sehen. Begegnet Ihnen jemand das erste Mal und hält die eine Hand hinter dem Körper versteckt, während er Ihnen die andere einen Meter weit entgegenstreckt, gibt er Ihnen hingegen das Gefühl von Distanz und Skepsis.

Bei meinen Coachings treffe ich immer wieder auf Menschen, die sich einfach sicherer fühlen, wenn Sie eine Hand in der Hosentasche haben. Auf die Frage, ob dies in Ordnung sei, antworte ich immer: »In Ordnung ist es, aber besser wäre es, dies nicht zu tun.« Wenn es jemand jahrelang so praktiziert hat, kann man es ihm nicht kurz vor einer wichtigen Präsentation verbieten, doch ich rate dringend, über Alternativen nachzudenken. Warum ist die Hand in der Hosentasche? Weil man nicht weiß, wohin mit den Händen, und eine davon im Vortrag unterzubringen, schon schwierig genug ist? Oder weil man es einfach so gewohnt ist? Als gute Alternative schlage ich dann vor, die Hand einfach locker herunterhängen zu lassen. Da wir von der Natur alle mit zwei Armen ausgestattet worden sind, sieht es auch keinesfalls komisch aus, wenn einer einfach ruhig am Körper liegt, während der andere gestikuliert. Mit etwas Übung, und dazu ist dieses Kapitel da, werden Sie lernen, für gewisse Gesten auch beide Arme einzusetzen. Ein gutes Hilfsmittel kann ein Gegenstand sein, den Sie in der Hand halten. Erstens passt die Hand dann schwieriger in die Hosentasche, und Sie beugen gleichzeitig Automatismen vor, zweitens haben Sie etwas, woran Sie sich festhalten können, und drittens ergibt sich im besten Fall sogar noch eine Requisite, um das Gesagte zu unterstreichen. Wenn es in einem Vortrag vor Kollegen oder dem Chef um Lösungen für bestimmte Problemstellungen geht, kann ein echter, wahrer Schlüssel als »Schlüssel zum Erfolg« herhalten, den Sie auch immer wieder in die Präsentation einbringen. Bei Ihren Worten: »Das ist der Schlüssel zum Erfolg«, »Hiermit werden wir Türen öffnen«, »Sie halten den Schlüssel in Ihrer Hand«, können Sie mit dem Schlüssel in der Hand Gesten zur Verstärkung ausführen. Oder Sie sprechen davon, Erfolgsgeschichte schreiben zu wollen, und praktizieren dies in der Luft mit einem Stift in der Hand. Mehr zu Bildern, die Sie sinnvollerweise für eine bessere Wirkung Ihrer Worte einsetzen, erfahren Sie in einem späteren Kapitel.

Ein toller Nebeneffekt des Gestikulierens ist, dass Sie sich durch offene und eher ausladende Gesten selbst in eine gute Stimmung versetzen und damit Ihre Wirkung automatisch steigern. Bewusst Körpersprache einzusetzen, wirkt sich unbewusst auf Ihre ganze Haltung aus. Das Erstaunliche und Faszinierende ist, dass Ihr Unterbewusstsein – selbst wenn Sie unsicher in eine Präsentation gehen, obwohl Sie das Thema eigentlich bestens beherrschen – durch die richtige Körperspannung und wohlüberlegte Gesten das Signal von Selbstbewusstsein, Stärke und Kompetenz erhält. Und nicht nur das, sogar Ihr Hormonspiegel profitiert davon, wie eine Studie aus dem Jahr 2010 zeigt. Versuchsteilnehmer wurden gebeten, jeweils sogenannte »High-Power-Posen«, also eine offene, aufrechte Haltung mit Raum einnehmenden Gesten oder »Low-Power-Posen«, die genau das Gegenteil bedeuten, einzunehmen. Ihnen wurden vor und nach diesen Posen Speichelproben entnommen, einmal um den Wert des Dominanzhormons Testosteron zu bestimmen und ein zweites Mal, um den Wert des Stresshormons Kortisol zu ermitteln. Das Ergebnis bewies, wie wichtig die richtigen Gesten in ihrer Wirkung sind. Die »High-Power-Poser« fühlten sich nicht nur kraftvoller, sondern belegten dies auch mit hohen Testosteron- und niedrigen Kortisolwerten. Bei den »Low-Power-Posen« verhielt es sich genau anders herum. Für eine gute Gestik ist es hilfreich, aufrecht und fest auf dem Boden stehen. Das heißt, Schultern gerade, den Kopf so halten, als wäre er mit einem Faden an der Decke befestigt, und die Beine hüftbreit auseinanderstellen. Versuchen Sie mal, mit geschlossen Beinen und hängenden Schultern gestenreich zu erzählen. Fast unmöglich, oder?

Falls Sie sich in Sachen Gestik noch nicht sicher genug fühlen, möchte ich Ihnen eine Übung mit auf den Weg geben. Überlegen Sie sich spontan drei Begriffe, zu denen Sie eine Verbindung haben. Zum Beispiel Skifahren, Sonne, Urlaub. Kind, Unfall, Krankenhaus oder Essen, Thailand, Regen. Setzen Sie sich nun hin und schreiben Sie zu den Begriffen, die Ihnen gerade eingefallen sind, zehn Minuten lang eine kleine Geschichte auf, die in circa drei Minuten zu erzählen ist. Am besten etwas, das Sie schon einmal selbst so oder so ähnlich erlebt haben und mit dem Sie Emotionen verbinden. Stellen Sie sich jetzt vor den Spiegel und lassen Sie die Arme locker herunter hängen. Erzählen Sie dem Spiegel, also sich selbst, Ihre Geschichte, ohne eine einzige Geste zu machen. Sie werden merken, dass Sie gar nicht richtig in Schwung kommen und dass, so spannend, dramatisch, witzig oder aufregend die Geschichte auch sein mag, dies gar nicht in dieser Weise wahrzunehmen ist. Im zweiten Schritt überlegen Sie sich jetzt, welche Gesten, die Ihnen vielleicht so spontan gar nicht unbedingt einfallen würden, zu der Geschichte gut passen könnten. Und erzählen sie diese noch einmal dem Spiegel mit stark übertriebener Gestik. Sie werden merken, dass Ihre Worte dadurch viel eindrücklicher, farbiger, emotionaler und verständlicher daherkommen und durch die unterstützende Gestik viel lebendiger und mitreißender wirken. Vor Ihrem nächsten Gespräch, der nächsten Präsentation oder der nächsten Diskussion mit Ihrem Partner stellen Sie sich also vor den Spiegel und überlegen sich, welche Gesten das, was Sie sagen wollen, potenzieren könnten.

Und nun möchte ich Ihnen zum Abschluss noch einen Satz mit auf den Weg geben: »Einen Hirschkäfer, der der größte und imposanteste in Europa ist, zum Lachen zu bringen, ist die wichtigste Aufgabe eines braven Bürgers.« Diesen Satz präsentieren Sie nun bitte gestenreich nacheinander, während Sie in unterschiedliche Rollen schlüpfen. Als Nachrichtensprecher, als Polizist, als Büttenredner im Karneval, als eingebildete Tussi und als kleines Kind. Überlegen Sie sich, welche Gesten nötig sind, um deutlich werden zu lassen, wer Sie sind. Sie werden feststellen, dass Sie ganz unterschiedliche Persönlichkeiten verkörpern und dies auch genauso bei Ihren Zuhörern ankommen wird.

Ein für mich in dieser Hinsicht sehr spannendes Projekt war das Fotoshooting zur SZ-Reihe »Sagen Sie jetzt nichts«, dem Interview ohne Worte, das 2012 im Magazin der *Süddeutschen Zeitung* erschien. Auf Fragen der Redaktion darf man hier ausschließlich mit Mimik und Gestik antworten. Mir fiel dieses Experiment im ersten Moment nicht gerade leicht, da man sich natürlich für die Fotos seine Gestik sowie die Mimik sehr genau überlegen muss. Nur dann versteht der Leser auch wirklich, was die eigenen Antworten bedeuten. Aber sehen Sie selbst …

Nervt Sie Small Talk übers Wetter?

Könnten Sie sich vorstellen, statt der Wettervorhersage die Tagesschau zu moderieren?

Wie reagieren Sie, wenn Sie jemand nach Jörg Kachelmann fragt?

Wie reagieren Sie auf private Fragen?

Womit verbringen Sie Ihre Freizeit am liebsten?

Mögen Sie den Ausdruck Wetterfee?

Fahren Sie bei jedem Wetter mit Ihrem Oldtimer offen?

Was ist Ihre Lieblingsjahreszeit?

Wie haben Sie sich nach Ihrem legendären »Ausraster« vor der Kamera gefühlt, als Ihre Probesendung aus Versehen gesendet wurde?

Es gibt Gesellschaftsspiele, bei denen die Mitspieler Begriffe nur pantomimisch darstellen dürfen, was eine fantastische Übung für das Erklären nur mit dem eigenen Körper, den Händen und dem Gesichtsausdruck darstellt. Falls Sie sich als nicht allzu gestenreich empfinden, kann ich solche Spiele oder Übungen wärmstens empfehlen. Gleichzeitig trainieren Sie dabei Ihre Gesichtsmuskeln, da Mimik ein weiterer wichtiger Wirkmechanismus ist, der Sie für andere besser begreifbar macht und Kommunikation erleichtert.

Das Spiel mit der Oberfläche: Mimik

Der sichtbare Ausdruck auf der Gesichtsoberfläche ist die Mimik. Sie ist ein wesentlicher Teil der Körpersprache, auch damit drücken wir oft mehr aus, als wir es mit Worten allein könnten. Und manchmal sprechen wir damit sogar ohne Worte. Wir haben bis zu vierunddreißig Gesichtsmuskeln, je nachdem ob man die Einzelmuskeln zählt oder sie teilweise als Gesamtmuskeln zusammenfasst. In der WDR-Sendung *Wissen macht Ah!* wird behauptet, dass man bloß fürs Lachen siebzehn verschiedene Gesichtsmuskeln und ganze vierzig fürs Stirnrunzeln benötigt. Generell findet man sehr unterschiedliche Angaben, über wie viele Gesichtsmuskeln der Mensch insgesamt verfügt und für welche Mimik wie viele Muskeln eingesetzt werden müssen. Aber völlig egal. Sind Sie sich überhaupt dessen bewusst, dass bei jedem Ihrer Gesichtsausdrücke zahlreiche Muskeln zum Einsatz kommen? Und können Sie diese auch auf Kommando anspannen, entspannen und zielgerichtet einsetzen?

Oft ist unsere Mimik sehr spontan, und wir denken nicht darüber nach, dass etwa der Mundringmuskel aktiviert wird, wenn wir lächeln wollen, oder dass der Musculus depressor anguli oris, der Mundwinkelherabzieher, bei Angela Merkel wahrscheinlich häufig beansprucht wird. Dabei ist diese Oberfläche des Gesichts für Ihre Wirkung und Ihr Charisma extrem wichtig und sollte in der Kommunikation auch bewusst eingesetzt werden. Stellen Sie sich vor, jemand, mit dem Sie sich unterhalten, ist sehr wütend auf Sie und sagt Ihnen all das, was er in seiner Verärgerung schon immer mitteilen wollte, mit einem Lächeln im Gesicht. Sie würden ihn überhaupt nicht ernst nehmen oder völlig verwirrt sein. Ganz oft sieht man so etwas bei Menschen, denen es sehr unangenehm ist, Kritik auszusprechen. Sie verziehen dabei das Gesicht zu einem kleinen Lächeln aus Unsicherheit oder um ihre Worte bewusst abzumildern. Ganz nach dem Motto: Ich kritisiere dich zwar, aber sei mir bitte nicht böse. Genauso absurd ist es, wenn Sie im Gesicht Ihres Gesprächspartners gar keine Regung sehen, obwohl er gerade vor Verärgerung kocht. Wahrscheinlich wüssten Sie nicht wirklich, wie Sie das Gesagte einordnen sollen. Dabei verrät ein Gesichtsausdruck komplexe Gefühle und kann die Wirkung Ihrer Worte verstärken und unterstreichen. Ähnlich wie bei der Gestik, nur wirkt Mimik noch direkter und spontaner. Das Gesicht ist ja in der Regel unser Fixpunkt, wenn wir uns mit jemandem unterhalten oder ihm zuhören. Es gibt sofort Aufschluss über das, was momentan in Ihrem Gegenüber oder Ihnen selbst vorgeht, und sagt oft sogar mehr als Ihre Worte.

Für Babys ist Mimik geradezu überlebenswichtig, da es ihr einziges wirklich deutbares Kommunikationsmittel ist. Verbal kommunizieren ist noch nicht möglich, und Gesten sind noch nicht steuerbar. Die Mimik ist auf wenige Gesichtsausdrücke begrenzt, was es den Eltern nicht unbedingt leicht macht, ihnen aber zumindest die Möglichkeit bietet, einiges abzulesen. Sie erkennen am Gesicht ihres Kindes, dass ein Lächeln »Mir geht es gut, ich fühle mich wohl« bedeutet, und ein verzogenes Gesicht signalisiert, dass mit ihrem Baby irgendetwas nicht stimmt. Und das ist ja immerhin schon etwas.

In der Stummfilmära wäre der Zuschauer ohne einen ausgeprägten Einsatz der Mimik des Schauspielers völlig aufgeschmissen gewesen. In dieser Zeit musste man die Handlung des Films und die Gedanken des Schauspielers am Zusammenspiel von Mimik und Gestik ablesen, und auch heutzutage tun wir dies unbewusst bei unserem Gegenüber, obwohl wir seine Worte hören und verstehen können. Doch gerade Mimik ist für einige Menschen ein großes Problem, da das Verziehen der Muskeln eine Faltung der Gesichtshaut zur Folge hat. Und sicher fällt Ihnen die ein oder andere Schauspielerin und mittlerweile auch der ein oder andere Politiker ein, bei denen man sehr lange und genau hinschauen muss, um den Ausdruck ihres Gesichts deuten zu können. Und wenn ein Lächeln nur noch am Heben der Wangenmuskeln und Verziehen des Mundes zu erkennen ist, dann wird es für den Zuschauer mühsam, Emotionen abzulesen. Zu viel Botox kann also eines unserer wichtigsten Kommunikationsmittel lahmlegen.

Bei meinen Coachings bin ich immer wieder erstaunt, wie schwer es Menschen fällt, einen bestimmten Gesichtsausdruck auf Kommando darzustellen. Beim Nachstellen einer heftigen Diskussion mit dem Mitarbeiter nutzen die Seminarteilnehmer zwar in gewissem Umfang ihre Gestik, die Mimik jedoch wird oft völlig vergessen. Wenn ich sie dazu auffordere, einmal richtig böse zu schauen, dann wissen sie oftmals gar nicht, wie das überhaupt geht. Ein Satz wie: »Das wollen wir doch alle nicht«, mit ernstem Gesicht und weit geöffneten Augen gesprochen, zeigt den Ernst der Lage und das Bemühen, einer bestimmten Situation entgegenzuwirken. Sagt man das Ganze mit einem leicht zur Seite geneigten Kopf, einem angedeutetem Lächeln und macht hinter dem Das eine kurze Pause, würde es eher auf eine

Begebenheit hindeuten, die man auf die leichte Schulter nimmt.

Oft trauen sich Menschen allerdings einfach nicht, mit vollem Körpereinsatz Emotionen auszudrücken. Wenn sie beispielsweise wütend sind, versuchen sie ihre Worte durch eine besänftigende Mimik abzumildern. Eine Kollegin von mir versucht Kritik grundsätzlich mit einem leichten Lächeln und von unten gerichtetem Blick anzubringen, sodass ihre Worte niemand wirklich ernst nimmt. Es erinnert an den klassischen Blick, den eine Frau ihrem Mann vor einem Juweliergeschäft zuwirft: »Oh, das sind aber schöne Ohrringe.« Ich nenne das immer den Kleinmädchenblick: »Bitte nicht hauen.« Den gibt es übrigens ebenfalls bei Männern, was leider dazu führt, dass diese ihre Worte durch Blicke und manchmal auch durch den Tonfall zunichtemachen und man das von ihnen Gesagte nicht für voll nimmt. Eigentlich soll durch gezielt eingesetzte Mimik Kommunikation interessanter, überzeugender, eindrücklicher und leichter verständlich gemacht werden. In solchen Fällen geht der Schuss dann leider nach hinten los.

Der bewusste Einsatz Ihrer Gesichtsoberfläche hat einen weiteren Vorteil, denn er hilft Ihnen, die Mimik anderer Menschen besser interpretieren zu können. Die Vielzahl der Emotionen, die wir über unsere Mimik auszudrücken vermögen, ist verblüffend. Viel mehr aber ist es die Tatsache, dass sie eine komplett eigene Sprache bilden, die von den meisten Menschen verstanden, da gleich interpretiert wird. Forscher konfrontierten eine Reihe von Männern und Frauen mit verschiedenen Gefühlsbeschreibungen und ließen sie diese dann nur mit ihren Gesichtern darstellen. Erstaunlich war, dass bei über 90 Prozent der Testpersonen die Mimik mit der jeweils genannten Emotion übereinstimmte. In den USA wird das Lesen der Mimik und Gestik sogar zur Auflösung von Mordfällen eingesetzt. Auch Sie können das Interpretieren der Gesichtsoberfläche zu Ihrem Vorteil nutzen. Denn in der Regel hat sich Ihr Gegenüber, im Gegensatz zu Ihnen, nicht intensiv mit diesem Thema beschäftigt und setzt seine Mimik unbewusst ein. So ist es Ihnen in Zukunft möglich zu erkennen, ob Ihr Gesprächspartner wirklich hinter dem steht, was er Ihnen gerade verkaufen möchte.

Ihr Ziel sollte es sein, in Zukunft von unbewusster Mimik zur bewussten zu kommen und Gesichtsausdrücke auf inneren Befehl erscheinen zu lassen. Das können und sollten Sie regelmäßig trainieren und üben. Stellen Sie sich bitte einmal vor den Spiegel und beantworten Sie folgende Fragen nur mit Ihrer Mimik. Im zweiten Schritt dann mit Mimik und Gestik:

- Was erwarten Sie vom nächsten Weihnachtsfest?
- Wie war Ihr letzter Urlaub?
- Wie stehen Sie zur aktuellen Regierungspartei?
- Was ist Ihr liebstes Hobby?
- Was bedeutet für Sie der erste Schnee?

Und? Erstaunlich, wie man auch ohne Worte auskommt, oder? Und genauso gehen Sie an das nächste wichtige Gespräch, einen Vortrag oder eine Präsentation heran. Stellen Sie sich zur Vorbereitung vor den Spiegel und spannen Sie bewusst die Gesichtsmuskeln an, von denen Sie glauben, dass sie das Gesagte am wirkungsvollsten unterstützen. Was möchten Sie zeigen? Wirklich Wut oder eher Verzweiflung? Wie sieht man aus, wenn man etwas mit Nachdruck sagen möchte? Zeigt Ihr Gesichtsausdruck dann wirklich Entschlossenheit oder eher Unsicherheit? Wie stellt sich Ihr Gesicht dar, wenn Sie Interesse ausdrücken? Seien Sie nicht entmutigt, wenn es nicht direkt beim ersten Mal gelingt. Nach zweimaligem Hanteltraining gehen Sie ja auch nicht davon aus, dass Ihr Bizeps schon deutlich zutage tritt. Wer seine Mimik noch nie bewusst eingesetzt hat, sollte ruhig ein bisschen herumprobieren. Die folgenden Bilder geben Ihnen einen Überblick über sechs wichtige, mimisch dargestellte Gefühle. Ich bin mir sicher, selbst wenn die passenden Emotionen nicht dabeistünden, würden Sie alle erkennen. Und es gibt noch sehr viel mehr Gefühlsregungen, die es sich lohnt, in ihrem Ausdruck näher zu ergründen und einzustudieren.

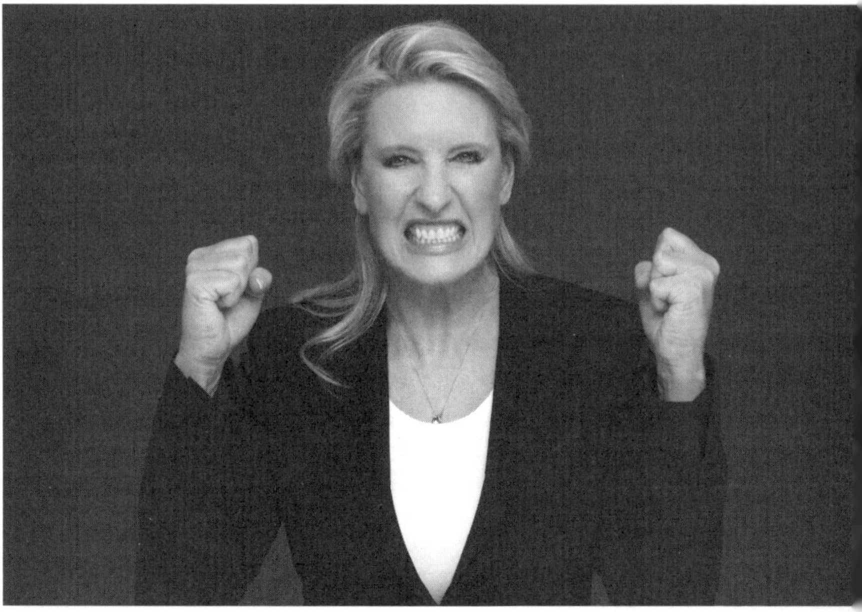

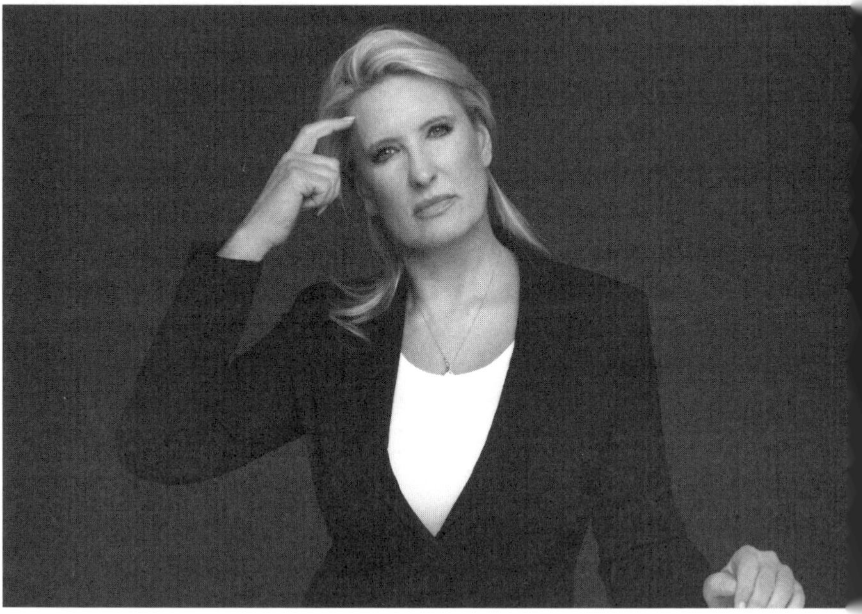

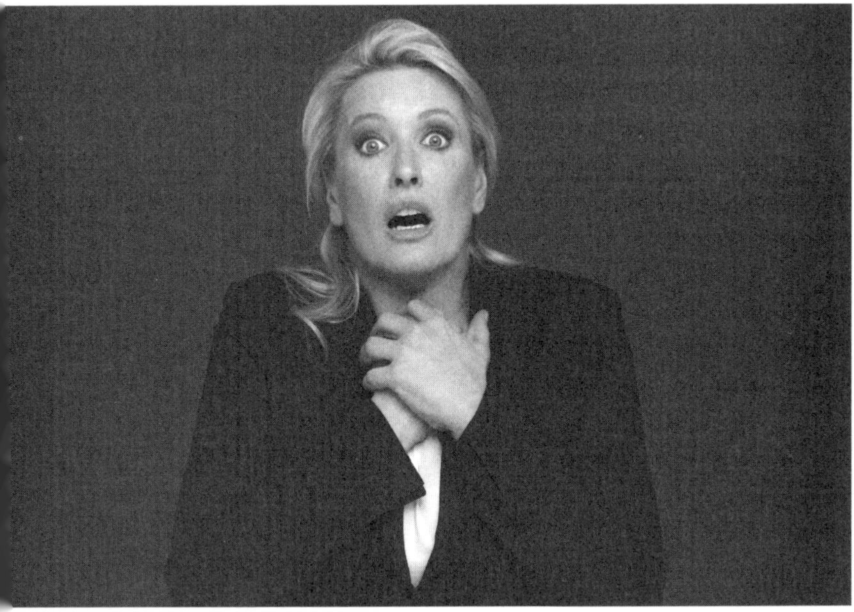

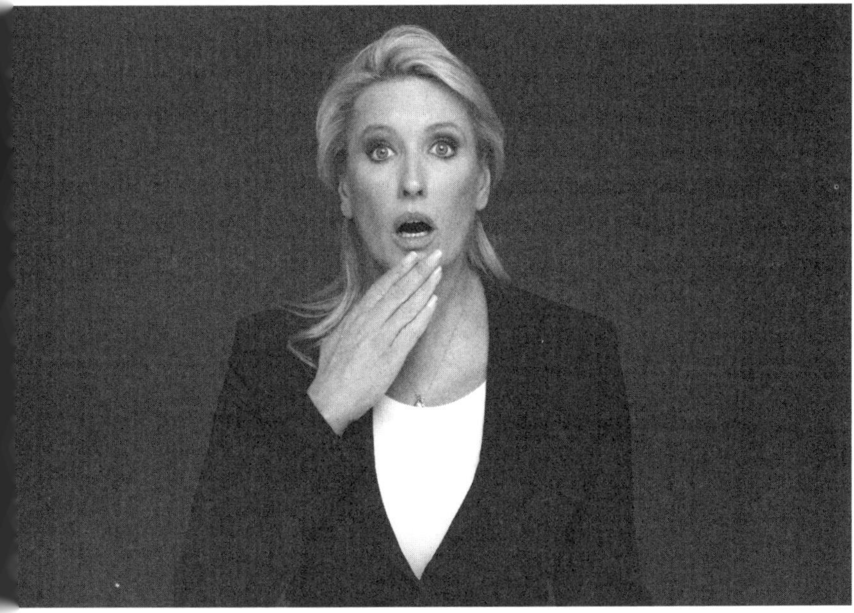

Und, haben Sie alle Gefühlsregungen erkannt? Freude, Wut, Nachdenklichkeit, Schreck, Erstaunen und Entspannung. Je mehr Sie durch Ihr Gesicht zum Ausdruck bringen, desto stärker ist der Eindruck, den Sie hinterlassen!

Statt Kätzchen lieber Löwe: Präsenz

Es gibt Menschen, die betreten einen Raum, und man merkt sofort: Das muss jemand aus dem Vorstand, die Geschäftsführerin oder die Chefsekretärin sein! Allein durch ihr Auftreten strahlen sie Selbstbewusstsein, Stärke und eine besondere Präsenz aus. Genauso kann man auf einer Party aber auch Menschen beobachten, die schüchtern in einer Ecke sitzen, mit leiser Piepsstimme sprechen und damit einfach nur »Bitte nicht auffallen!« ausstrahlen. Welcher Typ sind Sie, und können Sie mit diesen Rollen spielen?

Auf der ein oder anderen Party oder in bestimmten Meetings möchte man vielleicht ganz gerne das Mauerblümchen sein und durch Haltung, Kopfstellung, Körperspannung und mit abgewandtem Blick zeigen, dass man möglichst nicht angesprochen werden und lieber Zaungast bleiben möchte. In anderen Situationen ist es uns hingegen wichtig, dass unsere Präsenz wahrgenommen wird, dass wir im Mittelpunkt stehen, alle Sinne auf Empfang sind und andere schon an unserem Auftreten merken, welche Position wir innehaben – dass wir etwas zu sagen haben und Aufmerksamkeit verdienen. Manchmal macht es Sinn, der dominante Selbstdarsteller zu sein, der die sich bietende Gelegenheit nutzt, sich in Szene zu setzen und im Mittelpunkt des Geschehens zu stehen.

Stellen Sie sich vor, Sie müssen Ihren Mitarbeitern oder Kollegen ein neues Konzept vorstellen. Im Raum sitzen bereits zwanzig mehr oder weniger interessierte Menschen, die an ihren Handys herumspielen, diskutieren und lachen. Und Sie wissen, dass Sie jetzt gleich für Ihre Präsentation eine Stunde ungeteilte Aufmerksamkeit brauchen. In den Raum hineinzuschleichen und erst einmal still und heimlich Unterlagen zu sortieren, den Blick dabei verkrampft auf das

Stehpult vor Ihnen gerichtet, wird sicher nicht dazu beitragen, dass irgendjemand sein Gespräch unterbricht oder sein Handy zur Seite legt. Betreten Sie den Raum aber mit ausladenden Schritten, aufrechter Körperhaltung, einem sonoren »Guten Morgen!« und mit Blickkontakt zu möglichst vielen Teilnehmern, wird Ihnen die Aufmerksamkeit zumindest einiger Anwesender sofort gewiss sein. In solchen Situationen ist es hilfreich, bereits als Erster im Raum zu sein und diesen einzunehmen – das meine ich hier im eigentlichen Sinne des Wortes.

Aus der Schule kennt man diese Situation: Es gibt Lehrer oder Lehrerinnen, die kommen rein, und sofort ist die ganze Klasse still. Häufig höre ich die Meinung, dass ein Mensch eben entweder Präsenz habe oder nicht und dies auch nicht zu lernen sei. Aus meiner Erfahrung, nicht zuletzt mit mir selbst, kann ich nur sagen: weit gefehlt.

Was macht also Präsenz aus? Denn bloß, wenn Sie das wissen, können Sie dieses Wirkelement bewusst einsetzen. Möchten Sie zurückhaltend und unauffällig wirken oder Raum einnehmend und dominant? Je nachdem, welche Rolle Sie in einer Situation einnehmen wollen oder müssen, können Sie mit Ihrer räumlichen Präsenz anderen sofort auffallen oder im Hintergrund den Beobachter geben.

Wie Sie es hinbekommen, bei einer Party oder einem Meeting möglichst unsichtbar zu bleiben, muss ich Ihnen hier nicht erklären, denn es geht ja darum, wie Sie es schaffen, dass Ihnen Beachtung geschenkt wird. Und das möglichst positiv und nachhaltig. Die räumliche Präsenz ist ein Zusammenspiel aus ganz unterschiedlichen Faktoren. Ein sehr wichtiger Punkt ist Ihre Haltung, und hiermit meine ich sowohl die Körperhaltung als auch Ihre innere Haltung zu etwas. Bei meinen ersten Moderationen hatte ich meistens nach den Veranstaltungen heftige Rückenschmerzen und irgendwann sogar eine Bandscheibenprotrusion. Weder Physiotherapie noch das Ausprobieren verschiedener Sportarten sorgen wirklich für Besserung. Das änderte sich schlagartig, als ich mit Pilates anfing, einem systematischen Ganzkörpertraining zur Kräftigung der Muskulatur, und zwar insbesondere der Core-Muskeln – das sind alle Muskeln zwischen Zwerchfell und Becken, vor allem die tief liegenden, die für unsere Haltung verantwortlich sind. Die zentralen Muskeln des Oberkörpers sorgen für eine aufrechte Haltung. Diese zu kräftigen, beugt einerseits Rückenbeschwerden vor, und andererseits ermöglichen es starke Muskeln, viel länger stehen zu können und damit auch die eigene Präsenz zu steigern. Ich wurde sogar schon darauf angesprochen, welche Sportarten ich ausübe. Der Gast einer Veranstaltung erzählte mir einmal, er würde immer, wenn er mich im Fernsehen sehe, mit seiner Frau darüber nachgrübeln, wie man zu so einer aufrechten Haltung komme.

Hier bietet sich eine Übung an, die ich schon beim Thema Gestik erwähnt habe. Stellen Sie sich aufrecht hin, die Beine hüftbreit auseinander, die Füße leicht nach außen weisend, die Knie sollten dabei minimal gebeugt sein. Lockern Sie Ihre Schultern, indem Sie sie dreimal nach hinten und dreimal nach vorne kreisen lassen. Halten Sie den Kopf geradeaus gerichtet und entspannen Sie Ihre Nackenmuskulatur, indem Sie den Kopf jeweils dreimal langsam nach rechts und nach links drehen, so als würden Sie über Ihre Schulter nach hinten blicken. Schauen Sie jetzt nach vorn und stellen Sie sich vor, dass Ihr Kopf mit einer feinen Schnur oben an der Decke befestigt ist. Achten Sie darauf, dass Sie Ihre Schultern nicht mit nach oben ziehen. Jetzt dreimal tief ein- und ausatmen, beim Einatmen den Bauchnabel in Richtung Wirbelsäule ziehen, beim Ausatmen den Bauch weit nach vorne wölben. Wenn Sie sich dabei im Spiegel anschauen, werden Sie merken, dass Sie schon allein durch diese Haltung sehr präsent sind.

Bei Präsenz kommt es außerdem sehr auf die innere Haltung an. Sind Sie sich Ihrer selbst bewusst und dessen, was Sie in Ihrem Vortrag oder dem Gespräch vermitteln wollen? Wie standfest sind Sie Ihr Thema betreffend? An Tagen, an denen Sie sich klein, unbedeutend, vielleicht sogar unattraktiv, schlecht vorbereitet und mit sich und der Welt nicht im Einklang fühlen, ist es deutlich schwieriger, nach außen eine aufrechte Haltung zu zeigen als an Tagen, an denen Sie die ganze Welt umarmen könnten und vor Freude und Energie sprühen. Vor einem wichtigen Gespräch oder einer entscheidenden Situation sollten Sie sich deshalb auch innerlich richtig programmieren: »Ich kann das, das wird großartig! Ich bin genau richtig für diese Aufgabe, man kann von meinen Ideen nur begeistert sein! Ich bin ein super Typ/eine tolle Frau und werde heute alles erreichen, was ich mir vorgenommen habe!«

Ihre innere Einstellung beeinflusst Ihre äußere Erscheinung, und eine gerade Körperhaltung wirkt sich positiv auf Ihre innere Einstellung aus.

Ähnlich sieht es mit der Körperspannung aus. Wenn Sie überzeugt sind, dass Sie etwas Interessantes, Spannendes oder sogar vielleicht Revolutionäres zu erzählen haben, wird sich das auch während des Vortrags oder der Präsentation in Ihrer Körperspannung widerspiegeln. Nicht umsonst sagt man ja manchmal, man ist auf etwas »gespannt wie ein Flitzebogen«. Dazu passt einfach ganz und gar nicht, mit eingesunkenen Schultern und zusammengekrümmt dazustehen. Zur Erarbeitung von Körperspannung hilft die oben genannte Figur aus dem Pilates-Training ebenfalls. Zusätzlich mache ich vor wichtigen Präsentationen immer noch eine sehr einfache, aber wirkungsvolle Übung. Ballen Sie in gerader Haltung viermal hintereinander Ihre Hände ganz fest zu Fäusten, halten Sie diese Spannung drei Sekunden und öffnen Sie die Fäuste wieder. Nach dem vierten Mal werden Sie merken, dass Ihr Körper voller Energie ist. Wahrscheinlich spüren Sie sogar eine Wärme, die von Ihren Händen durch Ihre Arme in den gesamten Körper zieht. Wie schon das Achtsamkeitstraining soll Sie diese Übung in einen konzentrierten Ruhezustand versetzen, um danach wieder voller Energie zurück in den Alltag zu finden. Ein gespannter Körper steigert Ihre Konzentration und umgekehrt. Wenn Sie ein spannendes Thema haben, das nur so aus Ihnen heraussprudelt, ist Ihr Körper automatisch in einer konzentrierten Anspannung.

Ihre Präsenz wird auch dadurch beeinflusst, wie gut Ihre Sinne geschärft sind und wie diese gleichzeitig auf vollen Empfang gestellt die Umgebung wahrnehmen. Wenn Sie einen Raum betreten, schaffen Sie erst einmal Blickkontakt mit möglichst vielen Personen. Selbst bei der Präsentation auf einer Bühne vor tausend Menschen suche ich mir drei, vier Gesichter, meist in den ersten zehn Reihen, zu denen ich während einer Moderation immer wieder Blickkontakt aufbaue. Die Leute nehmen mich so besser wahr, und ich schaffe damit automatisch Nähe. Wenn jemand weiß, dass er immer wieder angesehen wird, ist ihm die Präsenz des Vortragenden logischerweise viel bewusster, als wenn der Redende in Richtung Fenster oder Fußboden blickt. Bei Moderationen vor großem Publikum sehe ich oft die hinteren Reihen durch blendende Scheinwerfer gar nicht, doch es reicht das Wissen, dass auch dort Menschen sitzen, die ich mit dem, was und wie ich es zu sagen habe, fesseln möchte – und deren Aufmerksamkeit ich auf meine Präsenz gerichtet wissen will. Wichtig ist hierbei immer, konzentriert auf eine, wenngleich nur imaginäre Person zu sehen und mit diesem »Gegenüber« in Kontakt zu treten. Selbst wenn es sich um eine nicht wirklich überschaubare Menge von Zuschauern handelt, erschafft man sich vor seinem geistigen Auge damit einen einzigen Gesprächspartner, an den man sich direkt richtet, so als wäre der ganze Saal die eine wichtige Person, der man gerade etwas Entscheidendes vermitteln möchte.

Zu Beginn meiner Karriere als Moderatorin war ich oftmals viel zu nervös, um längeren Blickkontakt auszuhalten, doch ich kann Ihnen versichern, dass gerade das Herstellen einer engen Verbindung zum Publikum die Nervosität sogar extrem verringern kann. Trauen Sie sich einfach und probieren Sie es immer wieder aus. Sicher sollten Sie sich hierbei nicht unbedingt auf ein Gegenüber konzentrieren, das mit missmutigem Blick und verschränkten Armen gelangweilt Ihren Worten lauscht oder zumindest so tut. In jeder Runde, in jedem Saal gibt es jemanden, der Ihnen Sympathie entgegenbringt oder bei dem Sie sich das zumindest vorstellen können.

Auch genau hinzuhören, kann helfen, Ihre Präsenz zu steigern. Nehmen Sie wahr, worüber in der Runde, in der Sie gleich sprechen müssen, geredet wird. Greifen Sie Themen und Stimmungen auf, die zum Beispiel im Get-together vor Ihrem Vortrag oder in den Minuten vor der Besprechung gefallen sind, und nutzen Sie diese für einen guten Einstieg. Sie können sie zudem bei passender Gelegenheit immer mal wieder in Ihren Redebeitrag einfließen lassen.

Wenn ich eine Diskussionsrunde leiten soll, versuche ich, möglichst schon längere Zeit vor dem Beginn an Ort und Stelle zu sein. Manchmal führe ich dann mit den späteren Diskussionspartnern oder dem anwesenden Publikum bereits Gespräche, die oft nicht mal direkt mit dem Thema zusammenhängen. Oder ich höre bei deren Unterhaltungen einfach zu und kann damit Meinungen heraushören oder erfahren, welche Themen gerade insgesamt auf den Nägeln brennen. Das hilft mir dabei, meine Moderationen genau auf die Anwesenden abzustimmen und auszurichten. Außerdem zeige ich damit, dass ich Bescheid weiß, also ein Insider bin.

Ihre Präsenz können Sie zustätzlich durch an anderer Stelle schon erwähnte Elemente positiv verstärken: durch die Fokussierung auf Ihr Gegenüber, durch Wärme und Sympathie für das Thema und die Menschen, mit denen Sie zu tun haben. Durch eine Aura der Gelassenheit oder der Dynamik, je nach Situation sowie durch eine grundsätzlich positive und fröhliche Einstellung zum Leben. Ich kannte eine Frau, die weder auffällig noch laut oder dominant war und allein durch ihre innere Wärme und ihre positive Art die Menschen in jedem Raum, den sie betrat, für sich einnahm. Man spürte ihre Präsenz, bevor man wusste, dass sie da ist. Leider ist sie viel zu früh gestorben, aber wer heute noch über sie spricht, erwähnt immer wieder, wie sehr sie jeden Raum erhellte. Eine positive Lebenseinstellung, Selbstsicherheit, innere Überzeugung und das Im-Einklang-Sein mit sich selbst, drücken Sie unbewusst durch Ihre gesamte Erscheinung aus. Diese innere Einstellung und Haltung ist für andere bereits über Ihren Körper und Ihre Präsenz wahrnehmbar. Und daran kann man arbeiten!

Versuchen Sie doch einmal bewusst, im nächsten Meeting die Rolle der schüchternen grauen Maus einzunehmen und sich bei einer anderen Gelegenheit so extrovertiert, Raum einnehmend und wirkungsvoll darzustellen, wie nur irgend möglich. Selbst wenn Sie sich irgendwo dazwischen einordnen, ist es sehr hilfreich, einmal zu schauen, wie weit das eigene Wirkungsvermögen schon ausgeprägt ist. Und vielleicht auch, was Ihnen eher liegt beziehungsweise wie Sie mit der eigenen Präsenz spielen können.

7
Worte, die mehr als heiße Luft sind

> »Wir können den Wind nicht ändern, aber die Segel anders setzen.«
> – ARISTOTELES

Wenn ich Sie bitten würde, mir ein paar Begriffe zum Thema Kommunikation zu nennen, wäre sicher einer der ersten »Sprache«. Laut Definition ist Sprache ein System von Einheiten und Regeln, die Mitgliedern einer Sprachgemeinschaft als Mittel der Verständigung dienen. Sehr viele Wissenschaftsbereiche beschäftigen sich mit Sprache und deren Verwendung – neben der Kommunikationswissenschaft die Literaturwissenschaft, aber auch die Theologie, die Anthropologie, die Neurologie oder die Psychologie. Sprache ist ein wichtiges Instrument zur Verständigung zwischen Menschen, sie vermittelt Gedanken, Ideen, Systeme, Konzepte oder Begriffe. Doch wie ein Instrument kein Orchester bildet, sind gesprochene Worte noch lange nicht ausreichend für gelungene Kommunikation – jeder von uns kann seinen Worten auf ganz vielfältige Weise Luft machen.

Entscheidend bei dem, was wir sprechen, ist, ob man uns versteht, und zwar sowohl unsere Aussprache als auch das, was wir ausdrücken wollen. Artikulieren wir so deutlich, dass bei anderen das, was wir sagen wollen, auch ankommt? Wählen wir bei dem, was wir sagen, unsere Worte mit Bedacht, und reicht unser Wortschatz überhaupt aus, um das auszudrücken, was wir gerne vermitteln möchten? Und zwar in allen Facetten?

Wie wichtig Sprache ist, stellen Sie spätestens dann fest, wenn Sie sich in einer Fremdsprache verständlich machen müssen, die Sie möglicherweise nur unvollkommen beherrschen. Wie oft ringen Sie da nach Worten, oder Ihnen fallen die passenden Artikel nicht ein. Manchmal sind Inhalte schwer zu vermitteln, wenn Sie nicht mit den Feinheiten, die Ihnen in der eigenen Sprache geläufig sind, zu spielen vermögen. Natürlich können Sie sich auch dann in dieser Sprache verständlich machen, ein tief gehendes Gespräch über Fachthemen, Emotionen oder philosophische Inhalte wird aber mit Sicherheit schwer möglich sein. Eine blumige Liebeserklärung gerät sogar zur großen Herausforderung.

Das Spielen mit der Sprache wird durch fehlenden Wortschatz, falsche Artikulation und den Mangel an Vokabeln, um Bilder als Beispiele zu nutzen, deutlich erschwert. Aus Unsicherheit vibriert dann vielleicht noch Ihre Stimme, und Sie sprechen viel leiser, als Sie es in der Muttersprache tun würden. Oder Sie reden deutlich schneller, um ein solches Gespräch rasch hinter sich zu bringen, vielleicht auch besonders langsam, weil Sie in Ihrem Gehirn erst einmal nach Worten suchen und diese zu Sätzen zusammenbauen müssen. Das genannte Beispiel umfasst eigentlich schon alle Instrumente, die für Ihre Wirkung auf linguistischer Ebene entscheidend sind. Die *Bildhaftigkeit*, mit der Sie Ihren Worten Leben einhauchen. Das *Ausdrucksvermögen*, das Ihren Tönen, die Sie aussprechen, innewohnt. Die *Stimme*, mit der Sie andere im Sturm erobern, und die Vielfältigkeit Ihres *Wortschatzes*, durch die Sie immer wieder für frischen Wind in Ihrer Kommunikation sorgen können.

Wie ich dem Gesagten Leben einhauche: Bildhaftigkeit

Er ist zwar ziemlich abgedroschen, passt aber einfach perfekt und stimmt in jeder Lebenslage. Gemeint ist der Satz: »Ein Bild sagt mehr als tausend Worte.« Wo würden Sie eher zugreifen? Wenn Ihnen ein Verkäufer auf dem Wochenmarkt leckere reife Tomaten anbietet oder wenn er Sie mit dem Geschmack von Sommer, Sonne und Frische aus dem letzten Italienurlaub lockt? Oder: Statt Ihnen einen zuverlässigen, sportlichen Wagen zu verkaufen, bietet man Ihnen einen »treuen Freund« an, der Sie sicher von A nach B bringt, in Notsituationen aber alle locker abhängt und dabei auch noch rassig wie eine Wildkatze daherkommt?

Viele von Ihnen benutzen sicher häufig Metaphern und Bilder, um bestimmte Inhalte verständlich und deutlich zu machen. Ein Herz kann nicht zerbrechen, aber der Ausdruck »Das bricht mir das Herz« sagt jedem sofort, wie man sich gerade fühlt. »Stur sein wie ein Esel«, »langsam sein wie eine Schnecke« oder »Augen haben wie ein Luchs«, sind Vergleiche, bei denen Sie sofort wissen, worum es geht. Der Begriff »Winterblues« lässt in Ihrem Kopf automatisch einen grauen, nasskalten Tag ohne Sonne mit der melancholischen Stimmung eines zu Ende gehenden Jahres aufkommen. Vergleiche, Metaphern oder auch Bilder, die Sie benutzen, prägen sich bei Ihrem Gegenüber deutlich besser ein und transportieren Inhalte viel stärker als die schlichte Darstellung eines Themas ohne bildhafte Vergleiche. Wenn es sich dann noch um Bilder handelt, die Ihr Gesprächspartner besonders gut nachvollziehen kann oder sogar selbst kennt, sind Ihre Worte für den anderen viel leichter zu verstehen und zu merken als Bilder, die mit der Lebenswelt Ihres Gegenübers wenig zu tun haben. Wenn Ihr Kommunikationspartner passionierter Segler ist, wählen Sie Vergleiche aus der Bildwelt des Segelns, wenn es sich um eine Vollblutmutter handelt, suchen Sie sich bildhafte Vergleiche aus dem Erziehungsbereich. Und schon ist Ihr Gegenüber sprichwörtlich im Bilde.

Mein Lieblingsspruch in Situationen, in denen ich mich um ein gutes Ergebnis oder eine Verbesserung bemühe, obwohl es aussichtslos ist, lautet oft: »Das ist wie Steine züchten.« Diesen Satz hat mir einmal jemand gesagt, und das Bild, das mir spontan durch den Kopf schoss, war: fünf Kieselsteine, die jemand mühselig begießt, hegt und pflegt. Eigentlich müsste er doch wissen, dass alle Liebesmüh umsonst ist, weil sie niemals wachsen werden.

Ein bildhafter Vergleich kann das Auszudrückende verstärken oder unter Umständen auch eine abmildernde Funktion übernehmen. Harte Inhalte können Sie so in weiches Seidenpapier verpacken und durch Metaphern eine Kröte, die der andere schlucken muss, so anmalen, dass sie wie ein Stückchen Sahnetorte aussieht. Zumindest auf den ersten Blick. Wenn Sie es vermögen, in Bildern auszudrücken, was Sie Menschen mitteilen möchten, dann wird das Verstehen deutlich erleichtert, Inhalte werden begreifbarer und besser merkbar. Möchten Sie etwas in Erinnerung behalten, so gelingt das ebenfalls leichter, wenn Sie sich nicht einen Begriff oder eine Zahl einprägen müssen, sondern ein passendes Bild. Müssen Sie sich die Zahl 7348 merken, sollten Sie sich eine Geschichte dazu überlegen: Die sieben Zwerge wollten mit drei Prinzessinnen im Viersternehotel acht Tage Urlaub machen. Nun schließen Sie am besten die Augen und stellen sich die Geschichte wirklich vor. Sie aktivieren dadurch die rechte und die linke Gehirnhälfte, die daraufhin zu einem Team werden. Damit die rational analytische Hälfte, also die linke, gut funktionieren kann, wird die intuitiv-kreative, die rechte, in der die Fantasie, die Emotion und das Bildhafte verarbeitet werden, zur Hilfe hinzugezogen. Besser merkbar werden die Inhalte auch deshalb, weil sich jeder seinen eigenen Film im Kopf erschafft: Ihre sieben Zwerge und das Vier-Sterne-Hotel sehen ganz anders aus als meine Fantasiebilder, werden also quasi individualisiert. Die Fähigkeit einer bildhaften Sprache ist sicherlich nicht jedem in die Wiege gelegt, und der eine ist vielleicht grundsätzlich von Haus aus etwas fantasievoller als der andere. Geschichten überlegen, sie erzählen und die Fantasie spielen lassen, können Sie aber mit ein bisschen Übung wunderbar lernen, und ich verspreche Ihnen: Es lohnt sich. Ich bin mit dem Thema Bildhaftigkeit bewusst das erste Mal auf einer Veranstaltung in Berührung gekommen, bei der der Gedächtnistrainer Markus Hofmann auftrat. Er ließ das Publikum ellenlange Zahlen ganz einfach durch die Verknüpfung mit Bildern lernen. Auch andere wissenswerte Fakten wie die sieben Weltwunder verpackte er so in eine Geschichte, dass ich sie mir bis heute merken kann. Vorher habe ich zwar häufig Vergleiche und Metaphern benutzt, allerdings selten eine komplexe Bildsprache eingesetzt, indem ich eine ganze Geschichte in eine bestimmte Bilderwelt übertragen habe.

Bei der Vorstellung eines neuen Logos und einer geänderten CI (Coporate Identity, also Gesamterscheinung eines Unternehmens) überlegte ich mir beispielsweise, Begrifflichkeiten und Bilder aus der Filmwelt zu benutzen. Das neue Logo des Unternehmens sollte international und mit viel öffentlicher Beachtung eingeführt werden. Bis zu diesem Termin waren noch einige Hürden zu nehmen, und viele verschiedene Köpfe waren in die Planung und Umsetzung eingebunden. Werbeagenturen, Mitarbeiter weltweit, die Geschäftsleitung und PR-Experten. Das neue Erscheinungsbild des Unternehmens und alle damit verbundenen Marketingaktionen sollten nun der Belegschaft vorgestellt und schmackhaft gemacht werden. Bei so einem komplexen und bedeutenden Thema suchte ich eine schnell zu begreifende Bildsprache. Filme haben alle schon gesehen, und auch die Begrifflichkeiten sind den meisten zumindest in Ansätzen vertraut. Außerdem kennen viele irgendein Remake einer bekannten Geschichte. Gerade hier konnte ich wunderbar kreative Wortschöpfungen verwenden: »Wir drehen den Film nicht neu, wir machen das Remake eines bekannten Klassikers«, »Sie als Mitarbeiter spielen weiterhin die Hauptrolle«, »Jetzt aber alles in HD-Qualität!«, »Den Zuschauer weiterhin durch Spannung an der Leinwand halten«, »Im Moment sind wir noch bei der Rohfassung«, »Alles in neuen Farben erscheinen lassen«, »Eine Frage der richtigen Darstellung«, »Jeder muss seine Rolle ausfüllen«, »Jeweils den richtigen Ton treffen«, »Zur Premiere werden viele auf dem roten Teppich stehen«, »Wir brauchen ein genaues Drehbuch«, »Auf diesen Auftritt haben wir lange gewartet«, oder: »Im Remake wird jeder die bekannte Geschichte wiedererkennen, aber statt national strahlen wir jetzt international aus.« Diese Bildsprache ließ sich gut transportieren und hinterließ einen deutlich bleibenderen Eindruck als nur Zahlen, Daten und Fakten. Mittlerweile fallen mir solche Bilder für bestimmte Themen recht spontan oder spätestens nach kurzer Überlegung ein. Anfangs jedoch habe ich mich hingesetzt und intensiv überlegt, welches Bild passen könnte und welche Vokabeln die von mir gewählte Metaphorik unterstreichen.

Egal, ob im beruflichen oder privaten Bereich: Geschichten, Vergleiche und Bilderwelten bieten sich immer an, Sachverhalte einfacher und eindrücklicher darzustellen. Sie möchten Ihrem Partner mitteilen, dass Sie sich in seiner Gegenwart immer zurückgesetzt und zu wenig beachtet fühlen, dass er Sie herumkommandiert, Ihnen das Wort abschneidet, zwar ab und zu, allerdings gönnerhaft, auch Lob ausspricht, aber im Endeffekt das gemacht wird, was er möchte? Nun gibt es zwei Möglichkeiten: Sie sagen es ihm gerade heraus, oder Sie verpacken das Ganze in bildhafte Sprache und bieten ihm beispielsweise das Bild eines Herrchens und seines Hundes an. So wie er mit Ihnen umgeht, fühlt es sich für Sie an, als würde er Sie wie einen Rauhaardackel hätscheln, dessen Jagdhundeigenschaften man schätzt, den man aber an der kurzen Leine hält, mal zum Apportieren wegschickt und wieder heranpfeift, der einen Rüffel bekommt, wenn er mal bellt, immer bei Fuß zu sitzen hat und zwischendurch mal freundlich getätschelt wird, wenn er besonders brav war. Glauben Sie mir, die bildhafte Variante wird er viel besser verstehen.

Als ich vor einiger Zeit zur Präsentation eines neuen Automodells als Moderatorin geladen war, ist den Designern und mir das Bild einer schönen, eleganten Frau in den Sinn gekommen. Während der Moderation entwickelte sich daraus ein wunderbares Gespräch über Figur, Formen, eleganten Gang, Katzenhaftigkeit, Geschmeidigkeit, Rundungen und Proportionen. Das Publikum musste während des Vortrags sehr oft schmunzeln, da jeder zuerst einmal das Bild dieser von uns beschriebenen weiblichen Schönheit vor Augen hatte. Je länger wir dieses Spiel spielten, desto mehr Freude bekamen wir selbst an der Sache. Wir wurden immer fantasievoller, uns fielen immer neue Vergleiche und Analogien ein, und wir sahen nachher vor unserem inneren Auge neben dem neuen Wunderwerk aus der Modellreihe die elegante, hübsche Frau mit der Bombenfigur, die wir mit unseren vergleichenden Bildern geschaffen hatten. Aus dem leblosen Metall mit Modifikationen in Form und Aussehen war ein Wunderwerk an Eleganz und Geschmeidigkeit geworden.

Welche Macht Bilder haben können, zeigt auch folgendes Beispiel: Eine Freundin von mir musste einmal wegen einer Allergie vier Wochen lang auf jegliche Form von Süßigkeiten, Zucker, Honig und so weiter verzichten. Für sie völlig unerträglich und so frustrierend, dass sie geradezu unausstehlich wurde, wenn Sie Ihre Gelüste nach einer Packung Gummibärchen, Schokolade oder Keksen nicht nach spätestens einer halben Stunde stillen konnte. So wie Raucher nachts noch an die Tankstelle tingeln, fuhr sie dann schlimmstenfalls zum nächstgelegenen Kiosk.

Das Einzige, was ihr half, diese Zeit des Süßigkeitenfastens zu überstehen, war, diese Sehnsüchte nach Zucker zu personifizieren und in ein Bild zu übertragen. Kleine grüne, drei Zentimeter große, unfassbar hässliche Monster, die auf ihrer Schulter saßen und jedes Mal bei dem Verlangen nach Süßem meckerten, jammerten, schrien, sich wanden und ihr das Leben zur Hölle machten. Die kleinen Süßmonster eben, die sie gerade durch ihre Zuckerdiäten auszuhungern drohte. Der Kampf gegen die eigene Sucht wurde auf diese Weise ersetzt durch den Kampf gegen diese grauenhaften Zuckermonster, die sie wie reale Figuren wahrnahm. Sie musste also nicht mehr gegen sich selbst, sondern gegen widerliche kleine Quälgeister antreten. Im Kopf führte sie mit ihnen richtiggehende Streitgespräche darüber, dass sie sich jetzt sicher nicht rumkriegen und sich nicht zum Essen verführen lassen würde. Das Personifizieren ihrer Gier nach Zucker und somit der eigenen Schwäche weckte enorme Energien, um sich dagegen aufzulehnen und sie quasi herausgelöst vom eigenen Ich bekämpfen zu können. Dies ist eine Methode, die auch bei der Raucherentwöhnung mit Erfolg eingesetzt wird.

Die beste Übung, um durch Bilder Ihre Kommunikation spannender, einprägsamer, verständlicher und besser merkbar zu gestalten, ist, möglichst viele Metaphern zu sammeln. Vor einer größeren Präsentation oder einem wichtigen Gespräch ist es zudem nützlich, sich ein Schlüsselthema zu suchen, das man mit Begrifflichkeiten und Emotionen sowie Vokabeln passend zum Thema anreichern kann. Für mich, die sich in der Welt der Meteorologie zu Hause fühlt, kann eine solche Metaphorik zum Beispiel folgendermaßen aussehen: Ich spreche von »Begeisterungsstürmen«, »Atmosphäre«, »Lichtblicken in der Kommunikation«, von »strahlenden Gesichtern« oder gebrauche Redewendungen, wie »Ein Licht aufgehen lassen« und »Frischen Wind in eine Sache bringen«.

Wenn Sie in einer Präsentation Ihren Kollegen ein neues Thema nahebringen wollen, können Sie sie mitnehmen auf eine Reise. In einem ICE – nicht in einer Regionalbahn –, in dem alles nach Plan läuft, Sie das richtige Gepäck dabeihaben, wo die Zeit wie im Flug vergeht und alle Anschlüsse pünktlich erreicht werden. Stellen Sie eine richtige Wortsammlung auf, indem Sie die Begriffe zu Ihrem Aufhängerthema notieren: Koffer, Gast, Hotel, Flugzeug, Zug, Auto, Restaurant, Meer, Strand, Stadt, Land, Fluss. Überlegen Sie sich dann, welche Überschriften oder Analogien Sie aus den Begriffen Ihrer Bildwelt jeweils zum Thema formulieren können. Und auch hier gilt: Je mehr Sie über Ihre Zuhörer wissen, über ihre Vorlieben oder Hobbys, desto spezifizierter können Sie mit genau passenden Bildern arbeiten. Informieren Sie sich über Ihren Gesprächspartner, Ihr Publikum, das Unternehmen oder die Gruppe, mit der Sie es zu tun haben, und nutzen Sie Ihr Wissen, um besonders einprägsame Bilder zu erschaffen. Der Chef spielt Golf, das Unternehmen war gerade auf einem Motorsportevent, Ihr Partner lernt derzeit Tauchen. Daraus ergeben sich perfekte Bilderwelten für das, was Sie ausdrücken wollen.

Selbst wenn Sie all das nicht in Erfahrung bringen können: Es gibt natürlich auch Vergleiche, die jeder versteht wie zum Beispiel die Bilderwelt des Essens oder Kochens, des Autofahrens, des Urlaubs, der Filmwelt und des Sports sowie beispielsweise Fußball oder Mannschaftssportarten an sich. So können Sie wunderbar anhand von Tennis und Handball den Unterschied zwischen Einzel- und Mannschaftsspiel verdeutlichen oder den Vergleich zwischen Spielführer und Stürmer nutzen. Wenn ich Übungen zur Bildhaftigkeit in meinen Coachings mache, ist es oftmals gerade bei anstehenden Präsentationen eine wahre Offenbarung, wie kreativ die Teilnehmer auf einmal werden. Sie entwickeln außergewöhnliche Fantasie, und ihnen fällt es auf einmal viel leichter, einen manchmal doch eher trockenen Inhalt in eine lebendige, anschauliche und oft witzige Geschichte zu packen. Diese ist dann bei Weitem verständlicher und einprägsamer, als es ihre rein auf Fakten basierende Präsentation ohne Bildsprache je sein könnte.

Auf Seite 131 habe ich Ihnen geraten, eine Requisite zur Hand zu nehmen, um Ihre Gestik und Körpersprache zu unterstützen. Dort war es ein Schlüssel. Wenn Sie das Bild mit den Seglern wählen, könnte das ein kleines Miniatursegelboot sein, beim Beispiel Motorsport ein kleiner Rennwagen, beim Thema Reisen eine Fahrkarte, beim Golfen ein Golfball. Ihnen fallen mit Sicherheit noch zahlreiche andere Möglichkeiten ein.

Wenn Sie eine Präsentation vor einem überschaubaren Personenkreis halten, ist Ihnen die Aufmerksamkeit aller von Anfang an hundertprozentig sicher, wenn Sie Requisiten einsetzen. Möchten Sie bei der Vorstellung eines neuen Produkts oder einer Idee die Anwesenden gleich mitnehmen, so platzieren Sie auf jedem Platz eine solche Requisite oder einen Gegenstand, der mit Ihrem Thema zu tun hat. Wenn es um Urlaub geht, beispielsweise einen Kofferanhänger, eine Modelleisenbahn, eine Fahrkarte oder eine Muschel. Die Teilnehmer sind so schon gedanklich von Anfang an beim Thema Reisen oder Urlaub. Weitere Utensilien können Sie in Ihrer Präsentation oder Rede nach und nach in Ihre Geschichte einbauen. Wenn Sie mit einer Idee Steine aus dem Weg räumen wollen, die andere bei der Arbeit behindern, dann legen Sie jedem Teilnehmer einen Stein auf den Tisch. Und mit jedem weiteren Argument, warum Ihre Innovation einen bestimmten Stolperstein beseitigt, nehmen Sie einen dieser Steine wieder weg.

Tolle Ideen mit den entsprechenden Vokabeln zu ganz verschiedenen Themen- und Bilderwelten finde ich immer wieder in dem Buch *Das KeyMotion-Prinzip* von Andreas Bornhäußer oder in dem *Metaphern-Lehrbuch* von Alexa Mohl. Sie werden merken, dass Ihnen die Arbeit damit richtig viel Spaß machen wird – und auf welch ungewöhnliche Ideen Sie kommen, wenn Sie sich erst einmal damit auseinandergesetzt haben.

Nur keine Töne spucken: Aussprache und Betonung

Erinnern Sie sich einmal für einen Augenblick an Otto Sander, der nicht nur ein berühmter Film- und Theaterschauspieler war, sondern der auch als begnadeter Sprecher für Hörbücher und Fernsehdokumentationen, als Synchronsprecher und als Erzählstimme in großen Filmen wie *Das Parfum* oder *Krabat* beeindruckte. Seine kräftige, ausdrucksvolle und sehr markante Stimme gab ihm sogar den Beinamen »The Voice«. Die Faszination seiner Arbeit liegt keinesfalls allein in seiner warmen und ziemlich tiefen Stimme, sondern vor allem in seiner sehr klaren und deutlichen Aussprache und Fähigkeit zur exakten Betonung. Ein Thema, das heute ganz häufig in den Hintergrund gerät, da sich kaum einer mehr um eine korrekte Aussprache bemüht, weil wir durch das Verkürzen von Worten in SMS-Sprache oft gar nicht mehr darüber nachdenken müssen, wie etwas korrekt ausgesprochen wird.

So toll der Schauspieler Til Schweiger auch sein mag, es gibt über ihn verschiedenste Parodien, weil seine Aussprache oft so undeutlich und nuschelig anmutet. Eine deutliche Aussprache und korrekte Betonung fallen sicher nicht jedem leicht, und kaum jemand wird in seinem Leben Sprechunterricht nehmen, wenn er die Sprache nicht beruflich braucht.

Auch ich bin zur Sprecherziehung eher wie die Jungfrau zum Kind gekommen. In der Bankfiliale, in der ich vor vielen Jahren meine Ausbildung machte, waren viele Mitarbeiter der Deutschen Welle und des Deutschlandfunks Kunde. Irgendwann sprach mich eine sehr sympathische Dame an. Ich hätte eine angenehme und prägnante Stimme und ob ich nicht Spaß daran finden könnte, Sprechunterricht zu nehmen. Sie arbeitete als Sprecherin beim Deutschlandfunk und gab nebenbei Sprach- und Sprechertraining. Ich hatte mir bis zu diesem Zeitpunkt noch nie Gedanken darüber gemacht, dass es so etwas gibt. Damals wäre ich mit Sicherheit schwer amüsiert gewesen, wenn mir jemand prophezeit hätte, dass ich einmal Moderatorin werden würde. Geglaubt hätte ich es nicht. Wenn ich jemanden nennen sollte, der mich zu der gemacht hat, die ich heute bin, dann ist das Ellen Gödde, so heißt die Kollegin von der Deutschen Welle. Da der Unterricht nur zweihundert Meter von meiner Bankfiliale entfernt stattfand, sagte ich aus Neugierde zu und ließ mich auf das Abenteuer ein. Und es hat sich in jeder Hinsicht gelohnt.

Richtig betonen und aussprechen, ist immer wichtig, wird aber so gut wie nirgendwo gelehrt. Selbst wenn ich von meinen Eltern dazu erzogen wurde, hochdeutsch zu sprechen – die Feinheiten, auf die es ankommt, muss man wirklich erkennen können und trainieren. Meine ersten Übungsstunden bestanden im Lesen verschiedener Nachrichtentexte, Gedichte, Kurzgeschichten und Theaterstücke. Einerseits machte mir das riesigen Spaß, andererseits wurde mir immer mehr bewusst, dass man durch eine bestimmte Aussprache oder Betonung Inhalte hervorheben, herausstellen oder in den Hintergrund rücken und ihnen damit einen völlig unterschiedlichen Sinn geben kann.

Da in der Bank zu dieser Zeit Telefonmarketing schwer in war, musste ich zahlreiche Kundentelefonate führen. Allein dabei konnte ich das im Sprechtraining Gelernte schon fantastisch umsetzen. Gerade bei älteren Menschen war es wichtig, besonders deutlich und langsam zu sprechen sowie die richtigen Pausen zu setzen und mit der Stimme herunterzugehen, um zu zeigen, dass der Satz zu Ende ist. Ich werde heute teilweise wahnsinnig, wenn ich im Radio Sprecher höre, die ohne Punkt und Komma Sätze und ganze Inhalte einfach weglesen oder bei denen man nie weiß, wann der Satz zu Ende ist. Zum Glück gibt es davon nur ganz wenige. Der Vorteil guter Artikulation und richtiger Betonung ist außerdem, dass man selbst, wenn man sehr schnell spricht, noch ausgesprochen gut zu verstehen ist. Bewusste Aussprache und Betonung machen es für den Zuhörer viel einfacher, Inhalten und Worten zu folgen.

Stellen Sie sich vor, Ihnen sitzt jemand gegenüber, und er erzählt Ihnen eine Geschichte und verschluckt dabei jeweils Silben oder spricht ohne große Modulation. Grauenhaft. Da ich selbst immer mal wieder Sprechunterricht gebe, weiß ich, dass kleine Änderungen in Betonung oder Aussprache und das Einüben genau dieser Fähigkeit einen enormen Einfluss auf die Wirkung eines Menschen haben. Sprechen Sie mal den folgenden Satz laut vor sich hin:

Wenn vor fliegen fliegen fliegen fliegen fliegen fliegen hinterher.

Und? Haben Sie verstanden, worum es geht? Wahrscheinlich erst nach dem dritten Lesen. Hilfestellungen wie Kommas, Groß- und Kleinschreibung oder Gedankenstriche hel-

fen Ihnen dabei, Betonungen richtig zu setzen, Pausen einzulegen und damit allein durch die Aussprache Sätzen einen Sinn zu geben. Lesen Sie den Satz jetzt noch einmal:
Wenn vor Fliegen Fliegen fliegen, fliegen Fliegen Fliegen hinterher.
Schon deutlich einfacher, oder?
Versuchen Sie es einmal hiermit: *Mit Alkohol habe ich keine Probleme.*
Und nun betonen Sie einmal anders: *Mit Alkohol habe ich keine Probleme.*
Hier noch ein schönes Beispiel: *Der gefangene floh.*
Nur durch Betonung, wenn Sie die Groß- und Kleinschreibung nicht sehen, können Sie jetzt richtigstellen, ob der Gefangene geflohen oder ob der Floh gefangen ist. Wenn Sie »der Gefangene« betonen, floh er, wenn Sie den »Floh« betonen, ist der Floh gefangen. Sie sehen schon, manchmal kann man sogar große Missverständnisse vermeiden, indem man richtig betont oder auch bewusst Pausen setzt.

Den Satz »*Hängen nicht begnadigen*« kann man als »*Hängen, nicht begnadigen*« lesen oder als: »*Hängen nicht, begnadigen*«. Das Komma zeigt Ihnen hier, wo eine Pause zu setzen ist, und gibt dem Satz erst den beabsichtigten Sinn.

Wenn Sie deutlich sprechen, Pausen an den entscheidenden Stellen setzen und Betonungen bewusst vornehmen, werden Sie von anderen besser verstanden und können den Inhalten Ihrer Worte noch einmal mehr Nachdruck verleihen. Außerdem können Sie sich mit klarer und deutlicher Aussprache Respekt verschaffen. So gern ich Dialekte mag, insbesondere in Präsentationen oder Vorträgen jedoch verschaffen Sie sich durch verständliches Hochdeutsch mehr Respekt und bessere Verständlichkeit. Eine sprachliche Einfärbung, die zwar erkennen lässt, woher Sie kommen, ohne die Verständlichkeit zu beeinträchtigen, nimmt keiner als störend wahr. Wenn aber bei einem Rheinländer aus *Welch schlecht berechtigtes Vermächtnis entwächst dem schwächlichen Gedächtnis* ein *Welsch schlescht bereschtischtes Vermäschtnis entwächst dem schwäschlichen Gedäschtnis* wird, dann entsteht aus einem altertümlichen Gedicht eine Lachnummer.

Bei stark ausgeprägtem Dialekt oder einem Sprachfehler sollte man sich, wenn einem die eigene Wirkung am Herzen liegt oder man häufig Vorträge und Präsentationen halten muss, an einen ausgebildeten Sprechtrainer oder Logopäden wenden. Bitte nicht falsch verstehen: Ich mag Dialekte und höre sie auch sehr gerne. Hier aber geht es mir um die Wirkung, die Sie erzielen möchten, und um Verständlichkeit. Nicht jeder versteht jeden Dialekt, und eine gemeinsame Sprache, also auch Aussprache, verbindet. Unverständlichkeit schafft dahingegen Distanz und grenzt aus.

Der Marketingleiter eines großen bayrischen Unternehmens sollte für die jährlich stattfindende Verkäuferkonferenz als Show Act eine Band organisieren. Er entschied sich für eine in Bayern sehr populäre und beliebte Musikgruppe, die extrem coole, jedoch für Nichtbayern textlich kaum zu verstehende Musik macht. Von den rund hundert geladenen Verkaufsmitarbeitern fanden 10 Prozent diesen Unterhaltungspart sensationell, sangen mit, was das Zeug hielt, der Rest schaute entsetzt, weil er kein Wort des Textes und auch die Musik an sich überhaupt nicht verstand oder sich dafür nicht begeistern konnte. Für die Berliner, Hamburger, Kölner oder Kieler Mitarbeiter hatte die Aufführung null Unterhaltungswert und wirkte befremdlich, weil es sie ausgrenzte.

Ich erlebe öfter einmal auf Veranstaltungen, bei denen viele Redner hintereinander zu einem Thema Vorträge halten, Sprecherinnen oder Sprecher, die versuchen, möglichst viel in die vorgegebene Zeit zu packen. Vor allem wenn das

Zeitkorsett sehr eng ist und sie wissen, dass sie keinesfalls überziehen dürfen, streichen sie nicht etwa Inhalte weg, sondern reden einfach schneller. Für den ungeübten Sprecher heißt das dann meist, dass er Pausen und wichtige Betonungen einfach weglässt und es damit dem Zuhörer unmöglich macht, ihm noch zu folgen. Einer sehr geübten Sprechstimme mag es selbst bei großer Geschwindigkeit noch möglich sein, die richtige Betonung zu finden und so deutlich zu artikulieren, dass die Inhalte zumindest ankommen. Schwierig zuzuhören, bleibt es aber trotzdem.

In meinen Wettermoderationen habe ich oft ein extrem enges Zeitkorsett, und wenn es bei einer Livesendung heißt »zwei Minuten dreißig«, dann kann es mir gut passieren, dass ich nach zwei Minuten und dreißig Sekunden auch wirklich vom Bildschirm verschwinde, egal ob ich noch etwas zu sagen habe oder nicht. Insbesondere am Anfang meiner Laufbahn habe ich als Moderatorin oft viel zu schnell gesprochen und musste mich immer wieder selbst dazu anhalten, meine Sprechgeschwindigkeit zu reduzieren. Das funktionierte sehr gut, indem ich mir auf ein Blatt Papier das Wörtchen »laaaangsam« notierte und es unter die Kamera klebte. Bei Bühnenmoderationen stand schließlich dieses eine Wort auf jeder fünften Moderationskarte, um mich daran zu erinnern. Heute bin ich ziemlich gut darin, schnell zu entscheiden, welche Inhalte wichtig sind. Diese kann ich dann auch sehr prägnant und ausdrucksstark vermitteln. Und ich überlege genau, welche Aspekte ich der Verständlichkeit halber besser weglasse, wenn es die Zeit erfordert.

Selbst in der privaten Kommunikation kommt es auf Artikulation und Betonung an. Ein Vorwurf, der lautstark in einem Sprachmodus und ohne Punkt und Komma vorgetragen wird, hat bei Weitem nicht die gleiche eindrückliche Wirkung wie eine deutlich ausgesprochene, gut formulierte und durch Betonungen und Pausen akzentuierte Kritik, die

Sie in Richtung Ihres Gegenübers äußern. Selbst wenn Sie jetzt nicht zum großen Redner avancieren wollen, lohnt es sich, an Betonung und Aussprache zu arbeiten. So können Sie zum Beispiel regelmäßig aus Goethes *Faust* zitieren:

> *Geschrieben steht: »Im Anfang war das Wort!«*
> *Hier stock ich schon! Wer hilft mir weiter fort?*
> *Ich kann das Wort so hoch unmöglich schätzen,*
> *Ich muss es anders übersetzen,*
> *Wenn ich vom Geiste recht erleuchtet bin.*
> *Geschrieben steht: Im Anfang war der Sinn.*
> *Bedenke wohl die erste Zeile,*
> *Dass deine Feder sich nicht übereile!*
> *Ist es der Sinn, der alles wirkt und schafft?*
> *Es sollte stehn: Im Anfang war die Kraft!*
> *Doch, auch indem ich dieses niederschreibe,*
> *Schon warnt mich was, dass ich dabei nicht bleibe.*
> *Mir hilft der Geist! Auf einmal seh ich Rat*
> *Und schreibe getrost: Im Anfang war die Tat!*

Oder Rainer Maria Rilke *Der Panther*:

> *Sein Blick ist vom Vorübergehn der Stäbe*
> *so müd geworden, dass er nichts mehr hält.*
> *Ihm ist, als ob es tausend Stäbe gäbe*
> *und hinter tausend Stäben keine Welt.*
> *Der weiche Gang geschmeidig starker Schritte,*
> *der sich im allerkleinsten Kreise dreht,*
> *ist wie ein Tanz von Kraft um eine Mitte,*
> *in der betäubt ein großer Wille steht.*
> *Nur manchmal schiebt der Vorhang der Pupille*
> *sich lautlos auf –. Dann geht ein Bild hinein,*
> *geht durch der Glieder angespannte Stille –*
> *und hört im Herzen auf zu sein.*

Nehmen Sie irgendein Gedicht, das Ihnen gefällt oder einen prosaischen Text, das Buch, das Sie gerade lesen oder die Zeitung, die vor Ihnen liegt, und lesen Sie daraus laut vor. Variieren Sie dabei immer mal wieder Sprechtempo, Betonung, Aussprache und Pathos. Von Zeit zu Zeit erfreuen Sie damit am besten Ihre Partnerin, Ihren Partner oder einen guten Freund, und zwar so, als würden Sie selbst ein Hörbuch sprechen wollen.

Ein sehr zu empfehlendes Buch ist *Der kleine Hey: Die Kunst des Sprechens* von Julius Hey und Fritz Reusch. Hier finden Sie unzählige Übungen zur korrekten Aussprache und zahlreiche Texte. Unterstützen Sie das Ganze am besten durch die dazugehörige CD oder DVD. Um ein Gefühl dafür zu bekommen, wie richtige Betonung und Artikulation wirken, sollten Sie sich auch immer mal wieder Hörbücher von bekannten Schauspielern oder Synchronsprechern wie Christian Brückner oder Gudrun Landgrebe anhören. Wunderbar eignen sich Hörbücher mit Gedichten oder Balladen, in denen es noch einmal ganz besonders auf die Betonung ankommt, aber Krimis oder andere Genres erfüllen ebenfalls ihren Zweck. Es geht einfach darum, Ihr Gehör für die richtige Aussprache und Akzentuierung zu schulen. Wenn Sie das eine Weile geübt haben, können Sie sich an Zungenbrecher wagen.

Auf den sieben Robbenklippen sitzen sieben Robbensippen, die sich in die Rippen stippen, bis sie von den Klippen kippen. Oder:

Herr von Hagen darf ich's wagen, Sie zu fragen, welchen Kragen Sie getragen, als Sie lagen krank am Magen in der Stadt zu Kopenhagen.

Gerade beim Thema Akzentuierung, Aussprache und Betonung kommt es auf häufige Wiederholung und Übung an. Sie werden sehen, dass das Ergebnis Ihrem Umfeld schnell auffallen wird!

Darum erobere ich Herzen im Sturm: durch Stimme mehr Stimmung

Dass Sie Ihre Worte mit Bedacht wählen sollen und sich der Wirkung des Gesagten bewusst sein müssen, ist eigentlich eine Selbstverständlichkeit und auch das Erste, woran Sie sicherlich denken. Doch über den Inhalt hinaus sind der Klang des Stimme und deren Kraft mindestens genauso wichtig. Beim Sprechen oder Singen bekommen Ihre Stimmlippen richtig viel zu tun – Sie öffnen und schließen sich viele Male in der Sekunde. Wie Ihre Stimme klingt, hängt ab von Ihrer Nasenhöhle, dem Gaumen, der Zunge, dem Unterkiefer, dem Rachen, den Stimmlippen, dem Kehlkopf und dem Zungenbein. Die Stimmlippen liegen im Kehlkopf und sind ein wesentlicher Teil des stimmbildenden Apparates, bestehend aus der Stimmfalte, dem eigentlichen Stimmband, dem Musculus vocalis und den Aryknorpeln.

Jeder von Ihnen wird Menschen kennen, bei deren Stimmen Ihnen angenehm wohlig wird. Wahrscheinlich haben Sie schon einmal erlebt, dass Sie mit irgendeiner Telefonhotline gesprochen haben und dachten: »Wow, die Person dahinter würde ich gerne kennenlernen!« Umgekehrt kennen Sie sicherlich ebenfalls das Gefühl, allein durch eine Stimme unangenehm Gänsehaut zu bekommen, obwohl der dazugehörige Mensch Ihnen mit seinem Äußeren durchaus sympathisch und angenehm war. Stellen Sie sich eine hübsche Frau vor, groß und eindrucksvoll, die auf einmal mit hoher Fistelstimme zu reden beginnt. In der Regel spricht man solchen Menschen wenig Kompetenz zu und mag ihnen nicht lange zuhören. Einer tiefen, warmen Stimme hingegen lauscht man gerne und verbindet mit ihr Seriosität, Vertrauen und Stärke. Das ist nicht nur gefühlsmäßig so, sondern eine Studie der Universität Miami hat dies auch bewiesen. 87 Männern und 86 Frauen wurden Stimmen vorgespielt, die alle denselben Satz sagten, jedoch digital verfälscht. Sie hörten immer denselben Mann oder dieselbe Frau, bloß klang die Stimme mal tiefer bis brummig und mal höher bis piepsig. Die Teilnehmer wählten im Anschluss ihre Favoriten, und das Ergebnis war eindeutig: Die dunklen Stimmen lagen weit vorn! Alle waren sich darüber einig, dass sie kompetenter und vertrauenswürdiger klangen.

Sollten Sie bei der Überschrift gedacht haben: »Meine Stimme ist halt, wie sie ist, und das wird schon keinen großartigen Einfluss auf meine Außenwirkung haben«, dann haben Sie sich getäuscht. Ganz im Gegenteil! Ähnlich wie Ihre äußere Erscheinung ist Ihre Stimme eine Art Visitenkarte, denn lange bevor Sie mit Inhalten überzeugen, können Ihre Stimme, Ihre Stimmfarbe und Stimmlage einen Grundstein für Ihre Gesamtwirkung legen. Ein ganz einfaches Beispiel: Ein Redner auf einer Bühne beginnt etwas atemlos und mit zittriger Stimme zu erzählen. Sofort wissen Sie, dass dieser Mensch wahnsinnig aufgeregt ist, und Sie werden geradezu mit nervös. Sehr viele Sprecher oder Redner verfallen in eine deutlich höhere Stimmlage als normal, gekrönt von einem immer schneller werdenden Tempo beim Sprechen, was in der Regel der Nervosität geschuldet ist und beim anwesenden Publikum unangenehm auffällt. Umso wichtiger ist es also, Ihre Stimme vor einer Rede oder einem wichtigen Gespräch im wahrsten Sinne des Wortes einzustimmen und nicht nervös zu werden, wenn Ihnen die Stimmlage dann doch kurz entgleitet.

Ich habe das einmal während einer Moderation erlebt. Mit einer der Vortragenden hatte ich mich im Vorfeld unterhalten, einer selbstbewusst und entspannt wirkenden, gestandenen Frau. Als ich sie auf die Bühne bat, blieb ihr regelrecht der Atem weg. Sie japste, sprach immer atemloser, hüstelte und wurde dadurch noch nervöser. Ich saß in der ersten Reihe wie auf Kohlen und merkte, wie sich diese extreme Atemlosigkeit und Nervosität auf die etwa hundert Gäste übertrug. Man nennt so etwas den psychorespiratorischen Effekt – wir imitieren unbewusst unser Gegenüber, wenn wir ihm zuhören. Die kontinuierliche Veränderung der Tonhöhe beim Sprechen, die unruhige Sprachmelodie und die schnelle Atmung lösen beim Gegenüber Antipathien aus, ohne dass es ihm überhaupt bewusst ist. Umgekehrt wirkt eine entspannte Stimme mit angenehmer Sprachmelodie auf den anderen beruhigend. Ihr Gegenüber ist Ihnen in diesem Fall deutlich sympathischer als jemand mit einer piepsigen oder quäkenden Stimme.

Der monotone Klang von Nachrichtensprechern ist zwar weniger ausdrucksstark als der Text eines Schauspielers, wirkt dadurch aber objektiver und informativer. Ganz wichtig ist in diesem Zusammenhang die Indifferenzlage Ihrer Stimme, die jedoch bei jedem unterschiedlich ist. Hierbei geht es um den Grundton, über den jede einzelne Stimme verfügt. Man nennt ihn auch den Schongang für die Stimme.

Sagen Sie einen x-beliebigen Satz, der Ihnen gerade in den Sinn kommt. Beispielsweise: »Das ist heute ein ganz besonders schöner Tag.« Jetzt machen Sie das typische »Hmmm«-Geräusch, als würden Sie vor einem ganz besonders guten Essen sitzen. Ruhig zwei-, dreimal hintereinander. Sprechen Sie jetzt den eben gesagten Satz noch einmal. Hat sich Ihre Stimme verändert? Sie sind jetzt mit ihr in der optimalen Lage.

Wird diese dauerhaft verlassen, spricht also jemand immer außerhalb seiner Indifferenzlage, so kann sich die Stimme im Extremfall überschlagen, sie wird auf jeden Fall stark angespannt und belastet, was im schlimmsten Fall sogar zu Heiserkeit führen kann. In der Indifferenzlage zu sprechen, ist für Ihre Zuhörer also am weitaus angenehmsten und für Sie selbst am gesündesten und schonendsten.

Ich versuche vor jedem Auftritt, durch diese einfache »Hmmm«-Übung den Grundton meiner Stimme möglichst zu treffen und zu halten. Gerade bei längeren Moderationen über einen ganzen Tag hinweg kann ich damit meine Stimmbänder schonen. Natürlich gibt es Situationen, in denen Sie diese Indifferenzlage Ihrer Stimme verlassen und ober- oder unterhalb Ihrer Sprechstimmlage sprechen. Zum Beispiel wenn Sie mit Kindern sprechen, Ihrem Schatz etwas ins Telefon säuseln oder liebe Freunde nach langer Zeit endlich mal wiedersehen. Dies geschieht aber immer nur in besonderen Situationen und für kurze Zeit. Auch monotones Zählen hilft, in die Indifferenzlage zu finden, genauso wie der uns allen bekannte Beginn des Gedichts *Abendlied* von Matthias Claudius:

Der Mond ist aufgegangen.
Die goldenen Sternlein prangen,
am Himmel hell und klar.

Sagen Sie die beiden Sätze vor sich hin und führen Sie dabei Kaubewegungen aus. Das hört sich jetzt erst einmal lächerlich an, hilft aber, ihr Sprechwerkzeug, die Zunge, und den Kiefer zu lockern.

Wann empfinden Sie eine Stimme beziehungsweise das Gesagte als langweilig, wann hingegen als mitreißend? Langweilig sind meist monoton gesprochene Worte, bei denen die »Aufs und Abs« fehlen. Mit der Stimme zu spielen, kann Kommunikation noch fesselnder, interessanter und mitreißender machen. Dazu muss die Satzmelodie aber mit dem Gesagten mitschwingen. Auch die Variation von laut und leise kann erheblich dazu beitragen, dass Ihre Stimme und Ihre Worte ausdrucksvoller und angenehmer klingen. Wenn Sie mit Ihrer Stimme fesseln und begeistern möchten, dann müssen Sie mit ihr spielen. Wer immer gleich betont, langweilt. Wer daneben mit seiner Stimme *und* dem Gesagten Akzente setzt, hat auch am eigenen Gesprochenen mehr Spaß.

Nicht jeder hat eine tiefe und geheimnisvolle Stimme, vor allem Frauen nicht. Es wird schwierig sein, von Prince zu Adele zu kommen, aber es ist keinesfalls unmöglich, an der Stimmlage zu schrauben. Auch hier sollten Sie sich erst einmal darüber bewusst werden, wie Sie eigentlich sprechen. Was müssen sie tun, um gewisse Worte oder Buchstaben zu bilden? Gehen Sie mit Ihrer Stimme einfach ab und zu ein paar Lagen tiefer, wie hört sich das für Sie an? Was ist dann anders beim Sprechen? Was führt dazu, dass Sie tiefer sprechen? Machen Sie immer und immer wieder die »Hmmm«-Übung, um Ihre Indifferenzlage zu finden, atmen Sie beim Sprechen in den Bauch und nicht in den oberen Brustbereich. Diese Übung empfehle ich jedem vor einer längeren Rede oder einem Vortrag. Das heißt: Beim Einatmen wölben Sie Ihren Bauch richtig bewusst nach außen und fühlen dabei, wie die Luft Sie ausfüllt. Beim Einatmen ziehen Sie den Bauchnabel ganz weit nach hinten an die Wirbelsäule, um wirklich das letzte bisschen Luft herauszupressen. Dazu stellen Sie sich, wie bereits beschrieben, aufrecht in der Pilates-Grundstellung hin und lockern Ihre Schultern. Machen Sie die bewusste Ein- und Ausatmungsübung ein bis zwei Minuten lang. Versuchen Sie danach, richtiggehend aus dem Bauch heraus zu sprechen, anstatt aus der Kehle oder dem oberen Brustbereich. Wiederholen Sie einen einfachen Satz, wie zum Beispiel den folgenden: *Das ist heute der beste Tag meines Lebens*, und ruhig fünf- bis sechsmal.

Ein gutes Training ist ferner: Sprechen Sie, während Sie ausatmen, dreimal hintereinander *Mamamamama momomomomo mumumumumu*. Das können Sie auch mit *Lalala lololo lululu* variieren und immer mal wieder zwischendurch zur Lockerung und zum Training Ihrer Stimme durchführen. Solche und ähnliche Übungen finden Sie in dem bereits empfohlenen Buch *Der kleine Hey*. Da die Stimme ein Muskel ist, ist es wichtig, ihn regelmäßig zu trainieren. Und der Einzige, der das kann, sind Sie selbst!

Ich liebe die frische Brise: Wortschatz

Sie sind sich im Klaren darüber, dass Sie sich zunächst eine ganze Reihe von Wörtern aneignen müssen, wenn Sie eine neue Sprache lernen möchten. Einerseits, um sie zu verstehen, und andererseits, um die Sprache auch sprechen zu können. Selbst ohne großartige Grammatikkenntnisse sind Sie mit einem gewissen, wenngleich rudimentären Wortschatz zumindest in der Lage, andere zu verstehen und sich einigermaßen verständlich zu machen. In Ihrer Muttersprache werden Sie sich über solche Dinge kaum Gedanken machen, Sie sprechen sie einfach.

In der deutschen Sprache kennt man beachtliche 5,3 Millionen Wörter, der Standardwortschatz eines Deutschen beinhaltet allerdings nur 70.000 davon. Ganz offiziell findet man im Rechtschreibduden 135.000 Stichworte, *Das große Wörterbuch der deutschen Sprache* erwähnt immerhin 200.000. Genaue Angaben sind hier sehr schwierig, da ja immer wieder neue Worte erfunden oder gebildet werden und andere dafür aussterben. Zudem gibt es Fachbegriffe und Wörter aus verschiedenen Dialekten, die manchmal dazu- und manchmal nicht dazugezählt werden.

Man unterscheidet in einer Sprache zwischen aktivem und passivem Wortschatz. Der passive Wortschatz ist das, was Sie an Worten verstehen, ob geschrieben oder gesprochen. Sie wissen also, welche Bedeutung diese Worte haben. Beim aktiven Wortschatz geht es darum, welche Worte Sie selbst verwenden. Womit drücken Sie sich aus, auf welche Begriffe greifen Sie zurück, wenn Sie mit anderen Menschen kommunizieren? Ihr aktiver Wortschatz wird wahrscheinlich weit unter dem liegen, was Ihnen theoretisch zur Verfügung stünde: Im Durchschnitt kommen Sie wahrscheinlich auf einen aktiven Wortschatz aus 3000 bis 8000 Wörtern. Goethe soll angeblich in seinen Werken rund 90.000 Wörter benutzt haben, der aktive Wortschatz von Konrad Adenauer hingegen wurde auf nicht mal ganz 1000 Wörter veranschlagt. Wahrscheinlich gelang es ihm aber gerade deshalb, so volksnah und bodenständig zu wirken. Wenn Sie mit Menschen verbal interagieren, Vorträge oder Reden halten, wird Ihre Kommunikation durch möglichst viele Vokabeln abwechslungsreich, spannend und hoffentlich auch immer wieder überraschend. Insbesondere wenn Sie es mit einem speziellen Thema zu tun haben, müssen Sie sich oft erst die entsprechenden Begriffe aneignen. Wenn Sie beispielsweise mit Ihrem Auto zur Reparatur fahren, möchten Sie sicher gerne wissen, was ein kaputtes Gebiss oder eine Ventilüberschneidung ist.

Als ich vor rund zwanzig Jahren anfing, das Wetter zu moderieren, war für mich eine der ersten wichtigen Übungen, mir einen möglichst großen Wortschatz zum Thema Wetter zuzulegen. Und zu lernen, was welcher Ausdruck, welche Vokabel wirklich bedeutet. Welche Synonyme gibt es für die einzelnen Ausdrücke oder Beschreibungen? Wenn es die nächsten drei Tage durchregnet, wollte ich ja gerne ein wenig mehr sagen als: »Es fällt Regen«, Der Tag wird regenreich, oder »Es regnet«. Und so stellte ich mir eine Sammlung mit anderen Begriffen oder Wortschöpfungen zusammen wie zum Beispiel »Niederschlag«, »Es gießt«, »Wolkenbruch«, »Es schüttet«, »Es pladdert«, »Sturzbach«, »Es nieselt«, »Es kommen wenige Tropfen runter« und so weiter. Auch heute noch suche ich vor Veranstaltungen, in denen es um spezielle

Themen geht, nach Begriffen, die in diesem Sachgebiet üblich sind. Zum einen, um meine Interviewpartner zu verstehen, zum anderen, um möglichst professionell mit den jeweiligen Themen umgehen zu können. Ich erweitere also jeweils und immer wieder meinen aktiven und passiven Wortschatz.

Warum ist es so wichtig, möglichst viele Worte zur Verfügung zu haben? Ob im privaten oder beruflichen Umfeld lässt Sie ein bunter und vielseitiger Wortschatz redegewandter wirken. Mit vielen verschiedenen Worten können Sie Inhalte besser und dezidierter transportieren, sie konkreter formulieren, leichter umschreiben oder auch beschreiben. Ganz oft ist mir schon bei Menschen, denen ein ausreichender Wortschatz fehlt, aufgefallen, dass sie schnell unsicher werden, wenn sie etwas ausdrücken müssen. Sie suchen buchstäblich händeringend nach Worten, wenn sie eine Situation oder sich selbst erklären sollen. Sprachfertigkeit hat nicht zwingend mit hoher Bildung oder einem Studium der Sprachwissenschaften zu tun, sondern oft einfach damit, wie viel Sie mit wem sprechen, ob Sie viel lesen, wenn ja, was, und welche Fernsehprogramme Sie anschauen. Zum Teil wurde Ihnen die Größe Ihres Wortschatzes durch Ihre Erziehung mitgegeben. Je mehr Eltern mit ihrem Kind sprechen, und je ausgeprägter die elterliche Sprachfertigkeit ist, lernen Kinder quasi nebenbei Begriffe kennen. Sie haben die Möglichkeit, immer wieder frischen Wind in Ihr Vokabular zu bringen und Ihr Spektrum an Ausdrucksmöglichkeiten jeden Tag durch Ihr eigenes Zutun zu vergrößern.

Für »Geld« gibt es allein sechsunddreißig Synonyme, für »schön« rund vierzig. Auch im Privaten hilft es Ihnen, wenn Sie in der Lage sind, mit Worten zu spielen. Statt zu sagen: »Das Wochenende mit dir war schön!«, können Sie die Tage mit »faszinierend«, »herrlich«, »wundervoll«, »erstklassig«, »exzellent«, »hervorragend«, »vollkommen«, »ideal«, »göttlich«, »himmlisch« oder »einzigartig« beschreiben und damit noch spezifischer und konkreter werden. Auch nach dem vierten schönen Wochenende wird Ihnen bestimmt noch ein Adjektiv einfallen, mit dem Sie die besondere Zeit, die Sie mit einem Menschen verbracht haben, treffend um- oder beschreiben können.

Seien Sie aber bitte vorsichtig, wenn es um die Verwendung von Fremdworten geht. Wenn sich jemand aus der »Atmosphäre« ziehen will, statt aus der »Affäre«, wenn aus einem »VIP« ein »Fipp« wird, jemand statt »autistisch« plötzlich »authentisch« ist oder Sie nicht an Schaufenstern »entlangflanieren«, sondern »-flambieren«, werden Sie schneller zur Lachnummer, als Sie zu Ende gesprochen haben. Fremdworte können, gezielt und richtig benutzt, eloquent und belesen wirken, falsch eingesetzt aber Ihre ganze Wirkung zunichtemachen.

Sicherlich haben Sie schon einmal den Ausdruck gehört »Nett ist die kleine Schwester von sch…« (ich meine hier natürlich scheußlich). Dieser Satz kommt zustande, weil der Begriff »nett« einfach keine Aussage hat. Wie soll eine Situation, ein Gespräch, ein Zusammentreffen mit jemandem nett gewesen sein? Das kann maximal als Adjektiv für einen Menschen herangezogen werden, doch selbst da ist die Aussage gleich null. Seit ich den Spruch das erste Mal gehört habe, ist der Begriff »nett« aus meinem Wortschatz so gut wie gestrichen, und ich suche jedes Mal, wenn er mir doch herausrutschen möchte, sofort nach Alternativen. Was will ich denn eigentlich genau sagen?

Ihre Wirkung und Ihre Ausstrahlung haben sehr viel mit dem zu tun, wie und womit Sie sich ausdrücken. Je eloquenter Sie auftreten, desto sicherer fühlen Sie sich in jeder Situation, in der es um Kommunikation geht. Der einfache Small Talk wird so zu einem Kinderspiel, denn Sie müssen nicht über jedes Thema Bescheid wissen, sondern lediglich in der Lage sein, bei jedem Thema mitzureden. Selbst wenn es einfach nur Fragen sind, die Sie stellen, um im Gesprächsablauf aktiv zu werden. Auf diese Weise wird sich auch Ihre Schlagfertigkeit erhöhen.

Kennen Sie Gespräche, die nicht in Ihrem Sinne verlaufen und bei denen Sie sich vergeblich bemühen, die Konversation für sich zu beeinflussen? Wahrscheinlich werden Sie im Anschluss daran die ein oder andere Bemerkung Ihres Gegenübers Revue passieren lassen, und Ihnen wird erst dann einfallen, wie Sie hätten kontern können. Ich empfehle meinen Coaching-Teilnehmern, sich das richtige Kontern auch im Nachhinein noch zu überlegen, denn meist handelt es sich um Situationen, die immer mal wieder vorkommen. Diese Entgegnungen können ruhig frech oder leicht provokant sein, vor allem wenn Sie oftmals das Gefühl haben, aus solchen Gesprächen als der Unterlegene herauszugehen. Auf eine Bemerkung wie: »Das habe ich Ihnen schon hundertmal erklärt!«, könnten Sie beispielsweise antworten: »Aber noch nie so, dass ich es verstehe«, »Aber noch nie in dieser Lautstärke«, »Ich höre Ihnen auch immer wieder gerne zu«, oder: »Aber noch nie so, dass es einsichtig gewesen wäre«. Die ein oder andere Antwort, von einem Lächeln begleitet, wird Ihr Gegenüber bestimmt dazu bringen, sich selbst ebenfalls Gedanken über die eigenen Worte zu machen.

Wer häufig kommuniziert oder Vorträge halten muss, sollte sich auf jeden Fall ein Synonymwörterbuch zulegen – und insbesondere in dem Bereich, auf den sich seine Kommunikation oder seine Präsentation bezieht, immer mal wieder nachschlagen und neue Worte entdecken. Oft kennt man die Begriffe sowieso, nutzt sie nur viel zu selten für seine eigenen Ausführungen. Ich hatte das Glück, schon immer über einen recht großen Wortschatz zu verfügen, da ich seit meiner Kindheit für mein Leben gern lese. Immer mal wieder erstaunt mich ein Buch besonders, weil die Sprache so außergewöhnlich ist, die Formulierungen so fein gewählt, der Wortschatz so umfassend. *Die Lust und ihr Preis – Aufzeichnungen eines reisenden Gentleman* ist beispielsweise so ein Buch, das mich bis heute schwer beeindruckt. Es handelt sich um ein Zusammenspiel aus Kochbuch und Krimi, ist unheimlich gut geschrieben, wenn auch nicht ganz einfach zu lesen. Die Sätze sind zwar ausgesprochen lang, und man muss sie oft zweimal wiederholen, doch sie sind eine wirkliche geistige Delikatesse, wenn man sich gerne mit Sprache beschäftigt. Wer eine solch wunderbare Sprache gesprochen und gepflegt hat und leider viel zu früh gestorben ist, war Roger Willemsen. Ein insgesamt sehr charismatischer Mensch.

Wenn Sie meinen Ratschlag, häufiger auf Bilder zurückzugreifen oder in Bildern zu erklären, aufgreifen möchten, dann ist die Erweiterung Ihres Wortschatzes von großer Wichtigkeit. Das von Ihnen gemalte Bild wird umso farbiger, lebhafter, ausdrucksstärker und eindrücklicher, je mehr Worte und Begriffe Sie finden, die zu einem Themengebiet gehören. Auch das Einüben von Redewendungen und Zitaten erweitert Ihre Kommunikationsfähigkeit und steigert Ihre Wirkung. Das richtige Zitat zum richtigen Zeitpunkt beeindruckt Ihr Gegenüber.

»Verstehen kann man das Leben nur rückwärts, leben muss man es vorwärts« (Sören Kierkegaard) kann man auch wunderbar in einer Unternehmensbeschreibung umformulieren in: »Verstehen kann man unser Geschäft nur rückwärts, aber leben muss man es vorwärts«.

Zitate sind grundsätzlich eine Bereicherung und Auflockerung für das, was Sie ausdrücken möchten:

Wer kämpft, kann verlieren. Wer nicht kämpft, hat schon verloren. (Bertolt Brecht)

*Humor ist der Knopf, der verhindert,
dass einem der Kragen platzt.* (Joachim Ringelnatz)

*Denkmal ist ein lebenslanger Imperativ,
der aus zwei Wörtern besteht.* (Fritz Grünbaum)

*Das ist keine Lüge, sondern eine
sachzwangreduzierte Ehrlichkeit.* (Dieter Hildebrand)

Es gibt unzählige Bücher mit Zitaten, und auch im Internet finden Sie tausende kluge Sprüche, die zu Ihnen oder Ihrem Thema möglicherweise wunderbar passen und die Sie bei der nächsten Gelegenheit einfließen lassen können. Auswendiglernen schult zudem ganz grundsätzlich das Gehirn und hält Ihre Gedanken frisch. Je mehr Wörter Sie kennen, desto weniger müssen Sie danach suchen. Und Sie werden nie wieder in die Verlegenheit kommen, sprachlos zu sein.

8
Warum ich nicht gerne im Trüben fische

> »Das Wasser ist ein freundliches Element für den, der damit bekannt ist und es zu behandeln weiß.«
> – JOHANN WOLFGANG VON GOETHE

Nach dem *Wie*, der Art und Weise zu kommunizieren, komme ich nun sehr stark auf das *Was* zurück. Ihr Charisma ist eng damit verknüpft, ob Sie Ihr Gegenüber mit dem, was Sie inhaltlich zum Besten geben, im Trüben fischen lassen oder ob ihre Worte klar wie Bergwasser sind. Im Gegensatz zum sechsten Kapitel, in dem es um die Emotionalität geht, mit der Sie etwas vermitteln, geht es hier um Zahlen, Daten und Fakten. Zu transportierende Inhalte müssen Form und Struktur haben, damit sie von den Zuhörern leicht durchdrungen und verstanden werden.

Wenn Sie aus purem Vergnügen mit einem Boot auf dem Meer segeln, sollten Sie vorher überlegt haben, wo und wann Sie irgendwann wieder ankommen wollen – und wenn es nur zum Ankern über Nacht ist oder es zurück an Ihren Ausgangspunkt gehen soll. Genauso verhält es sich mit Ihrer Kommunikation, denn auch dort sollten Sie Ihr

Ziel immer im Auge behalten. *Zielorientiertheit* gibt Ihrem Gesagten außerdem eine gewisse Struktur. Für eine überzeugende Wirkung müssen Sie ganz genau wissen, wo Sie mit dem, was Sie sagen, eigentlich hinwollen. Welchen Zweck hat Ihr Vortrag, Ihre Präsentation oder Ihre Kommunikation?

Ein Fluss bahnt sich seinen Weg von der Quelle bis zur Mündung. Auch Sie wirken kompetent und klar, wenn Sie in dem, was Sie sagen, eine *Struktur* erkennen lassen. Wenn Ziel D erreicht werden soll, müssen dafür vorher A, B und C erledigt werden. Und es hilft, wenn der Zuhörer diese Struktur erkennen kann. Von jedem Buch erwarten Sie eine Inhaltsangabe oder eine Gliederung, bei Neueinführung eines Produktes ist ein Plan über Fertigstellung, Termin der Markteinführung und entsprechende Marketingmaßnahmen Grundvoraussetzung für eine erfolgreiche Platzierung. All das muss vorher geplant und auch kommuniziert werden. Durch eine strukturierte Vorgehensweise schaffen Sie es außerdem, Ihre eigenen Gedanken in ein zuverlässiges Ordnungssystem zu bringen.

Ihre Wirkung hängt außerdem sehr stark davon ab, wie gut Sie in der Lage sind, ein Thema, um das es Ihnen geht, komplett zu durchdringen, also auf dessen Grund zu tauchen. Bevor Sie in einen Fluss oder in ein anderes unbekanntes Gewässer springen, erkundigen Sie sich ja auch, was Sie in diesem Wasser erwartet. Ist der Fluss vielleicht nur einen Meter tief? Leben dort unten bösartige, gefährliche Tiere? Wie ist die Wassertemperatur? Ist mit spitzen Steinen zu rechnen, und ist das Wasser möglicherweise sogar verschmutzt? Sie analysieren nicht allein die Wasserqualität, sondern alles, was Sie beim Sprung in einen Fluss oder See erwarten könnte. *Analytik* kommt von Analysis und bedeutet Auflösung. Lösen Sie die gesamte Situation, in die Sie sich mit Ihrer Kommunikation begeben, in Teilbereiche auf. Bis hin zu dem Punkt, was Ihr Gegenüber von Ihnen erwartet und in welcher Stimmung es sich befindet.

Ganz sachlich betrachtet, ist Wasser ein Oxid, das sich aus Wasserstoff und Sauerstoff zusammensetzt. Es bildet einen wesentlichen Ausgangsstoff für chemische und biochemische Reaktionen. Für uns hat Wasser eine vielfältige Bedeutung, wir können es trinken, wir machen Ferien am Meer, schwimmen in einem See oder kochen darin Nudeln. Manchmal ist es aber wichtig, dass wir den Inhalt vom Gefühl trennen und etwas lediglich mit *Sachlichkeit* betrachten. Zum Beispiel wenn es um Forschungen zu Lebensformen auf anderen Planeten geht. Gibt es dort Wasser? Also H_2O oder zumindest Wasserstoff und Sauerstoff, aus denen Wasser gebildet werden könnte? Hier ist es notwendig, sich rein an Tatsachen zu orientieren, objektiv mit einer Situation, Aufgabenstellung oder Problematik umzugehen und jegliche Ausschmückung und Dekoration wegzulassen. Die rein rationale Sichtweise verlangt den Verzicht auf Emotionen und ist in manchen Situationen entscheidend, wenn Sie überlegt, strukturiert, klar und kompetent wirken wollen.

Auch wenn ich grundsätzlich jemand bin, der sehr für das Einbringen von emotionalen Elementen steht, so dürfen Struktur und Sachlichkeit sowie analytisches Durchdringen eines Themas nicht fehlen, um sich verständlich zu machen.

Wenn ich segle, dann auf Kurs: Zielorientierung

Wenn Sie verreisen, ist es Ihnen in den meisten Fällen mit Sicherheit wichtig zu wissen, wo es hingeht. So ein Überraschungstrip à la: »Schatz, wir treffen uns morgen um 18 Uhr am Flughafen, nimm für die nächsten drei Tage etwas Sommerliches mit«, ist zwar einerseits unheimlich aufregend, aber wirklich Freude beim Einpacken haben Sie nicht. Ist es dort heiß oder nur warm? Schicke Sachen oder eher Wanderkleidung? Strand oder Stadt? Auch auf Mallorca kann es im Juni schütten wie aus Eimern, also auch Regenkleidung einpacken? Nachschauen können Sie ja nicht, wenn Sie nicht genau wissen, wohin es geht.

Ähnlich sieht es aus, wenn es sich um berufliche Dinge handelt. Sie möchten gerne wissen, warum Sie tun, was Sie tun, und wohin das Ganze führen soll. Ihrem Gesprächspartner geht es genauso. Bei einer Präsentation oder einer Unterhaltung helfen Sie Ihrem Gegenüber, indem Sie ihm zumindest in Ansätzen mitteilen, warum Sie das Gespräch führen und welchen Zweck Ihr Vortrag haben soll. Auch für Sie ist es hilfreich, das Ziel, das Sie haben, im Auge zu behalten, um sich daran orientieren zu können. Egal ob es nun Ziele sind, wie das Publikum zu fesseln, eine Botschaft zu vermitteln, der Chef zu begeistern ist oder die Anwesenden fit zu machen sind für eine neue Aufgabe. Ziele sind nichts anderes, als Aussagen über erwünschte Zustände oder Ereignisse, die Ihrem Verhalten eine Richtung geben.

Es macht Sinn, die Gedanken und das eigene Verhalten auf die Erreichung des Ziels auszurichten. Stellen Sie sich vor, Sie sitzen in einem enervierend langen, scheinbar zusammenhanglos präsentierten Vortrag oder unterhalten sich mit jemandem, der stundenlang um den heißen Brei herumredet. Auch nach einer halben Stunde wissen Sie noch nicht, worum es eigentlich gehen soll. Wahrscheinlich würde es Sie ziemlich unzufrieden und ungeduldig werden lassen. Bei den meisten Ihrer Begegnungen wissen Sie, was Sie wollen. Wenn es ein Bewerbungsgespräch ist, wollen Sie den Job. Sie möchten durch Ihre Art und Kompetenz überzeugen und dem zukünftigen Chef klarmachen, dass Sie am besten für die Aufgabe geeignet sind, die er anzubieten hat. Gehen Sie in eine Bäckerei, wissen Sie, dass Sie Kuchen,

Brot oder Ähnliches kaufen wollen. Rufen Sie Ihre Mitarbeiter zur wöchentlichen Teambesprechung zusammen, möchten Sie wahrscheinlich erfahren, warum gewisse Dinge so oder so gelaufen sind, und Ihr Ziel ist wahrscheinlich auch, den Kollegen durch Vorschläge sowie Ideen eine Handlungsrichtung zu geben.

Früher habe ich bei Vorbesprechungen zu Veranstaltungen, die ich moderierte, oft dem Veranstalter als Erstes die Frage gestellt: »Was möchten Sie mit dieser Veranstaltung, was ist IHR Ziel?« Mittlerweile weiß ich, dass eine andere Frage viel wichtiger ist: »Mit welchem Gefühlen sollen Ihre Gäste, Kunden oder Mitarbeiter nach der Veranstaltung nach Hause gehen? Was sollen sie denken, was sollen sie mitnehmen, welche Emotion soll das Ganze ausgelöst haben, und welche Inhalte möchten Sie in ihnen verankert wissen?« Daraufhin kann ich den gesamten Veranstaltungsablauf inklusive Fragen, Gesprächsführung und Reihenfolge von auftretenden Personen oder auch Themen viel besser und genauer planen. Das sollten Sie ebenfalls für jede Ihrer Präsentationen oder sogar für jedes Gespräch bedenken. Was ist Ihr großes, übergeordnetes Ziel, und welche kleinen Etappen, also welche Teilziele, setzen Sie sich, um genau dort hinzukommen? Falls Ihr Kommunikationspartner selbst ein sehr zielorientierter Mensch ist, wird er Ihnen nur dann in allem, was Sie sagen und wie Sie es sagen, folgen können. Aber selbst wenn er seine Stärken eher in den emotionalen Elementen hat, geben Sie dem Gesagten durch Ziele und Teilziele eine Struktur und erhöhen damit die Aufmerksamkeit der Zuhörer. Oft geschieht so etwas ganz unbewusst, und es lohnt sich, wirklich darüber nachzudenken, welches Ziel Sie eigentlich haben und wie Sie es vermitteln können. Dadurch erleichtern Sie sich die Umsetzung.

Und das funktioniert auch außerhalb beruflicher Kommunikation. Wenn es Ihnen darum geht, Ihren Partner oder

Ihre Partnerin dahin zu bringen, den Lebensmittelpunkt von der Stadt aufs Land zu verlagern, dann ist Ihr Ziel: »Mein Gegenüber soll sich nachher nichts sehnlicher wünschen, als aufs Land zu ziehen.« Und nicht: »Ich werde meinen Schatz dazu bringen, dass er das Stadtleben hasst.« Es macht wenig Sinn, ein solches Gespräch mit einem Satz zu beginnen wie: »Ich will aufs Land ziehen, und du willst das sicherlich auch, weil es das Beste für uns ist.« Im Gegenteil, hier sollten Sie das Ziel zwar fest vor Augen haben, den Partner aber Stück für Stück mit Emotionen, Argumenten und Bildern dazu bringen, die Vorteile des Landlebens quasi vor sich zu sehen. Was möchten Sie nach zehn Minuten erreicht haben? Vielleicht dass Ihr Gesprächspartner sich bewusst ist, wie teuer, schmutzig, beengt und anstrengend das Stadtleben ist? Nach zwanzig Minuten soll er keine wirklich stichhaltigen Argumente mehr vorbringen können, weshalb für Sie als Paar eigentlich nur die Stadt infrage kommt. Nach dreißig Minuten soll er ganz viele positive Bilder im Kopf haben, wie wunderbar ein kleines Häuschen im Grünen für Ihre weitere Lebensplanung sein würde. Und nach vierzig Minuten möchten Sie, dass er aus denen von Ihnen schon vorbereiteten Angeboten mit Ihnen zusammen Ihr Traumhaus im Grünen aussucht.

Sie merken schon: Das kann man nicht als strenges Korsett sehen, denn möglicherweise sind Ihre Teilziele zwar gut gewählt und auch perfekt angesteuert, werden aber aus dem ein oder anderen Grund nicht erreicht. Denn in einem solchen Gespräch können natürlich immer wieder Wendungen oder Argumente auftauchen, die Sie gar nicht eingeplant haben. Sie sollten sich also immer Ihre Flexibilität erhalten und wenn möglich sogar eine Q&A-Liste vorbereiten. Q&A steht hier für »Question and Answer«. Diese Auflistung soll so umfangreich wie möglich alle Fragen oder Einwände beinhalten, die von Ihrem Gesprächspartner ausgehen könnten. Rein informelle oder provokante Fragen, Verständnisfragen, Gegenargumente und auch Vorwürfe, die möglicherweise vom Gegenüber angebracht werden. Zu diesen von Ihnen gesammelten »Questions« können Sie dann akribisch die jeweiligen »Answers« entwickeln und vorbereiten. Diese Struktur der Vorbereitung empfehle ich ganz häufig beim Coaching für Pressegespräche oder Interviews, die meinen Teilnehmern bevorstehen.

In einer Präsentation oder einem Vortrag, den Sie als Monolog halten, können Sie solche Etappen viel genauer festlegen und auch stringent verfolgen. Hier sollten Sie sich wirklich minutiös aufschreiben, mit welchen Informationen und Gedanken Sie Ihre Zuhörer nach dem Vortrag zurücklassen wollen. Stellen Sie vorher Überlegungen an, wie und zu welchem Zeitpunkt Sie Teilziele erreicht haben wollen. Selbst ein rein technischer Vortrag oder eine Statusbestimmung kann nach Festlegung der einzelnen Etappen viel einfacher in Bilder übersetzt werden und dadurch verständlicher und lebhafter wirken, wie im siebten Kapitel: »Worte, die mehr als heiße Luft sind«, beschrieben.

Selbst mir fällt es nach wie vor schwer, vor einem Vortrag oder einer Präsentation in einzelnen Schritten aufzuschreiben, wann ich meine Zuhörer gerne wo haben möchte. Sobald ich dies aber getan habe, ist es für mich viel einfacher, den Vortrag frei zu halten. Ich stelle dann jedes Mal fest, dass das Publikum meine Inhalte noch interessierter aufnimmt und sofort versteht, worum es mir geht. Das musste ich allerdings auch erst lernen, und ich zwinge mich jedes Mal wieder dazu, Teilziele minutiös aufzuschreiben. Dann jedoch ist es deutlich einfacher für mich, Korrekturen vorzunehmen, falls eines der Ziele nicht erreicht werden sollte. Denn wenn ich am Ende eine Gesamtzustimmung zu einem Thema erreichen möchte, ist es ganz entscheidend, dass ich merke, ob mein Publikum bei Punkt vier oder fünf von zehn insgesamt schon verunsichert oder sogar ganz anderer Meinung ist als ich.

Nicht immer lassen sich Zustimmung oder Ablehnung an Mimik oder Gestik des Gegenübers zweifelsfrei erkennen, und oft ist es auch nicht sinnvoll, während einer Präsentation Fragen der Zuhörer zuzulassen. Umso wichtiger, dass Sie sich immer wieder lenkende und leitende Fragen einfallen lassen, um zwischendurch ein Feedback zu Ihren Teilzielen abholen zu können. Diese sollten am besten offen gestellt werden, sodass Sie an der Antwort direkt ablesen können, wie groß die Übereinstimmung oder Ablehnung ist. Damit können Sie das Gespräch so lenken, dass es in Ihrem Interesse verläuft und Sie die volle Aufmerksamkeit haben. Außerdem binden Sie Ihr Publikum mit Fragen in den Vortrag ein und erzeugen so Interaktion. Sie möchten ja Nähe zu den Zuhörern schaffen und erreichen, dass sich Ihr Kommunikationspartner während Ihrer Argumentation eine Meinung bildet oder zumindest über das nachdenkt, was Sie ihm anbieten. Denn dann kann er Ihnen im besten Fall schlussendlich auch zuzustimmen.

Im direkten Gespräch sollten solche Fragen wirklich immer konkret sein. Wenn ich auf das Beispiel Stadt oder Land zurückkomme, würden sich folgende Möglichkeiten anbieten: »Was ist denn dein Wunsch, wie wir die nächsten fünfzehn Jahre leben wollen?« Oder: »Weshalb glaubst du, dass wir in der Stadt glücklicher werden?«. Auch in einem Vortrag können Sie mit zwischendurch gestellten, offenen Fragen Ihre Zielerreichung kontrollieren und die Gedankengänge der Zuhörer lenken. »Was fällt Ihnen zum Thema Steigerung des Abverkaufs ein, geben Sie mir doch bitte einfach mal ein paar Stichwörter.« Oder: »Was hat Sie bei der Neueinführung von Produkt X am meisten überzeugt?« Holen Sie nach solchen Fragen auch wirklich die Antworten aus dem Publikum ein, am besten indem Sie zu den Personen hingehen, die Sie befragen. In einem 45-minütigen Vortrag sollten Sie mindestens alle zehn Minuten solche lenkenden Fragen einfließen lassen. Auch inhaltlich nicht konkret zu fassende Ziele, wie Sie das Publikum zu unterhalten, zu informieren, zu begeistern vermögen und wie sie es am Ende der Kommunikation überzeugt haben, gilt es im Auge zu behalten.

Folgendes sollte bei jeder Kommunikation Ihr oberstes Interesse sein: Sympathie zu erzeugen, Vertrauen zu bilden, den anderen für sich einzunehmen und damit die Grundvoraussetzung für Zustimmung zu schaffen. Zustimmung zu Ihrer Person, dem Produkt, das Sie anbieten, der Idee, die Sie verkaufen möchten. Denn nur dann kann diese in einer positiven Entscheidung münden: der Annahme eines Angebotes, dem Kauf eines Artikels oder eben auch das gemeinsame Tätigwerden für einen übergeordneten Unternehmenszweck.

Zuallererst muss das Ziel definiert werden, welche Zustimmung Sie erhalten wollen. Voraussetzung dafür ist, dass Sie sich selbst die entscheidenden Fragen stellen: Wie soll die Zustimmung oder positive Entscheidung am Schluss des Gesprächs oder Vortrags genau aussehen? Welche Variationen des möglichen Ziels gibt es? Welche Möglichkeiten bestehen, die Sie vielleicht noch gar nicht bedacht haben? Wenn Sie Ihre Best-Case-Entscheidung nicht erreichen können, was wäre dann eine gute Alternative? Diese Fragen sollten Sie notieren und schriftlich für sich beantworten. Und zwar nicht auf dem Computer oder Tablet, sondern handschriftlich. Dann haben Sie sie automatisch viel besser im Gedächtnis.

Da Sympathie und Vertrauen Vorbedingungen für Zustimmung sind, sollten Sie sich intensiv Gedanken darüber machen, wer Ihr Publikum oder Gesprächspartner ist und wie Sie bei genau diesen Sympathie erwecken. Welche Hilfsmittel stehen Ihnen dafür zur Verfügung? Durch welche inhaltlichen oder äußerlichen Faktoren kommen Sie sympathisch rüber? Was weckt bei Ihrem Gegenüber Vertrauen und welche Sätze, Redewendungen, Fragen oder Inhalte unterstreichen das? Wovon möchten Sie überzeugen? Welche Argumente sind dazu notwendig? Welche bisherigen Einstellungen Ihres Gesprächspartners müssen Sie verändern?

Manchmal ist es sinnvoll, die positive Entscheidung, die Sie gerne am Schluss für Ihre Ideen erzielen wollen, sogar konkret und schon zu Beginn des Gesprächs zu nennen. »Ich möchte Sie heute davon überzeugen, dass wir mit der neuen Küchenmaschine XY den Verkaufsschlager für 2017 auf den Markt bringen werden.« Bei der Zustimmung, um die es hier geht, handelt es sich um das gute Gefühl der Kollegen, dass ein tolles Produkt auf den Markt kommt, welches sich außerdem noch sensationell verkaufen wird.

Es kann, je nach Situation, allerdings sinnvoller sein, sich Ziele im Kopf zu setzen und dann für das Publikum nicht zu offensichtlich darauf hinzuarbeiten. Hier ist es aber trotzdem genauso wichtig, diese Ziele klar im Blick zu behalten, Sie sich vorher aufzuschreiben und auf Umsetzbarkeit und Validität zu überprüfen, um diese dann auch wahr werden zu lassen.

Von der Quelle bis zur Mündung: Strukturiertheit

Struktur ist ein Ordnungssystem, das Ihnen hilft, selbst komplizierte Inhalte für andere verständlich darzustellen. Sie geben damit sich selbst oder einer Sache einen klar gegliederten Aufbau in zeitlicher sowie inhaltlicher Hinsicht. Mit Struktur, wie beispielsweise den Begriffen Sozialstruktur oder Unternehmensstruktur, sind oft auch Einteilungen nach speziellen Merkmalen gemeint. Hier geht es um die Darstellung von Hierarchien und den grundsätzlichen Aufbau einer Organisation oder um die Klassifikation menschlicher Gesellschaften nach ihren sozialen Merkmalen. Strukturiertheit in der Kommunikation bedeutet, Inhalte gegliedert zu vermitteln, sodass immer klar ist, wo und auf welchen Weg Sie mit dem Gesagten hinwollen. Damit fällt es anderen leicht, den Überblick zu behalten.

Selbst wenn Sie nicht sehr ordentlich sind, werden Sie dennoch Orte haben, an denen Sie bestimmte Dinge regelmäßig ablegen, um sie danach wiederzufinden. Sie haben sich Ihre eigene Ordnungsstruktur geschaffen. In einem Büro ist eine allgemein bekannte Zuordnung von Dingen an einen Platz unerlässlich, damit verschiedene Menschen problemlos auf ein und dieselbe Sache zurückgreifen können. Wenn Kopierpapier an fünf verschiedenen Orten deponiert wird und das auch noch jede Woche wechselnd, wird niemand mehr irgendetwas wiederfinden. Struktur erleichtert den Überblick und ermöglicht erst effizientes Arbeiten.

Ich durfte vor Jahren einmal in einem Unternehmen eine Veranstaltung moderieren, das komplett nach der Kaizen-Methode strukturiert und aufgebaut war. Kaizen ist japanisch und bedeutet wörtlich übersetzt: eine Veränderung zum Besseren. Es bezeichnet eine japanische Lebens- und Arbeitsphilosophie und beinhaltet das Konzept, dass unser ganzes Streben auf kontinuierliche und unendliche Verbesserung gerichtet sein soll. Diese Verbesserung von Prozessen, von Produkten oder auch von Arbeitsabläufen erreicht man durch schrittweise Perfektionierung auf allen Ebenen. Was mich bei diesem erfolgreichen Unternehmen besonders fasziniert hat, war, dass ich noch nie so ordentliche Ablage- und Ordnungssysteme und bis ins kleinste Detail geplante Abläufe von Arbeitsschritten erlebt habe. In einem Raum, in dem Arbeitsmaterialien gelagert wurden, gab es Hunderte von Ablagekästchen, die alle alphabetisch geordnet und sauber beschriftet waren. Jeder wusste immer, wo er was finden konnte. Die Schreibtische der einzelnen Mitarbeiter waren komplett leer, und obwohl mich diese sterile Atmosphäre nicht unbedingt zu Kreativität inspiriert hat, so wäre dies zumindest mal ein Arbeitsplatz gewesen, an dem auch ich jederzeit alles und sofort gefunden hätte. Jeder neue Mitarbeiter konnte sich in dieser bestehenden Struktur des Unternehmens blind zurechtfinden. Dies ist ein Extrembeispiel für ein Ordnungssystem und geht weit über das hinaus, was ich Ihnen vermitteln möchte. Und doch hat mich diese Strukturiertheit bis ins kleinste Detail ganz besonders beeindruckt.

Von dem römischen Politiker und Philosophen Cicero, der von 106-43 v. Chr. lebte, wurde bereits vor circa 2100 Jahren ein Plan von Maßnahmen entwickelt, um strukturiert zum Kern eines Problems durchdringen zu können. Mit sieben Fragen, die jeweils mit »w« beginnen, stellte er ein Hilfsmittel auf, um komplexe Probleme oder Sachverhalte aufschlüsseln zu können. Diese sieben Fragen lauten:

- Was ist zu tun?
- Wer macht es?
- Warum macht er es?
- Wie macht er es?
- Wann wird es gemacht?
- Wo soll das Ganze geschehen?
- Wieso wird es nicht anders gemacht?

Das ist die Struktur eines Frageprozesses, mit der man durch intensive Analyse eine Aufgabe oder auch ein Problem bis ins Detail aufdröseln und in Teile zerlegen kann. Dadurch wird es verständlicher und klarer und kann anschließend hinterfragt werden, was insbesondere durch die letzte Frage geschieht. Dieser Weg führt besonders bei komplizierten Aufgaben oder Problemstellungen dazu, dass Lösungen schneller und planvoller gefunden werden. Bis heute sind diese Fragen wunderbar geeignet, Strukturen aufzustellen, Ordnung in Gedanken zu bringen und Themen besser zu durchdringen.

In der Regel hat fast jeder von Ihnen täglich mit zahlreichen Strukturen zu tun. So gibt es eine Einteilung in Ihrem Tagesablauf, die manchmal einfach durch äußere Umstände vorgegeben ist. Aufstehen, frühstücken, zur Arbeit gehen, nach Hause kommen und so weiter. Oder aber eine Struktur, die durch Sie selbst festgelegt wird: Aufstehen, Haus verlassen, an der Ecke Coffee to go kaufen, U4 Richtung Innenstadt nehmen, Besprechung eins, zwei und drei, Mittagessen mit bestem Freund und so weiter. Wenn Sie ein wichtiges und umfangreiches Projekt planen, wie zum Beispiel einen Hausbau oder den Relaunch eines Produktes, werden Sie ohne Struktur nicht allzu weit kommen. Sie werden dafür unnötig viel Zeit und Geld investieren müssen und sich schlimmstenfalls immer wieder verzetteln.

Auch in der Kommunikation ist Struktur ein extrem wichtiger Aspekt, der Ihnen zwar oft gar nicht bewusst ist, den Sie sicher aber sowieso schon einsetzen und verfolgen. In Gesprächen ist es beispielsweise sinnvoll, vor allem wenn Sie ein brisantes Thema ansprechen wollen, nicht bei Adam und Eva zu beginnen. Bis Sie zum Kern der Sache kommen, sollte nicht schon die Hälfte der Zuhörer eingeschlafen sein. Setzen Sie sich ein zeitliches Limit und gliedern Sie das zu Sagende zumindest grob vorher im Kopf. In Gesprächen zu banalen Themen machen Sie das sicherlich sowieso ganz unbewusst. Bewusst und geplant, sollte das natürlich genauso auch für einen Vortrag oder ein Meeting mit Kollegen oder Mitarbeitern gelten.

Eine solch durchdachte Struktur ist der klassische Aufbau mit seiner Einteilung in Einleitung, Hauptteil und Schluss, wobei diese jeweils noch einmal in Teilabschnitte untergliedert werden können. Dieser Aufbau gibt sowohl eine inhaltliche als auch ansatzweise eine zeitliche Gliederung vor. Natürlich soll der Hauptteil den zeitlich größten Anteil des Gesprächs oder Vortrags einnehmen.

Die Einleitung gibt sinnvollerweise immer einen Überblick über das, was folgt, und sollte Elemente enthalten, die Interesse wecken, den Zweck des Gesprächs, Meetings oder Vortrags darlegen und bereits für das Thema begeistern.

Der Hauptteil muss dem Publikum im Detail nahebringen, worum es geht, das Thema darstellen, Erklärungen und Hintergründe liefern, wesentliche Inhalte in den Mittelpunkt stellen und den Nutzen der Kommunikation für die Zuhörer herausarbeiten. Beispiele und die von mir schon oft erwähnte bildhafte Sprache erleichtern die Verständlichkeit und geben schon die Struktur vor, die man dem Inhalt geben möchte.

Im Schlussteil werden dann die Kernpunkte zusammengefasst, wird ein Resümee gezogen, werden Handlungsempfehlungen abgegeben oder Richtungen für weiteres Vorgehen aufgezeigt.

Um sich die durch Ihr Thema oder Ihre beabsichtigte Wirkung vorgegebene Struktur zu vergegenwärtigen, sollten Sie am besten handschriftlich einen Plan erstellen.

- Was möchten Sie wann sagen?
- Welche Akzente setzen Sie an welcher Stelle?
- Wie können Sie Ihre beabsichtigte Wirkung am besten vermitteln?

Mit solchen Fragen ist es einfacher, sich von der ersten Idee zu einem Thema, also der Quelle, bis zum angestrebten Ziel der Zustimmung zu Ihrem Vortrag oder Gespräch, also der Mündung, immer wieder vergewissern zu können, wo man gerade steht.

Sollte es sich um eine durch Folien unterstützte Präsentation handeln, so überlegen Sie sich bitte für jede einzelne Folie, ob sie wirklich notwendig und sinnvoll ist, was Sie jeweils dazu sagen möchten und ob sie den Zweck erfüllt, den eine Folie einzig und allein hat: das von Ihnen Gesagte zu unterstützen, zu bebildern oder zu verdeutlichen und nicht, Ihre Worte in schriftlicher Form noch einmal zu wiederholen.

Wahrscheinlich möchte niemand von Ihnen unstrukturiert wirken, weil dies gleich nach Chaos und Inkompetenz aussieht. Für einen Künstler oder zerstreuten Professor mag das vielleicht als Markenzeichen passend sein. Im heutigen Geschäftsleben kann sich das aber niemand mehr leisten. Ohne minutiös geführte Terminkalender und Ablaufpläne würden wir die uns aufgetragenen oder selbst auferlegten Aufgaben zudem gar nicht mehr alle erledigen können. Das ist nämlich nichts anderes als die Struktur, nach der unser Tag verläuft, bloß schriftlich niedergelegt.

Wenn ich einen Bürotag einplane, habe ich früher spätestens nach einem Drittel der Zeit irgendetwas anderes angefangen, was mir noch irgendwie in den Kopf kam. Letztendlich wurde ich mit dem, was ich mir vorgenommen hatte, oft nicht fertig, und gerade die weniger angenehmen Dinge blieben, manchmal über mehrere Tage hinweg, liegen. Seit einigen Jahren schon stelle ich mir für einen solchen Tag einen Plan auf, was ich bis wann erledigt haben möchte oder haben muss. Einfach mit Kugelschreiber auf ein DIN-A-4-Blatt in der Reihenfolge der zu erledigenden Aufgaben notiert. Dabei lasse ich immer mal wieder Zeilen leer, nehme mir Freiraum oder mache einen Termin mit mir selbst, um etwa ein Telefonat außer der Reihe annehmen zu können oder einen Kaffee zu trinken. Und wenn irgendetwas völlig aus dem Ruder läuft, habe ich immer wieder die Möglichkeit, zu dieser ursprünglichen Struktur zurückzukehren und sie den Gegebenheiten anzupassen. Einen solch schriftlichen Plan erstelle ich natürlich auch vor einer Moderation oder einem zu haltenden Vortrag. Dann natürlich deutlich professioneller und detaillierter ausgearbeitet. Genau das möchte ich auch Ihnen ans Herz legen: sich ausreichend und umfangreich Gedanken über Struktur und Ablauf einer Begegnung zu machen.

Es gibt verschiedene Möglichkeiten, den Inhalt dessen, was Sie transportieren wollen, aufzubauen und zu gliedern. Wollen Sie in einer Präsentation das Problem an den Anfang stellen, dann sähe eine mögliche Struktur etwa so aus: Mit der Problemerklärung beginnen, dann mögliche Lösungsansätze aufstellen, diese erklären, die perfekte Lösung in den Mittelpunkt stellen und darlegen, warum Sie diese für am geeignetsten halten. Geht es um einen Statusbericht, ist die naheliegende Struktur folgende: Was war gestern, was ist heute, wo wollen Sie morgen hin, wie stellt sich der Weg dorthin dar? Diese einzelnen Punkte können dann noch untergliedert werden und dazu dienen, sich daran wie an einem roten Faden entlangzuhangeln. Für einen Vortrag heißt das zum Beispiel auch, dass Sie eine Gliederung haben, die Sie während der Präsentation immer wieder zeigen und die Ihnen und dem Zuhörer hilft, sich das Ordnungssystem immer wieder vor Augen zu führen.

Auch in Gesprächen, sei es mit Ihrem Chef oder Ihrem Partner, empfiehlt sich eine Storyline. Diese sollte logisch aufgebaut und zielorientiert sein. Wie bei jedem Meeting oder Vortrag brauchen Sie für das, was Sie sagen möchten, einen Anfang, einen Höhepunkt und ein Ende. Eine Struktur, die Sie selbst auswählen, am besten mit minutengenauen Zeitfenstern versehen, gibt Ihnen Sicherheit und den

Zuhörern oder Ihrem Gesprächspartner das verlässliche Gefühl, Inhalte nachvollziehen zu können und durch ein Thema geführt zu werden. Ihnen wird bei einem selbst erstellten Ablauf und Ordnungssystem auch schnell klar, dass beispielsweise bei eingeplanten zwanzig Folien in fünf Minuten für jede Folie gerade einmal fünfzehn Sekunden zur Erläuterung bleiben. Solche Gliederungen helfen außerdem, den eigenen Argumentationsaufbau zu überprüfen. Überlegen Sie, ob Sie die zentrale Botschaft wirklich am Anfang nennen oder lieber mit Ihrer Präsentation darauf hinarbeiten möchten. Daraus ergibt sich dann automatisch, welche Gliederungspunkte an welcher Stelle sinnvoll und nötig sind. Auch das können Sie sich am besten bewusst machen, indem Sie aufschreiben, überprüfen, Abläufe durchgehen und anhand dieser Gespräche oder Präsentationen üben. Schreiben Sie sich möglichst viel handschriftlich auf und nehmen Sie, je nachdem wie gut Sie mit der von Ihnen gewählten Struktur jeweils zurechtkamen, zudem immer wieder Verbesserungen vor.

Wie hilfreich eine zu Papier gebrachte Struktur ist, würde Ihnen sicherlich klar werden, wenn ich Ihnen die Ordnungsstruktur eines großen Dax-Unternehmens in Worten zu erklären versuchen würde und dabei immer wieder in den Ebenen und Zuständigkeitsbereichen hin und her spränge. Wahrscheinlich hätten Sie nach einer halben Stunde immer noch nicht verstanden, wer welche Funktion und Aufgabe innehat. Lege ich Ihnen aber das Organigramm vor, das an oberster Stelle mit dem Aufsichtsrat beginnt, über die Vorstände weiter nach unten verlaufend sämtliche Funktionsstufen in Form eines Schaubildes durch horizontale und vertikale Kästchen präsentiert, wissen Sie sofort, wer wofür verantwortlich ist. Und es wird für Sie augenblicklich klar, wo es Schnittstellen gibt und wie sich die hierarchische Struktur des Unternehmens darstellt.

Wichtige Voraussetzung für jede sinnvolle und nachvollziehbare Struktur ist eine genaue Analyse dessen, worum es geht, wie es anderen vermittelt werden soll und was Sie mit dem Gesagten erreichen möchten. Und deshalb dreht sich im nächsten Kapitel alles um Analytik.

Mein Tauchgang auf den Grund: Analytik

Bei Analytik denken Sie wahrscheinlich sofort an Mathematik oder Biologie, Zahlenkolonnen, Sezieren von Fliegen oder Fröschen und an viele weitere langweilige oder ekelige Dinge. Dabei analysieren Sie jeden Tag und fast ununterbrochen alles, was Sie denken, was Sie tun und vor allem was Sie tun werden. Oftmals geschieht das unbewusst, selten werden Sie denken: »Also jetzt analysiere ich mal eben«, sondern Sie fragen sich, warum die Sonne scheint und Sie trotzdem schlechte Laune haben oder die Waage bei völligem Verzicht auf jegliche Süßigkeiten kein Gramm weniger anzeigt.

Analysieren bedeutet im Alltag oft, sich die Frage zu stellen, warum etwas so gewesen ist, wie es war, warum Sie so gehandelt haben oder warum Sie fühlen, wie Sie fühlen. In der Regel folgt daraus, dass Sie in Zukunft Dinge anders angehen möchten als bisher oder eben alles gut ist, wie es ist. Wenn Sie am Kern einer Sache angekommen sind, fällt es Ihnen viel leichter, Handlungsoptionen zu ermitteln. Stehen Sie also an einem sonnigen, freien Tag schlecht gelaunt auf und wissen nichts mit sich anzufangen, kommen Sie vielleicht darauf, dass die Einkommensteuer für das letzte Jahr immer noch unbearbeitet auf Ihrem Tisch liegt. Sie wissen, dass Sie diese schon längst hätten bearbeiten sollen und genau heute ein perfekter Tag dafür wäre, um sich die

Angelegenheit vom Hals zu schaffen. Das würde aber bedeuten, dass Sie in geschlossenen Räumen über Belegen und Formularen brüten und vom freien Tag und dem schönen Wetter eigentlich kaum etwas haben. Wahrscheinlich ärgern Sie sich jetzt darüber, dass es Ihnen zum hundertsten Mal nicht gelungen ist, unangenehme Dinge, die anstehen, zügig zu erledigen. Als Folge dieser Analyse können Sie jetzt entscheiden, die Steuer Steuer sein zu lassen und den Tag draußen so gut es geht zu genießen – falls Sie in der Lage sind, die unangenehmen Gedanken an nicht erledigte Aufgaben so weit wie möglich von sich wegzuschieben. Oder aber Sie strukturieren den Tag ganz klar in Arbeit- und Freizeitteil: erst drei Stunden Steuer machen, danach ins Eiscafé setzen. Möglicherweise führt dieses Erlebnis mit dem verkorksten Morgen ja sogar dazu, dass Sie zukünftig lieber jeden Tag eine Stunde unangenehme Dinge erledigen, damit diese sich nicht anhäufen, um am Ende zu einem Zeitpunkt abgearbeitet werden zu müssen, der sich ganz fantastisch für andere Aktivitäten eignen würde.

Auch in der Kommunikation trägt Analytik sehr dazu bei, von anderen verstanden zu werden und ihnen komplexe Inhalte klar und deutlich vermitteln zu können. Sowohl im privaten als auch im geschäftlichen Bereich. Typische Begriffe, die man im Zusammenhang mit Analytik benutzt, sind Logik, Funktionsweisen, Parameter, Ergebnisse, Basis oder Entwicklungen. Ja, hört sich trocken an, ist aber ungemein wichtig. Denn die Analyse von etwas dient dazu, Zusammenhänge wahrzunehmen, zu erkennen und daraus Handlungsoptionen abzuleiten.

Analytik ist gerade in einem Vortrag oder einer Präsentation entscheidend, denn ohne diese würde wahrscheinlich jede Powerpoint-Präsentation maximal drei Folien mit jeweils einem Satz beinhalten:

- Das war.
- So ist es jetzt.
- Da wollen wir hin.

Auch der Vortrag selbst wäre maximal vier Minuten lang, da Sie nur Ergebnisse präsentieren würden und keine Erklärung dahinter. Aufs Private übertragen, würde das ungefähr lauten: »Schatz, du hast dich noch nie wirklich für mich interessiert. Ich fühle mich völlig vernachlässigt. Nächste Woche ziehe ich zu meiner Mutter zurück.« Wenn Sie für sich selbst schon hundertprozentig alles durchdacht, überlegt und hergeleitet haben und das Ergebnis unumstößlich ist, dann sind diese Sätze womöglich sogar ausreichend, um die eigene Position darzustellen und die Beziehung zu beenden. In den meisten Fällen wäre es aber wahrscheinlich so, dass Sie erst einmal erklären würden, was in der Vergangenheit geschehen ist, warum es sich für Sie so oder so angefühlt hat und welche Reaktionen solche Verhaltensweisen bei Ihnen auslösen. Sie würden Ihrem Partner dann wahrscheinlich mitteilen, wie im Augenblick der Stand der Dinge ist und welche Folgen sich daraus ergeben, falls er weitermacht wie bisher. Außerdem würden Sie ihn nach seiner Sicht der Dinge fragen und ihm darlegen, was Sie gegebenenfalls zu ändern gedenken, damit die Beziehung für beide Seiten glücklich weitergeführt werden kann.

Nicht viel anders sieht es im geschäftlichen Umfeld aus. Wenn Sie zu einem potenziellen Kunden fahren, um mit ihm ein Verkaufsgespräch zu führen, werden Sie wahrscheinlich erst einmal analysieren, warum dieses Unternehmen ein neuer Kunde werden könnte, wie der Markt insgesamt aufgestellt ist, welche Mitbewerber Sie haben und durch welche Argumente Ihr Gesprächspartner von Ihrem Angebot überzeugt werden könnte. Und wenn Sie richtig gut sind und die vorherigen Kapitel aufmerksam gelesen haben, eruieren Sie sogar in sozialen Netzwerken die Vorlieben und Abneigungen Ihres Gesprächspartners, seinen bisherigen Werdegang, Geschichte und Hintergründe des Unternehmens und was Ihnen sonst noch alles zum Aufbau einer persönlichen Beziehung hilfreich sein könnte.

Basierend auf dieser Analyse, werden Sie dann das Verkaufsgespräch strukturieren können und wahrscheinlich mit der Vorstellung Ihres eigenen Unternehmens beginnen. Seit wann Ihre Firma auf dem Markt ist, worauf man sich spezialisiert hat, welche großen oder bedeutenden Kunden von Ihnen schon beliefert wurden. Anschließend werden Sie die Anforderungen Ihres neuen Kunden mit ihm zusammen analysieren und gemeinsam Alternativen, Preise, Erwartungen und Umsetzungsmöglichkeiten durchgehen, diskutieren und hoffentlich zu einem positiven Abschluss des Gesprächs kommen.

Auch ein Vortrag analysiert die Problemstellung, die Aufgabenstellung oder das Thema, erläutert Lösungsmöglichkeiten oder gewählte Optionen zur Umsetzung von Projekten, sowie Vor- und Nachteile, Vergangenheit und Zukunft, Hintergründe und Umstände. Während es bei Struktur um den Verlauf eines Flusses von der Quelle bis zur Mündung ging, geht es jetzt darum, in den einzelnen Teilabschnitten den Dingen, die Sie erklären oder darstellen möchten, auf den Grund zu gehen.

Zu viel Analytik kann Ihr Gegenüber allerdings überfordern. Wenn Sie bei jedem Problem mit Ihrem Partner vom Hölzchen aufs Stöckchen bis hin zum Sägespan kommen und Ihre Beziehungsprobleme analytisch sezierend bis ins vierte Lebensjahr zurück ergründen wollen, werden Sie eher schlechte Laune hervorrufen und den anderen sowie sich selbst überfordern. Weil es einfach anstrengend ist, sehr lange dauert und oft für den aktuellen Zustand nicht unbedingt weiterhilft. Ähnlich sieht es bei dreißig Powerpoint-Folien aus, die dicht beschrieben oder mit Balkendiagrammen überfüllt hintereinander weg gezeigt und erklärt werden. Ihre Zuhörer werden irgendwann geistig aussteigen und sich immer wieder fragen: Wozu brauche ich das eigentlich als Hintergrundinformation?

Am charismatischsten wirken Sie, wenn Sie sich bei der Analytik auf die wichtigsten Aspekte konzentrieren, die zur Erklärung und Darstellung Ihres Themas wirklich notwendig sind und diese möglichst einfach und kompakt in wenigen Folien darstellen. Welche Aspekte der Analyse sind für Sie als Hintergrundwissen von Bedeutung und was davon sollte an die Zuhörer oder Ihren Gesprächspartner zur Erklärung des Zusammenhangs weitergegeben werden? Um den gestiegenen Preis von Kakao zu analysieren, müssen Sie nicht unbedingt die letzten hundert Jahre miteinander vergleichen. Selbst wenn Sie das tun, weil Sie die historischen Zusammenhänge besser verstehen möchten, ist es für die Erklärung des gestiegenen Preises Ihrer Schokoladenprodukte irrelevant. Bei der Darstellung Ihrer Marktposition im Vergleich zu Wettbewerbern reicht es wahrscheinlich aus, die drei größten zu nennen und sich nicht mit den hundertzwanzig real existierenden Herstellern in einem Balkendiagramm zu vergleichen. Hier kann es zum Beispiel sinnvoll sein, den größten und kleinsten Konkurrenten mit jeweiligen Umsatzzahlen auf einer Folie festzuhalten, um Verhältnismäßigkeiten darzustellen.

Diagramme, die Abläufe analysieren und bei denen man, sobald Sie auf der Leinwand erscheinen, erschrocken in seinem Sitz zurückweicht, werden von Vortragenden häufig in der Art kommentiert wie: »Das müsst ihr euch jetzt nicht alles angucken, das zeigt lediglich den gesamten Ablauf, wo wir angefangen haben, welche Stationen im System das Projekt durchlaufen hat und wo wir dann irgendwann mal hinkommen wollen.« Mein Tipp an Coaching-Teilnehmer, die mir solche Folien präsentieren, lautet ganz oft, diese doch besser in zwölf oder dreizehn Folien zu unterteilen, wenn Sie die Inhalte wirklich erklären wollen oder für den Zusammenhang erklären müssen. Denn nur so geben Sie dem Publikum die Chance, diese Analytik in irgendeiner Art und Weise zu durchdringen. Bei der gedanklichen Vorstellung, aus einer Folie zwölf machen zu müssen, bekommen die meisten auf einmal einen Blick dafür, welche Informationen überhaupt wichtig sind, welche auch weggelassen oder deutlich vereinfacht dargestellt werden könnten.

Wo hilft Analytik wirklich, um einen Sachverhalt besser darzustellen, und wo verwirrt es Ihre Zuhörer oder Ihren Gesprächspartner mehr, als dass es zum Erfolg beiträgt? Das ist eine der entscheidenden Fragen, die Sie sich zum Thema Analytik stellen sollten. Ich versichere Ihnen, sogar die IT-Struktur eines Unternehmens können Sie so darstellen, dass selbst die Kantinenbelegschaft nach Ihrem Vortrag bestens verstanden haben wird, wie der gesamte EDV- und Informationstechnikbereich aufgebaut ist. Sofern Sie sich auf das Wesentliche konzentrieren und Ihre Darstellung strukturiert und in eine Bildwelt verpackt dem Publikum nahebringen. Bei diesem IT-Beispiel könnte das ein Bild der Gänge in einem Maulwurfshügel oder ein Wanderwegeflecht die Zugspitze hinauf sein.

Für die optimale Wirkung ist es wichtig zu zeigen, dass Sie Dingen auf den Grund gehen und das gesamte Ganze sehen, dieses aber zergliedert und in Einzelteile zerlegt anderen verständlich machen. Wenn Sie einen Sachverhalt systematisch untersucht haben und diese Systematik auch weitergeben können, zeigt das Ihre intensive Auseinandersetzung mit dem Thema und Ihre Analysefähigkeit. Außerdem hilft es Ihnen dabei, jeden anderen komplexen Zusammenhang deutlich zu machen. Dadurch wird Ihr logisches Denken widergespiegelt, Sie wirken automatisch kompetent und sind es in der Regel auch – schließlich haben Sie sich mit einem Sachverhalt intensiv auseinandergesetzt.

Aus Wasser mache ich H_2O: Sachlichkeit

Auch wenn ich im Kapitel Emotionalität immer wieder betont habe, wie wichtig Emotionen und Empathie für die Kommunikation mit anderen Menschen sind, gibt es Situationen, in denen Sie sich zumindest in dem, was Sie sagen oder wie Sie reagieren, auf reine Sachlichkeit beschränken sollten.

Während einer Veranstaltung bekam ich mit, wie ein Redner nach seinem Vortrag vom Chef zur Seite genommen und heftig beschimpft wurde. Er hatte einen Aspekt der neuen Geschäftsstruktur vergessen zu erwähnen, obwohl vorher noch einmal explizit darauf hingewiesen wurde, dass dies eine sehr wichtige Information für die Mitarbeiter sei. Man merkte dem Kritisierenden deutlich an, dass er auf hundertachtzig war und Streit suchte. Ich war vollkommen fasziniert von der Art und Weise, wie der Vortragende auf diese verbalen Angriffe reagierte. Ganz ruhig und sachlich stellte er fest, dass es stimmte – er habe diesen Aspekt vergessen – und dass es ihm auch sehr leidtue und er sich nicht erklären könne, warum ihm das während der Präsentation entfallen sei. Er werde sich Gedanken darüber machen, in welcher Form und wann man den anwesenden Kollegen diesen Aspekt noch nachreichen könne. Obwohl der Beschuldigte erst kurz vor seinem Vortrag erfahren hatte, dass ihm statt zwanzig lediglich fünfzehn Minuten zur Verfügung stünden und er genug Stoff gehabt hätte, mit Vorwürfen seinerseits und Entschuldigungen auf die Kritik an ihm zu reagieren, antwortete er ganz reduziert und sachlich.

Sein Chef hingegen kam immer wieder laut und erregt sprechend auf den Fehler zurück. Dadurch aber, dass sein Gegenüber so extrem sachlich blieb, wurde ihm nach einiger Zeit der Wind aus den Segeln genommen. Wären beide aggressiv und mit gegenseitigen Vorwürfen aufeinander losgegangen, hätte ich wahrscheinlich ein halbstündiges Streitgespräch miterleben dürfen. Und das Verhältnis der beiden wäre nachhaltig getrübt gewesen.

Gerade im privaten Bereich ist das Wahren von Sachlichkeit oft Gold wert. Ein Paradebeispiel dafür ist der Film *Der Gott des Gemetzels* von Roman Polanski aus dem Jahr 2011. Zwei Elternpaare treffen sich, nachdem ihre Kinder in eine Schlägerei verwickelt waren. Es kommt zum Streit, und die Situation eskaliert nach und nach. Da der Konflikt der Kinder immer mehr auch die Persönlichkeiten der vier Agierenden herausfordert, bilden sich immer wieder wechselnde Allianzen der einzelnen Personen, und die Sachlichkeit und der Grund des Zusammenkommens bleiben zunehmend auf der Strecke. Ähnlich eindrucksvoll ist auch das Hörbuch *Die Wunderübung*, geschrieben von Daniel Glattauer und von Andrea Sawatzki und ihrem Ehemann Christian Berkel gelesen. Ein Ehepaar ist am Tiefpunkt seiner Beziehung angelangt und sucht nun einen Paartherapeuten auf. Sie weiß immer schon vorher, was ihr Ehemann sagen will, er straft sie mit Gefühlskälte. Beide reden fast durchgängig aneinander vorbei, und eine emotionale Beleidigung jagt die nächste.

Sachlichkeit bedeutet nichts anderes, als bei der sachlichen Ebene eines Themas zu bleiben oder zumindest möglichst schnell wieder zu dieser zurückzufinden. Wenn in einem Vortrag, in dem es um die Implementierung eines neuen Softwaresystems geht, immer wieder seitens des Redners der Satz fällt, dass er selbst das System ja nicht ganz stimmig findet und das die Software zudem noch unausgegoren ist, er im Grunde nur dasteht, weil er es irgendwie vermitteln muss, dann werden die Zuhörer über kurz oder lang innerlich genervt abschalten. Denn für das Verstehen des neuen Systems sind all diese emotionalen Anmerkungen vollkommen unwichtig. Nüchternheit hilft Ihrem Gegenüber, Zusammenhänge problemlos zu erfassen und zu verstehen. Etwas sachlich darzustellen, bedeutet zwar nicht, auf jegliche Herzlichkeit, Emotionalität und Einfühlsamkeit zu verzichten, es stellt aber – wie der Name schon sagt – die *Sache* in den Vordergrund.

In der Literatur wird die neue Sachlichkeit mit Attributen wie ernüchtert, kühl distanziert, beobachtend und dokumentarisch exakt beschrieben. Es fehlt jede Dekoration, Ausschmückung und, was ich für besonders wichtig halte, Wertung. In Diskussionen oder Vorträgen optimieren Sie Ihre Wirkung durch sachliche Darstellung, weil Sie dadurch Ihrem Gegenüber die Möglichkeit geben, Dinge selbst zu beurteilen und sich ein eigenes Bild zu machen. Wie bei vielem im Leben kommt es auch hier auf die richtige Mischung an. Die momentane Flüchtlingsdiskussion muss sachlich geführt werden, aber egal ob Presse oder Politiker, man hört bei jedem Statement Emotionen, Wut, Unsicherheit oder Ratlosigkeit heraus. Natürlich spielen bei solchen Diskussionen ebenfalls Emotionen, eigene Erfahrung oder Ängste eine Rolle, die man jedoch um der Sache willen zurückstellen sollte. Ein Gespräch mit Partner oder Partnerin wird immer emotionale Elemente enthalten, egal ob es um elementare Dinge geht oder nicht. Um wirkliche Veränderungen zu bewirken, müssen Sie auch in einer solchen Situation immer wieder auf die Sachebene zurückkommen. Nur so gelingt es Ihnen, zielführende Veränderungen in Gang zu setzen. Sich gegenseitig Vorwurf über Vorwurf an den Kopf zu werfen, bringt Sie dagegen in der eigentlichen Sache, um die es geht, kein bisschen weiter und Ihrem Ziel der gemeinsamen Lösungsfindung überhaupt nicht näher.

Wenn Sie einen Vortrag halten, in dem es etwa um einen neu zu errichtenden Produktionsstandort in Asien geht, werden Sie in erster Linie Hintergründe und Fakten benennen. Neben der Sachebene hilft es Ihren Zuhörern aber, wenn Sie zwischendurch emotionale Beschreibungen einfließen lassen. Das Gesagte wird damit besser vorstellbar und verständlicher. »Die beeindruckende Gegend, in der unsere Halle stehen wird, 100 Kilometer westlich von Nanjing, stellt ein Wunder an Logistik dar. Was wir dort auf imposanten 2000 Quadratmetern über die letzten vier Jahre auf die Beine gestellt haben, bietet sensationelle Möglichkeiten, den asiatischen Markt zu erobern. Und das mitten in der kargen Umgebung der chinesischen Provinz Jiangsu. Achtzig chinesische und vierzig deutsche Ingenieure haben hier die letzten Monate noch einmal ihr Bestes gegeben, um das Projekt pünktlich zum Abschluss zu bringen.«

Die sachliche Darstellung der Fakten wurde hier durch eigene Eindrücke ergänzt und mit passenden Adjektiven wie »beeindruckend«, »imposant«, »karg« und »sensationell« greifbarer gemacht. Wie überall kommt es auf das richtige Maß an. Wenn Sie dreißig Minuten lang nur in Superlativen schwärmen und die Sachlichkeit auf der Strecke bleibt, sind Ihre Kollegen wahrscheinlich zwar emotional gepackt, wissen aber im Zweifelsfall nicht einmal genau, wo die neue Produktionsanlage steht und weshalb Sie für Ihr Unternehmen von Vorteil sein soll.

Es gibt Menschen, die – wenn man bei Ihnen einen bleibenden Eindruck erzielen möchte – ausschließlich über Sachlichkeit zu erreichen sind. Das süße kleine Auto, mit dem endlich schöne Wochenendtrips zum herrlichen Erlebnis in romantischen Urlaubsregionen möglich werden, spricht den emotionalen Genießer an. Den rationalen Analytiker werden eher Aspekte wie die umfangreiche Ausstattung, das gute Preis-Leistungs-Verhältnis, die niedrige Leasingrate sowie der desolate Zustand des bisherigen Fortbewegungsmittels zum Kauf bewegen. Neben der Frage, wie sachlich Sie in der Kommunikation wirken möchten, ist hierbei auch entscheidend, ob Ihr Gegenüber eher auf der emotionalen oder sachlichen Ebene stark ansprechbar ist. Das lässt sich leicht herausfinden, wenn Sie Ihrem Kommunikationspartner aufmerksam zuhören. Menschen mit einer eher sachlichen Herangehensweise an Dinge sind meist nüchterne Betrachter, wirken manchmal kühl und distanziert, werden selten durch emotionale Ausbrüche aus der Ruhe gebracht und lassen Provokationen meist einfach an sich abprallen. So jemand ist mit allzu emotionalen Darstellungen und Gesprächsverläufen schnell überfordert, er versteht Sie manchmal sogar gar nicht, da er auf einer anderen Frequenz funkt. Wenn Sie um solche Dinge wissen, stellen Sie sich auf die Frequenz Ihres Gegenübers ein, denn dann gelingt es Ihnen mit Leichtigkeit, die Kommunikation für Sie beide zu erleichtern und schneller zu dem von Ihnen gewünschten Ziel zu kommen.

Ein gutes Training für Sachlichkeit ist, sich von einer nahestehenden Person in einer beispielhaften Situation provozieren und bis aufs Blut reizen zu lassen. Und zwar richtig hart und gnadenlos. Das kann ein Vortrag sein, ein wichtiges Gespräch mit dem Chef, mit einem unangenehmen Kollegen oder eine Diskussion mit Ihrem Partner. Ihre Aufgabe sollte es dabei sein, sich jeweils sachliche Argumente zu überlegen und auf die emotionalen Provokationen gar nicht einzugehen. Fragen, die Sie sich dazu stellen sollten, lauten:

- Wie reagieren Sie auf verbale Angriffe?
- Welche Möglichkeiten haben Sie, über Anfeindungen hinwegzusehen?

- Wie setzen Sie diese Möglichkeiten ein und um?
- Wie sieht überhaupt die sachliche Ebene, zum Beispiel beim Streit in der Partnerschaft, aus?

Erschöpfende Auseinandersetzungen können Sie auf diese Weise zukünftig in nüchterne, objektive und damit zielführende Diskussionen verwandeln. So wird es Ihnen leichter fallen, Ihre Gelassenheit zu behalten oder immer wieder dahin zurückzufinden.

9
Ich bleibe immer ich selbst

In den Kapiteln fünf bis acht habe ich versucht, Ihnen Hilfsmittel an die Hand zu geben, mit denen Sie Ihre Wirkung auf andere Menschen in jeglichen Kommunikationssituationen positiv lenken und beeinflussen können. Ich hoffe, Ihnen ist klar geworden, wie entscheidend es ist, dass Sie auch die Wirkung Ihres Gegenübers bewusst wahrnehmen, um sich auf dessen Frequenz einstellen zu können. Vielleicht haben Sie dabei an der ein oder anderen Stelle gedacht: »Um Gottes willen, so bin ich ja gar nicht. Wenn das aber wichtig ist, um charismatischer zu wirken und andere Menschen zu begeistern, dann muss ich ja meinen Charakter komplett ändern!« Das ist jedoch keinesfalls so. Aus einem empathischen Menschen, der auf emotionaler Ebene große Stärken hat, soll mit Sicherheit kein rein rationaler Analytiker werden. Wie bereits am Anfang des Buches erläutert, sollte Ihr Fokus auf dem Ausgleich der einzelnen Wirkungsbereiche liegen, also auf einem ausgewogenen Verhältnis aller Elemente, die für erfolgreiche Kommunikation notwendig sind. Außerdem sind Sie nach der intensiven Beschäftigung mit dem Thema »Wie und wodurch Sie wirken« jetzt besser in der Lage zu erkennen, auf welchen Frequenzen Ihr Gesprächspartner jeweils funkt. Unabhängig davon, wo Sie für sich Entwicklungspotenzial entdeckt haben und dieses hoffentlich mithilfe des Buches auch weiterentwickeln: Sie sollten dabei immer Sie selbst bleiben. In Ihnen steckt unglaublich viel Potenzial zur Veränderung, ohne dass Sie dabei Ihren Charakter komplett einmal auf links drehen müssen. Vielleicht haben Sie beim Lesen der letzten Kapitel schon an dem ein oder anderen Punkt gemerkt, dass es gar nicht so schwierig und vor allem nicht unmöglich ist, Wirkung bewusst einzusetzen und durch kleine Veränderungen erstaunliche Ergebnisse zu erzielen. Man selbst zu bleiben, heißt nicht, im starren Korsett zu verharren, sondern immer wieder zu überdenken, was noch so alles in einem steckt, und Neues einfach mal auszuprobieren.

Ich gebe Ihnen ein wunderbares Beispiel aus meiner Erfahrung als Moderatorin. Die Eröffnung eines großen Museums sollte mit einem Festakt gefeiert werden. Dazu waren Talkrunden geplant, in denen Persönlichkeiten aus den unterschiedlichsten Bereichen über diese ganz besondere Kulturstätte sprechen sollten. Auf der Bühne waren der Bürgermeister, der Museumsleiter, Kunsteinkäufer und Mitarbeiter des Stadtmarketings. Das alles wurde von klassischer Musik umrahmt. Nachdem ich das Drehbuch gelesen hatte, dachte ich schon: »O Gott, sind das viele aneinandergereihte Informationen.« Ein Publikum drei Stunden lang mit Inhalten zu füttern, ohne dass es sich langweilt, ist eine echte Herausforderung. Das gilt erst recht, wenn Menschen mit unterschiedlichem Hintergrund und Themengebiet, verschiedenen Zuständigkeitsbereichen und nicht einzuschätzender Bühnenpräsenz unter einen Hut gebracht werden sollen. Aber dieses neue Projekt sollte den anwesenden Gästen eben in umfassender und detaillierter Art und Weise nähergebracht werden, und jeder wollte natürlich seinen Fachbereich ausreichend präsentiert wissen. Ich hatte nun die schwierige Aufgabe, insgesamt fünf Vortragende und acht auf der Bühne unterzubringende Interviewpartner möglichst gut zur Wirkung kommen zu lassen, jeden so zu nehmen, wie er ist, mich auf die jeweiligen Persönlichkeiten einzustellen und gleichzeitig noch das Beste aus ihnen herauszuholen. Besonders in Erinnerung geblieben ist mir von dieser Veranstaltung, für die rund zwölf Stunden Proben mit den auf der Bühne Agierenden angesetzt waren, der Künstler, der eine sechzig Quadratmeter große Wand mit unterschiedlichem Glas, Steinen und Marmor gestaltet hatte. Schon vorher war er mir als verschrobener Mensch angekündigt worden, den man möglicherweise einfach so nehmen müsse, wie er ist. Entgegen jeder Absprache mit der Agentur kam er zur Probe mit dem festen Vorsatz, ein Powerpoint-Referat von fünfundvierzig Minuten zu halten. Ja, er wisse zwar, dass ein Interview angedacht sei, glaube aber, dass man sein Werk am besten und eigentlich nur über seinen Vortrag richtig erklären könne. Außerdem würde er das immer so machen, und erst letzte Woche bei einem Vortrag vor Studenten der Fachhochschule für Gestaltung seien alle begeistert gewesen.

Ich wusste, dass er relativ am Anfang des Festaktes eingeplant war, und malte mir die bevorstehende Katastrophe schon in Gedanken aus, wie die Gäste gleich zu Beginn einen Fachvortrag zum Thema Gestaltung über sich ergehen lassen würden – in dem Wissen, dass noch weitere drei Stunden Informationen folgen würden. Da ich ihm jedoch nicht unterstellen wollte (ich hatte ihn ja vorher noch nie gehört), dass er nicht gut sei, erklärte ich ihm erst einmal, warum ein Gespräch deutlich spannender gestaltet werden könne als ein Vortrag. Ich wies darauf hin, dass ich ihm keineswegs etwas aufdrängen wolle, womit er sich nicht wohlfühle. Der Künstler blieb bei seinem Vorhaben, stellte sich aber während der Probe wenigstens mit mir zusammen auf die Bühne, um zumindest erst nach einer kurzen Einstiegsfrage meinerseits mit seinem Monolog zu starten. Die verantwortliche Regisseurin, der Museumsleiter und die anderen acht bei dieser ersten Probe anwesenden Gäste verdrehten die Augen, und es war deutlich zu merken, wie gelangweilt sie waren.

Vor der zweiten Probe bot ich ihm an, alles noch einmal durchzuspielen. Ich wusste ja jetzt, was er an welcher Stelle und auf welche Weise erzählen wollte, und so empfahl ich ihm, einfach mal die Interviewform auszuprobieren. Ich konnte ihn mit den von mir während seines Vortrags formulierten Fragen lenken und leiten, und zwischendurch machten wir sogar witzige Anmerkungen, um das Ganze aufzulockern. Nach der dritten Probe merkte ich, wie mein Gesprächspartner immer entspannter wurde, immer weniger Fachbegriffe benutzte und mich sogar hin und wieder mit kleinen lustigen Anekdoten herausforderte. Er übertrug seine Kreativität in der Gestaltung plötzlich auch auf seine Worte und verglich sein Kunstwerk, die gestaltete Glasfassade, mit dem Bild eines Schmuckstücks. Seine Keymotion, der bildhafte Vergleich, war das Diamantkollier einer sehr reichen, sehr schönen Frau geworden. Inklusive der dazu passenden Begriffe wie Weißgold, Gelbgold, Schliff, Anordnung, Saphire, Brillanten, Karat, Wert, Ausdruck und Verarbeitung.

Der Künstler selbst war immer noch die komplizierte, leicht verschrobene, etwas weltfremde Persönlichkeit, der ich acht Stunden vorher das erste Mal begegnet war. Durch unsere gemeinsame Arbeit aber waren wir mit dem jeweils anderen Charakter warm geworden, vertrauten uns und spielten uns aufeinander ein. So konnte ich eine ganz andere Seite an ihm zum Vorschein bringen, nämlich den witzigen, lockeren, leidenschaftlich begeisterten Kreativen, der dazu noch charmant sein konnte und die Zuhörer mitriss. Im Zusammenspiel waren wir so gut, dass der Saal später bei der Veranstaltung während unseres Interviews mehrfach lachte und zwischendrin begeistert klatschte. Wir bekamen anschließend das Feedback, was für eine außergewöhnliche, publikumsnahe und verständliche Art wir hätten, schwierig zu erklärende, kreative Prozesse dem Publikum näherzubringen. Jeder wisse jetzt, wie und warum dieses Kunstwerk so aussieht, wie es aussieht, was sich der Künstler dabei gedacht hat und warum die Materialen so gewählt worden sind, wie sie gewählt wurden. Und das auch noch auf sehr unterhaltsame Weise erklärt. Das größte Kompliment war für mich, dass die Regisseurin nach der Veranstaltung zu mir kam und sagte, dass sie im Leben nicht geglaubt habe, dass es mir gelingen würde, aus einem detailversessenen Künstler einen so spannenden, witzigen und lockeren Gesprächspartner zu machen. Alle seien vollkommen überrascht und begeistert. Ganz ehrlich: Ich habe in der ersten Probe selbst nicht daran geglaubt, dass wir mit unserem Interview dorthin kommen würden. Sie sehen, es steckt viel mehr in jedem von uns, als wir glauben. Auch wenn gewisse Verhaltensmuster bisher gut funktioniert haben, ist es immer einen Versuch wert, auch einmal etwas ganz anderes als das Gewohnte auszuprobieeren.

Ich selbst habe viele Jahre damit zugebracht, bei Veranstaltungen, Präsentationen oder Moderationen so perfekt wie nur irgend möglich sein zu wollen. Mindestens einmal im Monat habe ich mir Moderationen von mir angesehen und mich über jeden Fehler ewig lange geärgert. Mein großer Durchbruch in Sachen »Sei wie du bist« kam eigentlich durch eine versehentlich gesendete Probe meiner Regiekollegen in der ARD. Ich hatte eine Mandelentzündung und hätte eigentlich gar nicht arbeiten dürfen. Da mich keiner vertreten konnte, habe ich an dem Tag zumindest darauf bestanden, dass die eigentlich live gesendete Wetter-vor-acht«-Moderation eine Viertelstunde vor der Ausstrahlung aufgezeichnet wurde. Bei der ersten Probe versprach ich mich permanent, bei der zweiten blieb mir die Stimme weg, und bei der dritten Aufzeichnung verhaspelte ich mich. Ich ließ die Wolken von Westen statt von Osten kommen. Vor lauter Wut über mich selbst stampfte ich mit dem Fuß auf und schimpfte, ob ich denn an dem Tag eigentlich zu blöd sei, wenigstens eine Sendung hindurch komplett fehlerfrei moderieren zu können. Die vierte Aufzeichnung war dann zumindest so gelungen, dass ich sie für sendefähig hielt, und mir fiel ein Stein vom Herzen, da auch meine Stimme mittlerweile fast völlig weg war. Geschafft von diesem Kraftakt, setzte ich mich in mein Büro, war glücklich, die Sendung hinter mich gebracht zu haben. In dem Moment sah ich auch schon im Fernseher meine Moderation laufen. Leider Gottes hörte ich dann meinen Satz: »Bin ich denn zu blöd, die Sendung einmal richtig zu moderieren?« Versehentlich hatte der Kollege auf dem Aufnahmeband zur falschen Stelle zurückgespult und die vorletzte, von mir abgebrochene Moderation gesendet, die nicht zur Ausstrahlung bestimmt war. Es war mir unglaublich peinlich. Nicht einmal eine halbe Stunde später riefen die ersten Zeitungen und der SWR3 an, was denn da passiert sei. Alle fanden die Geschichte ziemlich witzig, ich aber wäre am liebsten im Boden versunken. Als ich am nächsten Morgen zum Bäcker ging, prangte auf der *Bild*-Zeitung die Schlagzeile: »Wochenende wird megaheiß: Wetterfee rastet im TV aus.« Dazu wurde ein Bild von mir aus der gestrigen Sendung gezeigt. Der Artikel war zwar sehr nett geschrieben, trotzdem fand ich es unglaublich ärgerlich, keine perfekte Sendung abgeliefert zu haben. Die Zuschriften, die danach kamen, waren jedoch überraschenderweise zu 99 Prozent positiv: Mitleid, ein Angebot, meinen Erholungsurlaub auf einer Yacht zu verbringen, wie toll es sei, mal eine ganz andere Seite von mir gesehen zu haben, ich solle nicht so streng mit mir ins Gericht gehen, das sei doch total persönlich gewesen, endlich mal ein außergewöhnlicher Wetterbericht und so weiter. Im Nachhinein war es eine sehr gute Erfahrung, die mir eine entscheidende Erkenntnis einbrachte: Wenn nicht alles perfekt ist, wirkt man deutlich menschlicher. In Wettermoderationen kommt es bei mir in der Regel darauf an, wissenschaftliche Inhalte korrekt, neutral, aber dennoch unterhaltsam über die Mattscheibe zu bringen. Ich bin hauptsächlich Informationsvermittler, das heißt, meine Persönlichkeit sollte bei meinen Moderationen eher im Hintergrund bleiben. Bei vielen Veranstaltungen habe ich als Moderatorin in erster Linie die Funktion zu lenken. Nicht ich stehe im Vordergrund, sondern das Produkt, der Kunde oder das jeweilig zu präsentierende Thema. Informationsvermittlung muss allerdings nicht heißen, dass die eigene Persönlichkeit mit Ecken und Kanten überhaupt nicht zum Vorschein kommen darf. Ganz im Gegenteil. Seit der falsch gesendeten Aufzeichnung habe ich so gut wie keine Angst mehr vor Versprechern oder Patzern. Ein Lacher durch ein Missgeschick ist mir zehnmal lieber als eine 100 Prozent fehlerfreie, aber zugleich unpersönliche Moderation. Das gebe ich an meine Gesprächspartner auf der Bühne weiter und nun auch an Sie: Das Beste, was Ihnen passieren kann, ist ein netter Versprecher oder einn Satz wie »Ups, jetzt habe ich ja was vergessen«, weil es unglaublich menschlich wirkt. Dieser Vorfall hat meine Persönlichkeit nicht verändert, doch mir wurde bewusst, dass auch andere Facetten meines Ichs dazu beitragen, mich noch persönlicher, noch einnehmender, noch charismatischer wirken zu lassen. »Ich selbst sein«, heißt, so ernst wie nötig, so witzig wie möglich, so herzlich wie ich nun mal bin und so professionell wie mein Anspruch an mich ist, an Dinge heranzugehen. Mittlerweile traue ich mich sogar, völlig neue Wege dabei einzuschlagen.

Vor einigen Jahren noch hätte ich mich geweigert, mit den Facetten meiner Persönlichkeit zu spielen und irgendetwas zu tun, was in Richtung Schauspielerei geht. Ich bin

Moderatorin, und das ist ziemlich das genaue Gegenteil von einer Schauspielerin, die sich komplett in die Rolle versetzt, die sie darstellen soll. So kann eine selbstbewusste, starke Schauspielerin durchaus eine von ihrem Mann misshandelte und geschlagene Ehefrau spielen und ein schüchterner und Gewalt verabscheuender Daniel Craig einen wild um sich schießenden, coolen James Bond geben. Schauspieler identifizieren sich voll und ganz mit der Person, die sie darstellen sollen. Als Moderatorin hingegen versuche ich mich nicht in eine spezielle Person, sondern in die Gesamtheit der Zuschauer oder Zuhörer zu versetzen. Was könnte diese interessieren, was möchten sie wissen, was muss ich ihnen erzählen, damit sie das Dargestellte spannend und außergewöhnlich finden? Ich sollte mich aber nicht nur in das Publikum, sondern auch in den Kunden, der die Veranstaltung ausrichtet, hineindenken. Was möchte er erreichen? Was ist ihm wichtig, mit welchem Gefühl sollen die Zuschauer die Veranstaltung verlassen? Wie helfe ich ihm dabei, diese Inhalte zu vermitteln und das von ihm Beabsichtigte zu bewirken? Wie nehme ich ihm Ängste und Unsicherheiten?

Ich und Schauspielern ging also gar nicht, ich war und blieb Moderatorin. Bis zu dem Tag, an dem ein sehr geschätzter Kunde von mir eine Veranstaltung für den von ihm neu konzipierten Reisebus der Zukunft plante. Wir setzten uns zusammen, um zu überlegen, wie man am besten eine witzige und unterhaltsame Präsentation seines Babys auf die Beine stellen könnte. Der Kreis der zweihundert Teilnehmer setzte sich aus Reiseveranstaltern und Marketingfachleuten zusammen. Ein trockenes Interview mit dem Schwerpunkt, was das Besondere an diesem Omnibus sei und was ihn von anderen unterscheide, war uns zu wenig außergewöhnlich. Zielgruppe für solche Fahrten waren damals vor allem ältere Menschen, die jetzt noch bequemer und einfacher Ziele in Italien, Frankreich oder der Schweiz ansteuern konnten. Die Besonderheiten des neuen Omnibusses waren sein Komfort sowie die Tatsache, dass er für körperlich eingeschränkte Menschen konzipiert und mit allen möglichen technischen Finessen ausgestattet war. Irgendwann kamen wir auf die Idee, dass ich mich in genau solch eine ältere Dame verwandeln könnte. Diese sollte aus ihrem Interviewpartner, einem Mitarbeiter des Busunternehmens, im gespielten Gespräch herauskitzeln, warum sie, die eigentlich ganz und gar gegen Busreisen ist, dieses Reisegefährt nun definitiv nicht mehr ablehnen kann. Ich setzte mir eine Brille und eine graue Perücke mit Dutt auf, außerdem kleidete ich mich, Klischee pur, dem Alter einer Fünfundachtzigjährigen entsprechend. In dem Interview provozierte ich dann mit Fragen und Behauptungen, die mein Gesprächspartner wunderbar entkräften konnte. Ich wurde nicht zur Schauspielerin, stellte aber einen ganz anderen Teil meiner Persönlichkeit dar. Ich äußerte mich so, wie ich vielleicht selbst in vierzig Jahren bei der Entscheidung für oder gegen eine Busreise argumentieren würde. Das hätte ich mich früher nie getraut. Die richtigen Fragen stellen, ja mich verkleiden, niemals. Die Veranstaltung war ein großer Erfolg, wir ernteten viele Lacher, und uns fielen immer wieder neue witzige Formulierungen ein.

Bleiben Sie also, wie Sie sind, machen Sie sich bloß hin und wieder bewusst, wie viele Facetten grundsätzlich in Ihnen stecken. Überlegen Sie sich, ob es nicht manchmal besser oder zielführender wäre, mit den verschiedenen Ausprägungen Ihrer Persönlichkeit zu spielen. Und bedenken Sie dabei immer: Egal, wer Ihnen gegenübersteht oder -sitzt, ob es eine Person ist, fünfzig, zweihundert oder fünftausend, es sind alles Menschen, keiner von uns ist fehlerfrei. Vom gewohnten Vorgehen abzuweichen, fällt nicht leicht. Aber es lohnt sich ganz oft! Wie viel Sie bewirken können, indem

Sie an kleinen Stellschrauben nur ein bisschen drehen, konnte ich Ihnen hoffentlich in den vorangegangenen Kapiteln vermitteln.

Reagieren Sie beispielsweise beim nächsten Streitgespräch mit Ihrem Partner einmal ganz anders als sonst. Statt nach herber Kritik einfach aufzustehen und sich wie immer mit einem nörgelnden Satz ins Büro zu flüchten, setzen Sie sich hin und bejahen Sie alle Ihnen vorgeworfenen Aspekte einfach mal. Oder wenn Sie normalerweise immer klein beigeben, versuchen Sie doch mal, zu kontern oder einfach zu sagen: »Nein, das stimmt so nicht.« Nehmen Sie sich vor, im nächsten Gespräch alle fünf Minuten einen Witz zu erzählen, der zum Thema passt und tun Sie das auch – sammeln Sie vorher witzige Sprüche oder Zitate und lernen Sie diese auswendig. Wenn Sie in jeder Präsentation stets fünfundzwanzig Folien zum Einsatz bringen, dann reduzieren Sie diese das nächste Mal bewusst auf nur zehn. Präsentieren Sie sonst sind immer alleine, nehmen Sie sich doch mal einen Partner, also einen Komoderator oder Interviewpartner, dazu. Falls Sie ein Chef sind, der seine Mitarbeiter vor allem mit harter Hand führt, dann bringen Sie jetzt einfach mal Kuchen von der besten Bäckerei mit und laden alle spontan und ohne ersichtlichen Anlass ein. Überraschen Sie!

In dem Moment, in dem Sie sich von einer anderen Seite zeigen, knacken Sie Ihre Mitmenschen. Eine gute Übung dafür ist folgende: Notieren Sie sich, wie Sie sich selbst beschreiben würden. Und dann erinnern Sie sich mal an das letzte Gespräch, die letzte Präsentation, das letzte Meeting und kreuzen Sie an, wie viele dieser Eigenschaften dabei wohl wahrgenommen wurden. Sie selbst halten sich beispielsweise für witzig, aber die Frage ist: Kommt das bei anderen Menschen genauso an? Jetzt denken Sie vielleicht, ich kann doch in einer Sitzung mit dem Chef nicht witzig sein. Warum eigentlich nicht? Das soll ja nicht heißen, dass

Sie einen Schenkelklopfer nach dem anderen bringen, aber vielleicht nehmen Sie einer Bemerkung die Schärfe, indem Sie sie in einen humorvollen Kontext packen oder eine witzige Analogie erfinden. Vielleicht sind Sie der eher schüchterne Typ, der mit komplizierten Verklausulierungen Kritik äußert: «Liebe Frau Soundso, könnten Sie vielleicht, wenn es Ihnen nicht zu viele Umstände macht, eventuell, bis wann es Ihnen passt, das oder das für mich erledigen?» In dem Fall stellen Sie sich einen Lehrer vor, der die siebte Klasse einer Gesamtschule in einem sozialen Brennpunkt wie zum Beispiel Berlin-Neukölln leitet. Es ist der erste Tag, es ist das erste Mal, dass er vor die Klasse tritt. In den nun folgenden fünf Minuten will er den Jungs und Mädels etwas klarmachen. Erstens: Mit mir ist nicht zu spaßen. Zweitens: Ich lasse mich hier nicht zum Deppen machen. Drittens: Was ich hier sage, wird getan. Sie wollen Autorität, Dominanz und Klarheit in der Sache ausdrücken. Machen Sie die Augen zu und versetzen Sie sich für zwei Minuten in diese Situation. Wie müsste Ihre Stimme klingen, um autoritär zu wirken? Was müssten Sie sagen, wie müssten Ihre Sätze formuliert sein? Die Stimme laut oder eher leise? Kraftvoll oder schüchtern?

Nach dieser Vorbereitung stellen Sie sich an einen Tisch und halten drei Minuten lang eine Brandrede, die Sie so formulieren und darstellen, dass Ihnen im nächsten Schuljahr mit Sicherheit niemand auf dem Kopf herumtanzt und Sie garantiert ernst genommen werden. Vielleicht filmen Sie sich sogar dabei, das geht ja heute schon mit Handy oder iPad, und schauen sich an, ob Sie wirklich Autorität ausstrahlen. Für die sehr Dominanten unter Ihnen, die meist ohne großes Wenn und Aber direkt auf den Punkt kommen, habe ich ebenfalls eine gute Übung. Stellen Sie sich vor, dass Sie den Partner Ihres Herzens, der gerne in die Berge fahren möchte, wohin gegen Sie das Meer bevorzugen, säuselnd und mit zärtlichen, blumigen Argumenten davon überzeugen möchten, dass diesmal die Reise auf die Malediven einfach für Sie beide phänomenal wäre. Sie sprechen mit leiser Stimme, liebevoll, bildhaft. Nehmen Sie einfach mal eine Rolle ein, von der Sie glauben, dass Sie Ihnen nicht entspricht und Sie ganz und gar nicht so sind. Wenn Sie das mehrmals gemacht haben und spüren, dass Sie es können, werden Sie sehr überrascht über sich selbst sein. Sie werden erkennen, dass da noch viel mehr in Ihnen steckt, als Sie gedacht haben. Dazu brauchen Sie nur eins: ein bisschen Mut!

10
Lampenfieber

Immer wieder werde ich gefragt, ob ich vor meinen Sendungen oder Veranstaltungen noch nervös bin, ob es so etwas wie Lampenfieber nach so vielen Jahren der Erfahrung noch gibt. Aber natürlich, denn Lampenfieber ist eine besondere Anspannung vor einem Auftritt oder einer Prüfung und damit völlig normal.

Lampenfieber kann von Nutzen sein, weil es die Sinne schärft, die Konzentration fördert und die Fokussierung auf eine bestimmte Aufgabe unterstützt. Wenn das Lampenfieber aber in Angst oder sogar Panik ausufert, wird es zu einer großen Belastung. Man hat dann einzig das Bedürfnis wegzulaufen und fühlt sich, als würde man zum Schafott geführt. Je nachdem, an welcher Stelle man über Lampenfieber nachliest, werden die damit verbundenen Symptome mit denen der Verliebtheit verglichen oder auch mit denen eines Schockzustands.

Das Lampenfieber, das ich kenne und das hoffentlich immer anhalten wird, ähnelt eher dem Zustand des Verliebtseins. Vielleicht weil ich meinen Job wirklich aus tiefstem Herzen liebe und dieses Kribbeln, die Anspannung und Konzentration brauche, um mich hundertprozentig meinem Auftritt oder meiner Moderation zuzuwenden. Von daher glaube ich, dass für jeden, der vor Publikum spricht oder auf einer Bühne steht, ein bisschen Lampenfieber ganz gut sein kann. Selbst für mich, für die es eine fast alltägliche

Situation ist, sind die letzten Minuten vor einm Auftritt von großer Anspannung und manchmal auch Nervosität geprägt. Ich fühle mich allerdings eher angespannt wie ein Rennpferd, das in der Box auf den Startschuss wartet, als wie ein Pferd, das sich dem Schlachter gegenübersieht.

Bei dieser Auftrittsangst passiert nichts anderes, als dass die Nebenniere Adrenalin und Noradrenalin ins Blut entsendet und damit den Körper auf Kampf beziehungsweise Flucht vorbereitet. Der Herzschlag beschleunigt sich automatisch, und der Körper schüttet massenhaft Adrenalin aus, wodurch Energie freigesetzt wird. Dieses Adrenalin macht aufmerksam und hellwach, und da man ja in der Regel vor keiner Gefahr fliehen muss, kann man diese Energie ganz gezielt für den bevorstehenden Auftritt nutzen. Unser Körper stellt uns quasi ein natürliches Aufputschmittel zur Verfügung. Die Pupillen weiten sich, der Blutdruck steigt, die Muskeln spannen sich an, die Atmung wird flacher, und der Körper beginnt zu schwitzen.

Dadurch erklärt sich auch der Begriff »Lampenfieber«. Er stammt aus dem Theateralltag, in dem es früher noch keine Klimaanlagen und lediglich solche Scheinwerfer gab, die große Hitze ausstrahlten. Zusammen mit Spiegeln, die das Licht bündeln sollten, erzeugten sie richtige Brennpunkte, sodass man als Schauspieler auf der Bühne fast gegrillt wurde. Die Lampen erwärmten den Körper auf Fiebertemperatur.

Behindernd kann die Aufregung sein, wenn die Symptome so ausgeprägt sind, dass sie sich wie eine Panikattacke anfühlen und zu zitternden Händen, versagender Stimme oder einem kaum zu unterdrückenden Fluchtreflex führen. In meiner ersten Moderation als Ansagerin beim WDR, die vier Minuten dauerte und mein allererster Liveauftritt vor der Kamera war, dachte ich, ich würde jede Sekunde tot umfallen. Ich habe das Atmen fast völlig eingestellt oder wahrscheinlich so in den oberen Brustkorb geatmet, dass in meinen Lungen gar nichts mehr ankam. Zum Glück hatte ich einen Tisch, an dem ich mich festhalten konnte. Nach dieser grauenhaften Erfahrung war meine Reaktion zum Glück nicht: »Das machst du nie wieder«, sondern: »Was kannst du um Gottes willen dagegen tun, um nicht noch einmal so hilflos deinen Nerven und deiner Angst ausgesetzt zu sein?« Und da gibt es so einiges an grundsätzlichen Einstellungsänderungen, die eine Weile brauchen, bis sie wirken, sowie an direkt spürbaren Sofortmaßnahmen.

Natürlich ist Lampenfieber auch in meinen Coachings immer wieder ein Thema. Was ist zu tun, um diese scheinbar unbezwingbar erscheinende Angst, vor Publikum zu sprechen, in den Griff zu bekommen? Wenn Sie häufig mit diesem Problem zu kämpfen haben, hinterfragen und analysieren Sie Ihre Angst. Überlegen Sie sich, was das Schlimmste ist, das passieren könnte, wovor Sie sich am meisten fürchten, und treffen Sie dann die entsprechende Vorsorge. Die mir am häufigsten genannten Schreckensszenarien sind:

1. Die Angst, den Faden zu verlieren oder einen Blackout zu bekommen.
2. Ihnen passiert ein Missgeschick auf der Bühne.
3. Sie verhaspeln sich ganz fürchterlich, Ihnen bleiben Atem oder Spucke weg.
4. Ihnen fällt auf eine Nachfrage nichts Sinnvolles ein, und Sie wirken dadurch inkompetent.
5. Sie merken, dass sich das Publikum zu Tode langweilt, keiner lacht bei Ihren Pointen.

Schauen wir uns doch mal das erstgenannte Szenario genauer an:

Die Angst, den Faden zu verlieren oder einen Blackout zu bekommen.

Worst Case: Sie wissen überhaupt nicht mehr, wo Sie in Ihrem Text sind und was Sie sagen wollen. Schlimmstenfalls ist Ihr Gehirn wie leer gefegt, Ihnen fällt noch nicht einmal mehr das Thema ein, um das es geht.

Wie können Sie dem vorbeugen: Sie nehmen sich mindestens zwei Zettel oder Karteikarten mit, die gar nicht groß sein müssen (DIN A 6), falls Sie frei und ohne Rednerpult oder Ablagemöglichkeit präsentieren. Auf einem Blatt/einer Karteikarte steht die von Ihnen erarbeitete Struktur jeweils in Stichpunkten untereinander. Was kommt inhaltlich an welcher Stelle? Hier können Sie auch einfach Ihre Vortrags- oder Gesprächsgliederung auflisten. Auf einem weiteren Notizzettel vermerken Sie Stichpunkte mit Zahlen, Fakten oder Zitaten, die Sie während des Gesprächs oder Vortrags keinesfalls vergessen möchten. Alle natürlich in der Reihenfolge aufgeschrieben, wie sie in Ihrem Vortrag vorkommen sollen. Wenn es um sehr viel Inhalt und sehr viele Zahlen geht, sind auch fünfzehn beschriebene Karteikarten kein Problem – Hauptsache, wenn diese Ihnen die Angst nehmen, etwas zu vergessen. Und es ist immer noch deutlich angenehmer für das Publikum, wenn Sie immer mal wieder auf Ihre Karten blicken, als wenn alle Inhalte auf Folien an die Wand geworfen werden. Dann nämlich lesen Sie mit dem Rücken zum Publikum, mit diesem zusammen, die Folien ab.

Mein Tipp: Niemand nimmt es Ihnen übel, während eines Vortrags mit einem charmanten Lächeln zu sagen: »Ups, jetzt habe ich doch glatt den Faden verloren« und auf Ihren Spickzettel zu schauen. Da jeder im Publikum vor genau solch einer Situation selbst Angst hat, wird Sie mit absoluter Sicherheit niemand auslachen oder denken: »Mein Gott, der hat es aber gar nicht drauf.« Mit der Zeit werden Sie nicht einmal mehr den entschuldigenden Satz benötigen, sondern charmant in den Saal lächeln und auf Ihren Karten den Anschlusspunkt suchen und finden, ohne dass es irgendjemand im Publikum mitbekommt.

Kommen wir zum zweiten Szenario: *Ihnen passiert ein Missgeschick auf der Bühne.*

Worst Case: Sie fallen auf der Bühne um, wie es dem frisch gekürten BMW-Vorstand auf der IAA in Frankfurt passiert ist. Sie stolpern, vergießen ein Glas Wasser, die Hose oder der Rock platzt.

Wie können Sie dem vorbeugen: Überprüfen Sie vorher die Kleidung, die Sie bei einer Präsentation oder einem Gespräch tragen wollen. Ansonsten ist Vorbeugen hier so gut wie nicht möglich. Als Frau sollte man vielleicht nicht die neuen Schuhe oder die mit den zwölf-Zentimeter-Absätzen auf der Bühne zum Einsatz bringen, wenn man ohnehin schon etwas nervös ist. Grundsätzlich aber können Sie einen solchen Unfall weder vorhersehen noch verhindern.

Mein Tipp: Wenn Ihnen das passiert, können Sie sich einer Sache ganz sicher sein: das Mitleid des gesamten Saals gilt Ihnen. Es lohnt nicht, sich darüber nur einen einzigen Gedanken zu machen, denn solche Dinge sind menschlich und passieren einfach. Keiner wird Sie deswegen nicht mögen, verachten oder belächeln. Gehen Sie mit der Situation so um, als wäre Ihnen das Missgeschick bei lieben Freunden passiert. Tun Sie allerdings auch nicht so, als wäre gar nichts passiert, sondern rappeln Sie sich wieder auf, ziehen Sie die Schuhe mit dem abgebrochenen Absatz aus oder achten Sie darauf, dass Sie bei geplatzter Kleidung nicht mit dem Rücken zum Publikum stehen, meistens passiert so etwas ja auf der Kehrseite. Ein umgeworfenes Glas stellen Sie wieder hin, Bühnenhelfer werden sich um den Rest kümmern. Und wenn das ganze Malheur fünf Minuten Unterbrechung verursacht, so ist das kein Drama. Falls es Ihnen gelingt, leiten Sie mit einem humorvollen Spruch oder Zitat wieder zu Ihrem Thema zurück. Genau für solche Fälle sollten Sie sich ein paar immer anwendbare Zitate heraussuchen, aufschreiben und auswendig lernen.

Szenario Nummer drei: *Sie verhaspeln sich ganz fürchterlich, Ihnen bleiben Atem oder Spucke weg.*

Worst Case: Sie verheddern sich vollkommen in einem Satz, bekommen nicht mehr genug Luft oder vergessen zu atmen, Ihr Mund ist wie ausgetrocknet.

Wie können Sie dem vorbeugen: Ihre Karteikarten mit Stichworten helfen Ihnen selbst beim schlimmsten Verhaspeln, wieder ins Thema zurückzufinden. Wenn Sie mit einem Versprecher oder Satzdreher einen Lacher ernten, macht das nichts, Sie sollten das als einen Vorteil ansehen. Manche Showmaster setzen dieses Mittel sogar bewusst ein, um die Situation aufzulockern. Lassen Sie sich für einen solchen Moment einen witzigen Spruch einfallen. Als IT-Experte sagen Sie zum Beispiel: »Oh, jetzt bin ich in meinem Kopf gerade auf die Delete-Taste gekommen, ich drück mal F1.« Oder als Angestellte eines Kommunikationsunternehmens bemerken Sie: »Jetzt ist doch glatt Kabelsalat in meinem Kopf.« Scheuen Sie sich nicht, einfach eine Pause zu machen und sich zu sammeln. Sie dürfen sogar dem Publikum oder Ihrem Gegenüber mitteilen, dass Sie sich kurz neu sortieren müssen. Regelmäßige Achtsamkeits- und Entspannungsübungen können nervöse und beschleunigte Atmung kontrollieren helfen. Keine gute Idee sind Beruhigungsmittel, die so einige zur Kontrolle der Nervosität vor wichtigen Auftritten einwerfen. Diese verhindern nämlich, dass Sie Sie selbst sind, wenn Sie vor andere Menschen treten.

Mein Tipp: Ich garantiere Ihnen, niemand wird Ihnen böse sein, falls eine der oben genannten Situationen eintritt. Eine kurze Pause ist die einzige Möglichkeit, mit Schnappatmung oder Luftnot umzugehen. Trinken Sie das Glas Wasser, das auf Ihrem Pult steht, atmen Sie tief ein und aus und memorieren Sie die folgenden Sätze: »Ich bin nicht in Gefahr, mir kann nichts passieren, mein Atem geht ganz ruhig und regelmäßig.« Das kann getrost eine Minute dauern, auch wenn Ihnen die Minute wie Jahre vorkommt. Für den Zuhörer ist das weitaus weniger unangenehm, als wenn Sie zehn Minuten mit Schnappatmung Ihren Text durchzuprügeln versuchen. Besonders wirkungsvoll beherrschen Sie die oben genannten Sätze, wenn Sie sie ab heute immer mal wieder leise vor sich hinsprechen oder vor Ihrem geistigen Auge vorbeiziehen lassen. Hilfreich sind diese Sätze in ganz vielen Situationen: Sie sind nervös, Ihnen ist etwas unangenehm, Sie regen sich auf, oder Ihnen steht eine herausfordernde Situation bevor. Üben sollten Sie diese Sätze vor allem im Zustand der Entspannung. Denn gerade, wenn Sie diese Sätze Ihrem Gehirn in ruhigen Momenten zum Lernen anbieten, werden Sie später mit diesen Worten automatisch Gelassenheit und ein Gefühl der inneren Ruhe verbinden.

Was können Sie bei Szenario Nummer vier tun? *Ihnen fällt auf eine Nachfrage nichts Sinnvolles ein, und Sie wirken dadurch inkompetent.*

Worst Case: Auf einen Einwand oder eine Bemerkung wissen Sie nichts zu sagen. Sie haben weder eine Antwort noch Gegenargumente parat. Der Einwandgeber greift Sie persönlich und aggressiv an. Mit der gemachten Bemerkung wird ein wunder Punkt getroffen, ein Thema, das Sie umgehen wollten.

Wie können Sie dem vorbeugen: Wenn Sie die vorherigen Kapitel aufmerksam gelesen haben, kann Ihnen so etwas eigentlich gar nicht passieren. Die bereits an anderer Stelle genannte Q&A- Liste ist in einer solchen Situation Gold wert. Themen, die Sie umgehen wollen, sollten Sie trotzdem argumentativ vorbereiten, denn Sie können sich nicht sicher sein, dass diese nicht doch angesprochen werden. Bei Themen, in denen Sie nicht sattelfest sind, sollten Sie keine

Nachfragen zulassen. Das wirkt zwar autoritär, und Interaktion ist damit von vornherein ausgeschlossen, in bestimmten Situationen kann so ein Vorgehen aber sinnvoll sein. Zum Beispiel wenn ein Kollege kurzfristig krank geworden ist und Sie seinen Vortrag übernehmen müssen. Grundsätzlich sollten Sie nicht nur über das Bescheid wissen, was Sie dem Publikum oder Ihren Zuhörern vermitteln wollen, sondern auch über das ganze Drumherum. Gerade wenn es um problematische Themen geht oder Fehler, die Sie eingestehen müssen. Je mehr Sie sich in eine Thematik eingearbeitet haben, desto weniger müssen Sie befürchten, inkompetent zu wirken.

Mein Tipp: Bereiten Sie sich zu 160 Prozent vor, so mache ich das ebenfalls bei meinen Veranstaltungen. Ich lese viel mehr, als ich eigentlich müsste, um auf umfangreiches Wissen zum Produkt, zur Firma, zu Konkurrenten, zu Mitarbeitern und Betriebsabläufen zurückgreifen zu können. Formulieren Sie immer mögliche Fragen und sinnvollen Antworten darauf vor. Scheuen Sie sich nicht, auch einmal ganz ehrlich den Satz zu sagen: »Tut mir leid, darauf kann ich Ihnen jetzt nicht adäquat antworten, weil ich diese Frage nicht erwartet habe und mich dazu erst genauer informieren möchte. Geben Sie mir doch bitte E-Mail-Adresse oder Telefonnummer, ich möchte gerne auf Ihre Frage persönlich zurückkommen.« Die Antwort dürfen Sie dann allerdings nicht schuldig bleiben. Sie können gar nicht inkompetent wirken, wenn Sie es nicht sind und mit guter und intensiver Vorbereitung in eine Kommunikation einsteigen. Auf einen aggressiven oder Sie angreifenden Einwand sollten Sie besonders ruhig und überlegt reagieren. Sprechen Sie einfach an, dass es keinen Grund für persönliche Beleidigungen gibt, Sie aber auf die Frage gerne eingehen möchten. Meistens entwaffnen Sie ein kampfeslustiges oder streitsüchtiges Gegenüber am schnellsten durch absolute Freundlichkeit. Nicht aufgesetzt oder gar zynisch, sondern wirklich offen und freundlich wirkend, nehmen Sie dem anderen jeglichen Wind aus den Segeln. Eine der sechsunddreißig Strategeme lautet: »Wenn du deinen Feind nicht besiegen kannst, umarme ihn.« Die Frage, die gestellt wurde, sollten Sie danach einfach so sachlich wie nur irgend möglich beantworten.

Was ist bei Szenario fünf sinnvollerweise zu tun? *Sie merken, dass sich das Publikum zu Tode langweilt, keiner lacht bei Ihren Pointen.*

Worst Case: Die Hälfte des Publikums verlässt den Saal, alle beschäftigen sich mit Ihren Smartphones oder gähnen unverblümt. Ihre Witze werden schweigend und ohne Mimik zur Kenntnis genommen, das Publikum wird immer unruhiger und unaufmerksamer.

Wie können Sie dem vorbeugen: Sorgen Sie für einen gut gelüfteten Raum und angenehme Licht- und Temperaturverhältnisse. Nichts ist schlimmer, als nach sieben Vorträgen der Letzte zu sein, der kurz vor Ende einer Veranstaltung in einer schummerig beleuchteten, viel zu warmen Umgebung ohne Sauerstoff noch unterhalten und mitreißen muss. Sinnvoll kann es überdies sein, den eigenen Vortrag Tage vorher einer nahestehenden Person oder jemandem aus dem Kollegenkreis vorzuführen und um ein offenes Feedback zu bitten. Interaktion, wie Fragen an das Publikum, eingebaute Filme als Abwechslung, unerwartete Wendungen in der Art der Präsentation, spannende oder lustige Bilder und eine sorgfältig gewählte Bildersprache lockern jede Rede auf. Je mehr das Publikum zudem eingebunden ist, desto weniger kann es sich schlafend zurücklehnen. Wählen Sie, wenn Sie wissen, dass Sie einer von vielen sind, der einen reinen Fachvortrag halten soll, die Interviewform für Ihre Präsentation. Werfen Sie dann mit einem Kollegen Bälle und Informationen hin und her oder lassen Sie jemanden von sich in die Rolle des Fragenden schlüpfen, der den unwissenden Kollegen darstellen soll, wie er wahrscheinlich zahlreich im Auditorium sitzt. Das erzeugt Spannung und Aufmerksamkeit.

Mein Tipp: Machen Sie sich schlau über Zeit und Ort Ihres Gesprächs oder Ihres Vortrags. Am frühen Morgen und kurz vor Feierabend ist es am schwierigsten, Aufmerksamkeit aufzubauen und zu halten. Lassen Sie sich dann ungewöhnliche Spannungselemente, auflockernde Spezialeffekte, lustige Anekdoten oder andere Besonderheiten einfallen, die Ihr Publikum bei der Stange halten. Starten Sie beispielsweise mit lauter Musik oder einem Filmeinspieler. Kenntnisse über die Räumlichkeiten, die Ihnen zur Verfügung stehen, können Sie nutzen, um für angenehme Luft- oder Lichtverhältnisse zu sorgen, indem Sie vor Ihrem Auftritt durchlüften, das Licht heller schalten, Sitzordnungen verändern und Getränke organisieren. Je schwieriger die Umstände und Rahmenbedingungen, desto mitreißender und außergewöhnlicher sollte Ihr Redebeitrag sein.

Sie sehen, es gibt gegen jede Angst Mittel, mit denen Sie vorbeugen können oder Hilfestellungen, wie Sie mit entstandenen Situationen umgehen. Jede Angst sollten Sie ernst nehmen und sich mit ihr auseinandersetzen. Wie auch in anderen Lebenssituationen macht es keinen Sinn, diese nur zu unterdrücken und wegzuschieben, da sie sich dann in den unmöglichsten und unpassendsten Situationen wieder zu Wort melden.

Ganz viele berühmte Persönlichkeiten, ob Künstler, Politiker oder Moderatoren, leiden oder litten unter Lampenfieber. *Eine* Methode zur Bekämpfung ist sicher ungeeignet, wenngleich sie immer wieder gerne genommen wird: Alkohol trinken, um locker zu werden. Das lässt nämlich Ihren Blutdruck noch mehr steigen, als es das Adrenalin ohnehin schon tut, senkt aber die Konzentration und schadet daher oft mehr, als dass es Spannungen abbaut. Ich spreche hier nicht von dem halben Glas Sekt zur Begrüßung, sondern von größeren Mengen Alkohol als Angstlöser.

In einem Coaching, das ich als junges Mädchen machte, um als Messehostess neben dem Studium arbeiten zu können, wurde uns ein Tipp für die allerschlimmsten Gäste, mit denen wir es zu tun haben würden, mit auf den Weg gegeben: »Stellt euch das Gegenüber in Unterwäsche vor. Dieser Mensch hat jetzt vielleicht einen megastressigen Tag auf der Ausstellung hinter sich, ist den ganzen Tag durch Messehallen gerannt, und jetzt seid Ihr das gefundene Opfer, damit er seinen Frust über entgangene Geschäfte abreagieren kann.« Dann sollten wir uns diesen Menschen mit seiner Aktentasche und dem grimmigen Gesichtsausdruck in Unterhose vorstellen. Oder sogar nackt. Also einfach als Mensch wie alle anderen. Das ist ein Ratschlag, den ich Ihnen ebenfalls für den Moment ans Herz legen möchte, in dem Sie eine Bühne betreten. Oder auch für Situationen, in denen Ihr Gegenüber Sie im persönlichen Gespräch anschreit, beleidigt oder zur Schnecke macht. Malen Sie sich aus, wie das Rumpelstilzchen vor Ihnen nackt oder in Unterwäsche dasteht und sich die Lunge aus dem Hals schimpft. Genauso können Sie sich einen vollen Saal mit lauter nackten oder halb nackten Zuhörern vorstellen. Alles nur Menschen genau wie Sie! Dieser Gedanke bringt mit Sicherheit sogar ein Lächeln auf Ihr Gesicht, was Ihrem Gehirn vermeldet, dass es Grund zur Freude gibt. Daraufhin werden automatisch und ohne Ihr Zutun Glückshormone ausgeschüttet. Bei dieser eigentlich lächerlichen Vorstellung wird Ihnen außerdem bewusst, dass die Menschen vor Ihnen nichts anderes sind als nette, weniger nette, glückliche, unglückliche, attraktive oder weniger attraktive Lebewesen. Warum sollten die Ihnen Böses wollen oder darauf warten, dass Sie einen Fehler begehen? Oder wie der Fuchs vor dem Hasen lauern, um Ihnen den

Garaus zu machen? Ja, vielleicht gibt es auch solche Menschen. Aber selbst vor denen können Sie sich die Angst nehmen, wenn Sie sich bewusst machen, dass alle übrigen Ihnen wohlgesonnen sind, respektvoll behandelt werden möchten und genauso fehlerbehaftet sind wie Sie selbst.

Ich möchte noch einmal wiederholen: Lampenfieber ist eine vollkommen normale und oft hilfreiche Reaktion Ihres Körpers auf ungewohnte Situationen. Das Wichtigste ist, aus der Furcht eine Ihnen zugutekommende Gespanntheit und Konzentration zu machen. Es gilt, sich zu konditionieren, das heißt, eine Reiz-Reaktions-Kopplung einzuüben. So hat es beispielsweise Iwan Pawlow mit seinen Hunden vorgemacht. Immer und nur dann, wenn eine Glocke ertönte, bekamen die Tiere etwas zu fressen. Nach einer gewissen Zeit musste bloß die Glocke ertönen, um alle Hunde zum Sabbern zu bringen. Für sie war der Reiz durch die Glocke untrennbar mit der Reaktion Fressen verschmolzen. Wenn Sie in Ihrem Gehirn ein Bild verankern, das Sie lediglich mit schönen Dingen oder Entspannung verbinden, wird nach häufiger Übung allein der Gedanke an dieses Bild ein gutes Gefühl auslösen. In zukünftigen Stress- oder Angstsituationen benötigt Ihr Kopf nur noch die Vorstellung dieses Bildes, um selbstständig in den Beruhigungsmodus zu springen. Praktizieren Sie Entspannungsübungen wie autogenes Training oder Achtsamkeitsübungen und verknüpfen Sie diese jeweils mit einem Bild – beispielsweise dem Traumstrand aus Ihrem letzten Urlaub. Bei der nächsten Präsentation müssen Sie sich dann bloß noch das blaue Meer und den feinen Sand vorstellen, damit Ihr Körper mit diesem Reiz ein Gefühl von Entspannung und Glück verbindet. Stellen Sie sich jedes Mal eine für Sie wunderschöne Landschaft vor, wenn Sie sich den Satz sagen: »Mein Atem geht ruhig und regelmäßig, ich muss vor nichts Angst haben.« Denken Sie dabei an eine Gegend, die Sie mit einem angenehmen Gefühl verbinden, zum Beispiel ein Lavendelfeld in der Provence oder ein bunt belaubter Wald. Dieses Bild wird irgendwann so mit dem oben genannten Satz verknüpft sein, dass Sie vor Ihrem geistigen Auge nur das Bild dieser Landschaft entstehen lassen müssen, damit Ihr Atem ruhiger wird. Ihr Körper weiß dann automatisch, dass er ganz entspannt ist und Sie vor nichts Angst haben müssen. Die Sätze selbst müssen Sie dabei gar nicht mehr bewusst denken.

Entspannungsübungen und auch die von mir vorgestellten Achtsamkeitsübungen bereiten Sie auf Situationen vor, in denen Ihnen übertriebene oder unbegründete Ängste das Leben schwer machen. Voraussetzung ist allerdings, dass Sie diese Übungen wirklich regelmäßig praktizieren.

Nachwort

Bei einem kleinen Jungen stellt man fest, dass er ein wahnsinniges Fußballtalent ist. Wie aber wird aus dem jungen Talent ein zukünftiger Nationalspieler? Durch Übung und Training. Sie wollen im Laufe des Jahres einen Marathon laufen, weil dies Ihr großer Traum ist. Auch dahin werden Sie nur mit Praxiserfahrung und Ausdauer kommen. Wenn es Ihr Ziel ist, in den nächsten sechs Monaten vier Kilo abzunehmen, wird Ihnen nichts anders übrig bleiben, als konsequent zu sein und sich immer wieder bewusst zu machen, dass fettes Essen und Süßigkeiten zwar lecker sind, sie von Ihrem Ziel jedoch immer weiter entfernen.

In erster Linie werden Sie sich vor dem Lesen dieses Buches vor allem mit Ihrem Selbstbild beschäftigt haben. Wie bin ich, warum bin ich, wie ich bin, welche Stärken und Schwächen habe ich, wo will ich hin? Diese Fragen konnten Sie sicher mehr oder weniger gut beantworten. Solche Gedanken ergeben sich in den verschiedensten Lebenssituationen und Abschnitten immer mal wieder. Ich hoffe, dass ich Ihre Sicht mehr darauf lenken konnte, wie Sie von anderen wahrgenommen werden, und es mir gelungen ist, Ihren Blick von außen auf sich selbst zu richten.

Falls Sie dabei nicht das gesehen haben, was Sie sehen wollten, haben Sie jetzt Handwerkszeug bekommen, um an Ihrer Wirkung zu schrauben oder den ein oder anderen Nagel fester einzuschlagen. Wenn Sie Ihre Wirkung optimieren und Ihr Charisma steigern möchten, werden Sie mit ähnlichen Herausforderungen umgehen müssen wie die oben genannten Sportler. Nachdem Sie für sich definiert haben, in welchen Bereichen Sie Stärken oder auch Entwicklungspotenzial besitzen, können und sollten Sie diese Stärken konkret trainieren und Ihre Potenziale heben. Das ist eine Menge Arbeit, die sich aber lohnt! Ich kann es nicht oft genug erwähnen: Egal in welcher Situation Sie sich befinden: Sobald Sie mit einem anderen Menschen Kontakt haben, wer immer dies sein mag, wirken Sie. Sich ständig mit der Art Ihrer Wirkung auseinanderzusetzen, wird Sie meilenweit nach vorne bringen. Daher mein Plädoyer: Richten Sie zukünftig viel häufiger den Blick von außen auf sich. Beobachten Sie genau, was Sie ausstrahlen und ob Sie das so möchten. Vielleicht stellen Sie fest: »Nein, so will ich gar nicht bei anderen ankommen«, oder: »Ich möchte sachlicher, strukturierter, empathischer oder mit mehr Körpereinsatz wirken.« Jedes Mal, wenn das Ihre Gedanken sind, gilt: Attacke! Natürlich gibt es zu jedem Thema, das ich hier angesprochen habe, zahlreiche weitere Übungsmöglichkeiten und vertiefende Literatur. Falls Sie ein Element für sich identifizieren konnten, in dem Sie noch viel Entwicklungspotenzial haben, so empfehle ich weiterführende Bücher oder sogar die Zuhilfenahme eines Coaches. Eine sehr undeutliche Aussprache werden Sie wahrscheinlich am besten mit einem ausgebildeten Sprachtrainer korrigieren können. Erhebliche Defizite hinsichtlich Ihrer Fokussierung können Sie vielleicht eher durch Konzentrationsübungen und mithilfe entsprechender Ratgeber selbst ausgleichen.

Die Übungen in diesem Buch und die Hinweise, worauf es ankommt, wenn Sie Ihr Charisma entwickeln, Ihre Ausstrahlung optimieren oder die einzelnen Frequenzbereiche ausbalancieren wollen, geben Ihnen hoffentlich ganz viele Ansatzpunkte mit auf den Weg. Und dann wird Ihnen nichts anderes übrig bleiben als üben, üben, üben! Was ich Ihnen dafür aber versprechen kann, ist, dass auch Sie zu einer strahlenden Erscheinung, einem überraschenden Gesprächspartner oder einem sensationellen Redner werden: also kurzum zu einem Charismatiker! Alle Anlagen dazu haben Sie, und diese warten nur darauf, von Ihnen geweckt zu werden.

Danke

Ein Buch schreibt man nie alleine. Auch ich hätte es ohne die folgenden Menschen sicher nie zu Ende gebracht: Deshalb danke ich ganz besonders und an erster Stelle Michael Souvignier, der mich als Lebenspartner, Berater und Motivator immer wieder bestärkt hat durchzuhalten. Gerade die letzten Wochen vor Fertigstellung waren nicht einfach – ich weiß!

Vielen Dank an Andreas Bornhäußer, der viel Mühe und jahrelange Arbeit in das Projekt S.C.I.L. investiert hat, denn dieses Programm bildet die Basis meiner Coachings. Wenn du, lieber Andreas, mich nicht immer wieder dazu angehalten hättest, mich damit auseinanderzusetzen, mich weiterzubilden und auszuprobieren, was ich alles kann, wäre ich bis heute noch kein ausgebildeter Coach. Großartig von dir, dass ich deine Erkenntnisse für mich und für dieses Buch nutzen und verwenden durfte.

Meiner Lektorin Bettina Traub und dem Ariston Verlag danke ich für das Vertrauen, das sie in mich gesetzt haben und die mentale sowie fachliche Unterstützung bei der Umsetzung.

Dank auch an Stefan Linde, der mich darin bestärkt hat, dieses Thema und meine Gedanken zu Papier zu bringen. Wenn du nicht so hartnäckig gewesen wärst, lieber Stefan, wäre es wahrscheinlich erst in dreißig Jahren dazu gekommen.

Liebe Antje, wir waren beim Schreiben dieses Buches ein wunderbares Team. Danke für deine Anmerkungen, Korrekturen und deine Unterstützung!

Und dir, mein lieber Bruder, an dieser Stelle tausend Dank dafür, dass du bist, wie du bist! Ein wunderbar einfühlsamer, hilfsbereiter und liebenswerter Mensch, der mir immer wieder zeigt, worauf es im Leben wirklich ankommt.

Quellenverzeichnis

Kapitel 1

Ulrich Sollmann: http://www.fluter.de/de/sprachen/thema/9424/
Gloria Beck: http://www.focus.de/wissen/mensch/charisma/charisma_aid_27175.html
Friedrich Nietzsche: https://books.google.de/books?id=AJPKAwAAQBAJ&pg=PA145&lpg=PA145&dq=nitsche+ein+jeder+tr%C3%A4gt+eine+einzigartigkeit+in+sich&source=bl&ots=f8nm-iYI4U&sig=3ei86PNNvxe2OLPZwTjwKW-7Q5_4&hl=de&sa=X&ved=0ahUKEwil747et8fLAhXHdpoKHV4DAqsQ6AEIHzAA#v=onepage&q=nitsche%20ein%20jeder%20tr%C3%A4gt%20eine%20einzigartigkeit%20in%20sich&f=false
Max Weber: http://www.textlog.de/7415.html
Robert J. House: http://www.focus.de/wissen/mensch/psychologie-charisma-geheimnis-des-erfolgs_aid_158554.html
Ronald Riggio: http://www.welt.de/gesundheit/psychologie/article13505786/Das-Geheimnis-der-grossen-Charismatiker.html
Focus Test 20 Prominente: http://www.focus.de/wissen/mensch/psychologie-charisma-geheimnis-des-erfolgs_aid_158554.html
Felix Brodbeck: http://www.focus.de/wissen/mensch/psychologie-charisma-geheimnis-des-erfolgs_aid_158554.html

Kapitel 2

Studie European Business School Ehrlichkeit siegt http://www.handelsblatt.com/karriere/nachrichten/der-weg-zum-top-verkaeufer-spitzenvertriebler-sind-ehrlich/2736344.html
Studie Paarkommunikation: http://www.focus.de/gesundheit/gesundleben/partnerschaft/news/kommunikation-in-der-partnerschaft-paare-tappen-im-dunkeln_aid_592387.html

Kapitel 3

Die häufigsten Fehler bei der Bewerbung: http://www.derberater.de/knigge-etikette/karriere/job/studie-das-sind-die-zehn-schlimmsten-fehler-bei-einem-vorstellungsgesprach.htm
Primacy Effekt: http://www.welt.de/gesundheit/psychologie/article114446800/Der-erste-Eindruck-bleibt-weil-er-stimmt.html

Kapitel 5

Dr. Joseph Murphy: »Die Macht Ihres Unterbewusstseins«, Ariston 2009
Sophy Burnham: »The Art of Intuiton«, TarcherPerigee 2011
Jan Thorsten Eßwein: »Achtsamkeitstraining«, Gräfe und Unzer 2015
Jan Chozen Bays und Stephan Schuhmacher: »Achtsam durch den Tag – 53 federleichte Übungen zur Schulung der Achtsamkeit«, Windpferd 2012
Anfangszitate über Empathie: aus www.wikipedia.de Schlagwort Empathie
Zitat über Emotionalität: http://www.neuro24.de/show_glossar.php?id=490
Popcorn Werbestudie: http://www.gesundheit.de/medizin/psychologie/psychologische-fragen/wie-werbung-im-gehirn-wirkt-es-sind-die-emotionen
Studie Simon Baron-Cohen: http://www.medienheft.ch/kritik/bibliothek/k09_MaierTanja_01.html
Zitae Daniel Goleman: de.m.wikipedia.org/wiki/Emotionale_Intelligenz

Fokussieren: www.wikipedia.de
Multitasking: http://www.zeit.de/karriere/beruf/2012-08/multitasking-gehirnleistung
Studie Konzentration: http://karrierebibel.de/konzentration-steigern/

Kapitel 6

Studie Roland Berger: http://www.spiegel.de/karriere/berufsleben/vielfalt-in-unternehmen-warum-sich-fuehrungskraefte-gerne-klonen-a-766160.html
Psychologe Don Byrne: http://www.welt.de/wissenschaft/article1079210/Das-Geheimnis-der-Partnerwahl.html
Studie 2010 High Power Posen: http://www.wiwo.de/erfolg/management/mimik-und-gestik-wie-koerpersprache-emotionen-und-hormone-beeinflusst/10886848-2.html
Studie Mimik: http://www.spiegel.de/wissenschaft/mensch/mimik-gesichtsausdruck-verraet-komplexe-gefuehle-a-961833.html

Kapitel 7

Definition Sprache: https://de.wikipedia.org/wiki/Sprache
Andreas Bornhäußer: »Das KeyMotion Prinzip«, Breuer & Wardin 2011
Julius Jey und Fritz Reusch: »Der kleine Hey: Die Kunst des Sprechens«, Schott Music GmbH & Co KG 2003
Studie tiefe Stimme bevorzugt: http://karrierebibel.de/stimme-trainieren-die-macht-der-stimme/
John Lanchester: »Die Lust und ihr Preis – Aufzeichnungen eines reisenden Gentleman«, Paul Zsolnay Verlag 1996
Johann Wolfgang Goethe: »Faust«, dtv Verlag 1997
Rainer Maria Rilke: »Der Panther«, rainer-maria-rilke.de

Kapitel 8

Hörbuch »Die Wunderübung«, Hamburg 2014